高等学校轮机工程专业系列教材

船舶动力装置安装工艺

陆金铭　编著

国防工业出版社

·北京·

内 容 简 介

本书着重阐述船舶动力装置安装的工艺基础及过程。全书共 8 章：第 1 章介绍基础工艺，第 2 章介绍船舶轴系的安装，第 3 章介绍船舶柴油主机的安装，第 4 章介绍船舶辅机的安装，第 5 章介绍船舶管系的加工工艺，第 6 章介绍船舶管系的安装工艺，第 7 章介绍船舶电气安装工艺，第 8 章介绍动力装置的总体验收。

本书是高等学校轮机工程专业的本科生教材，也可供轮机工程专业的研究生、船舶行业的员工培训及设计参考。

图书在版编目(CIP)数据

船舶动力装置安装工艺/陆金铭编著 . --北京：国防工业出版社,2024.8. --ISBN 978-7-118-13410-0

Ⅰ. U664.1

中国国家版本馆 CIP 数据核字第 2024R2K806 号

※

国防工业出版社出版发行

(北京市海淀区紫竹院南路 23 号　邮政编码 100048)

北京富博印刷有限公司印刷

新华书店经售

*

开本 787×1092　1/16　印张 17¼　字数 406 千字

2024 年 8 月第 1 版第 1 次印刷　印数 1—2000 册　定价 52.00 元

(本书如有印装错误，我社负责调换)

国防书店：(010)88540777　　书店传真：(010)88540776
发行业务：(010)88540717　　发行传真：(010)88540762

前　言

　　江苏科技大学轮机工程专业已入选国家级双一流专业建设及江苏省"卓越工程师教育培养计划2.0"。本书是江苏科技大学精品教材建设立项项目。本书参考了船舶动力装置安装工艺相关教材及中国船级社的《钢质海船入级规范》，在作者多年积累的教学讲义基础上修改、补充编写而成。

　　面对我国经济发展转型升级与全面提升国际竞争力的紧迫要求，亟须培养造就一大批创新能力强、适应我国经济社会发展需要的各类工程技术人才。教育部提出的"卓越工程师教育培养计划"，旨在培养造就一大批创新能力强、适应经济社会发展需要的高质量各类型工程技术人才，为国家走新型工业化发展道路、建设创新型国家和人才强国战略服务。中国正在从造船大国向造船强国发展，船舶动力装置作为船舶最重要的组成之一，迫切需要一大批从事船舶动力装置设计、制造及安装的优秀人才。

　　船舶动力装置安装工艺是高等学校船舶轮机工程专业的专业课程。通过该课程的学习，学生能全面地了解船舶动力装置安装的工艺基础、工艺过程及特点，掌握船舶推进轴系和传动装置的安装方法、船舶柴油主机的整机吊装及解体安装、船舶辅机及辅助设备的安装、船舶管系的加工工艺、船舶管系的安装工艺、船舶电气的安装工艺、动力装置的总体验收内容及过程。

　　船舶动力装置涉及的内容较多，而且随着科学技术的进步还在不断的发展。由于作者水平有限，书中不当之处在所难免，敬请读者批评指正。

作者

2023年7月

目 录

第1章 基础工艺 ... 1

1.1 工艺制定依据 ... 1
1.1.1 船级社 ... 1
1.1.2 规范标准 ... 1

1.2 点线面的测定方法 ... 2
1.2.1 拉线工具 ... 2
1.2.2 常用量具 ... 3
1.2.3 点、线、面的测定基准 ... 18

1.3 对中技术 ... 19
1.3.1 对中方法 ... 19
1.3.2 调位工具 ... 19
1.3.3 测量工具 ... 20

1.4 单配技术 ... 25
1.4.1 主机垫片的拂刮 ... 25
1.4.2 法兰连接螺栓的单配 ... 25
1.4.3 螺旋桨锥孔的刮削 ... 28

1.5 黏结技术 ... 29
1.5.1 有机黏结剂 ... 29
1.5.2 无机黏结剂 ... 32

1.6 过盈配合 ... 34
1.6.1 过盈配合的计算 ... 34
1.6.2 过盈装配 ... 38

1.7 回转构件的平衡 ... 41
1.7.1 基本概念 ... 41
1.7.2 平衡试验 ... 42

复习题 ... 44

第2章 船舶轴系的安装 ... 46

2.1 概述 ... 46

2.1.1　船舶轴系 …………………………………………………………… 46
　　　2.1.2　轴系理论中心线 ……………………………………………………… 47
　　　2.1.3　孔的加工 ……………………………………………………………… 53
　2.2　轴系主要零部件的安装 …………………………………………………………… 56
　　　2.2.1　艉轴管的安装 ………………………………………………………… 56
　　　2.2.2　艉轴的装配和安装 …………………………………………………… 61
　　　2.2.3　艉管密封装置的装配 ………………………………………………… 62
　　　2.2.4　螺旋桨的加工和装配 ………………………………………………… 67
　2.3　轴系的校中及安装 ………………………………………………………………… 73
　　　2.3.1　轴系校中方法 ………………………………………………………… 73
　　　2.3.2　轴系安装 ……………………………………………………………… 79
　2.4　实例 53000T 散货船推进装置安装工艺 ………………………………………… 80
　　　2.4.1　前期工作 ……………………………………………………………… 80
　　　2.4.2　安装轴系 ……………………………………………………………… 84
　复习题 ……………………………………………………………………………………… 87

第3章　船舶柴油主机的安装 …………………………………………………………… 88

　3.1　概述 ………………………………………………………………………………… 88
　　　3.1.1　安装方式与安装内容 ………………………………………………… 88
　　　3.1.2　对中工艺 ……………………………………………………………… 89
　　　3.1.3　对中的技术标准 ……………………………………………………… 92
　　　3.1.4　主机吊装的安全措施 ………………………………………………… 93
　3.2　柴油机的整体安装 ………………………………………………………………… 94
　　　3.2.1　准备工作 ……………………………………………………………… 94
　　　3.2.2　柴油机的吊装、调整、定位 ………………………………………… 97
　　　3.2.3　柴油机的固定 ………………………………………………………… 98
　3.3　柴油机的分组吊船组装 ………………………………………………………… 100
　　　3.3.1　准备工作 ……………………………………………………………… 100
　　　3.3.2　大件组装 ……………………………………………………………… 101
　　　3.3.3　安装质量检查 ………………………………………………………… 103
　3.4　主机安装实例 ……………………………………………………………………… 108
　　　3.4.1　浇注主机环氧树脂垫块 ……………………………………………… 108
　　　3.4.2　安装主机地脚螺栓 …………………………………………………… 111
　复习题 …………………………………………………………………………………… 112

第4章　船舶辅机的安装 ………………………………………………………………… 113

　4.1　概述 ………………………………………………………………………………… 113
　　　4.1.1　辅机分类及安装方式 ………………………………………………… 113
　　　4.1.2　安装要求 ……………………………………………………………… 114

4.1.3　辅机的固定方式 116
　　　4.1.4　辅机在减振器上的安装 117
　4.2　船舶舵系的安装 119
　　　4.2.1　车间内场的预安装 119
　　　4.2.2　舵柱轴承孔加工工艺 121
　　　4.2.3　舵系的安装 122
　4.3　液压舵机的安装和调试 127
　　　4.3.1　液压舵机安装 127
　　　4.3.2　液压舵机的调试 129
　4.4　锚机的安装和调试 130
　　　4.4.1　锚机安装 130
　　　4.4.2　锚机的调试 133
　复习题 134

第5章　管系加工工艺 135

　5.1　管系放样 135
　　　5.1.1　阀件、附件及管系符号 135
　　　5.1.2　放样工艺 138
　5.2　管系材料的准备 146
　　　5.2.1　管系材料 146
　　　5.2.2　质量控制 147
　5.3　管子的弯制 148
　　　5.3.1　管子弯曲原理及技术要求 148
　　　5.3.2　管子下料 151
　5.4　管子弯曲加工 153
　　　5.4.1　加工方法及适用场合 153
　　　5.4.2　弯管机 155
　　　5.4.3　无余量制管及制管流水线 166
　5.5　校管 175
　　　5.5.1　现场校管 175
　　　5.5.2　校管机校管 175
　　　5.5.3　平台校管 177
　　　5.5.4　焊接 204
　5.6　后处理 206
　　　5.6.1　打磨 206
　　　5.6.2　水压试验 207
　复习题 210

第6章　管系安装工艺 211

　6.1　管系安装的基础知识 211

  6.1.1 管系及其安装方式 ·················· 211
  6.1.2 管系附件 ······························ 211
 6.2 管系安装步骤 ································· 221
  6.2.1 一般步骤 ······························ 221
  6.2.2 安装方法 ······························ 223
 6.3 管系安装质量 ································· 225
  6.3.1 技术要求 ······························ 225
  6.3.2 安装质量检验 ······················· 227
 复习题 ··· 228

第7章 船舶电气安装工艺 ······················ 229

 7.1 准备 ·· 229
  7.1.1 相关图纸资料 ······················· 229
  7.1.2 配套准备 ······························ 230
  7.1.3 安装准备 ······························ 230
 7.2 安装 ·· 240
  7.2.1 电缆敷设 ······························ 240
  7.2.2 设备安装 ······························ 241
  7.2.3 切割、接线 ··························· 241
  7.2.4 试验 ···································· 242
 复习题 ··· 242

第8章 动力装置总体验收 ······················· 243

 8.1 验收内容及准备工作 ····················· 243
  8.1.1 验收内容 ······························ 243
  8.1.2 准备工作 ······························ 243
 8.2 系泊试验 ······································· 245
  8.2.1 基本概念 ······························ 245
  8.2.2 主机试验 ······························ 245
  8.2.3 其他试验 ······························ 248
 8.3 航行试验 ······································· 252
  8.3.1 准备工作 ······························ 252
  8.3.2 主机的航行试验 ··················· 254
  8.3.3 其他试验 ······························ 255
 8.4 实例 ·· 257
  8.4.1 主机系泊试验 ······················· 257
  8.4.2 主机航行试验 ······················· 264
 复习题 ··· 266

参考文献 ··· 267

第 1 章 基 础 工 艺

1.1 工艺制定依据

1.1.1 船级社

船级社是从事船舶与海上设施入级服务的独立、公正的组织。船级社根据"船体及附属物主要部件的结构强度和完整性,推进系统和操舵系统、发电系统,以及船上装配的其他特征或辅助系统的可靠性和功能,能维持船上的基本服务。"制定入级及建造规范。

申请入某船级社的船舶,通过该船级社对该船舶设计图纸的审图,确认符合该船级社规范的要求;通过建造后检验,确认符合该船级社规范的要求,签署或签发入级证书。入级船舶是指船级社根据其规范签发入级证书的船舶。

通常能建造船舶的国家都有船级社。船级社虽然是一个民间组织,但是却行使着签署船舶航行证书的职责。例如:中国船级社,是由中国有关法律授权的、经法律登记的入级服务、签证检验、公证检验和经中国政府、外国(地区)政府主管机关授权,执行法定服务等具体业务。

船东为了保证所购买船舶的建造质量,符合所航行区域的要求,在购买合同和技术规格书中指定某船级社。当船东指定了具体船级社,该船必须按照该船级社的建造规范进行设计、建造,船舶设计的图纸必须送该船级社审图。船东除了派出自己的监造人员之外,还必须由该船级社的验船师验船。

船级社通常都有自己的实验室,对船舶营运的各种影响安全的事故进行试验、考核,支持所制定的建造规范。目前入级较多的船级社如下:

(1) 中国船级社(China Classification Society,CCS)。
(2) 美国船级社(American Bureau of Shipping,ABS)。
(3) 英国劳埃德船级社(Lloyd's Register of Shipping,LRS)。
(4) 德国劳埃德船级社(Germanischer Lloyd,GL)。
(5) 挪威船级社(Det Norske Veritas,DNV)。
(6) 法国船级社(Bureau Veritas,BV)。
(7) 日本船级社(Japanese Maritime Corporation,NK)。

1.1.2 规范标准

内河船舶要在不同的水域航行、泊港;海船要在不同的海域、港口,也可能在其他国家的海域、运河、港口航行、停泊。各国制定了相应的规范和法规,对保证船舶安全提出了船舶设计和建造必须满足最低的原则要求。

例如:中国船级社有钢质海船入级及建造规范、钢质内河船入级及建造规范、中国造船质量标准、国内航行海船入级规则、国内航行海船建造规范、国内航行海船法定检验技术规则等。

对于出口船,除了按指定船级社的要求外,还要遵循某些国际组织的法规。例如:①国际海上人命安全公约(International Convention for Safety of Life at Sea,SOLAS);②国际海事组织(International Maritime Organization,IMO);③国际电工委员会(International Electrotechnical Commission,IEC)等。

对非航行的作业船舶,如海上钻井平台、储油船等,也有相应的规范。例如:①中国船级社的《海上移动式钻井船入级与建造规范》;②美国船级社的《移动式海上钻井装置的建造和入级规范》;③挪威船级社的《近海结构物的设计、建造和检验规范》等。

舰(艇)船和某些军用辅助船,我国军用标准有《舰船通用规范》,对设备的安装有原则要求和具体的规定。建造舰船的造船厂须依据军用规范制定专用的安装施工工艺。

1.2 点线面的测定方法

1.2.1 拉线工具

在船舶的施工过程中,尤其是轴系安装,往往需要在船体内建立一条直线,比较简单的方法是拉线法。用拉线法测轴系中心线是传统测定工艺的方法,一般是在工作区域的首、尾两端竖立两个拉线架,其上装有拉线工具,从而建立所需的轴系中心线,如图1-1、图1-2所示。

图1-1为钢丝固定端拉线工具。钢丝3通过固定螺栓2和压板4固定在移动架5上,摇动手柄6可使移动架5水平移动,摇动手柄1可使移动架7垂直移动,所以通过摇动手柄改变钢丝在空间的位置。

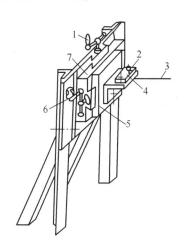
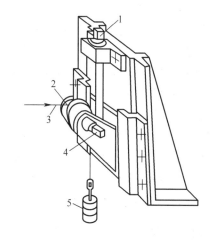

1—手柄;2—固定螺栓;3—钢丝;4—压板;
5—移动架;6—手柄;7—移动架。
图1-1 钢丝固定端拉线工具

1—方榫;2—滑轮;3—钢丝;
4—方榫;5—重物。
图1-2 活动端拉线工具

图1-2为活动端拉线工具。钢丝3绕过滑轮2后下面挂有重物5拉紧钢丝,以减小钢

丝的下垂度,通过摇动方榫4,可使滑轮2横向移动,摇动方榫1可使滑轮连同支架一起上下移动,所以可以摇动方榫来改变钢丝在空间的位置。

此外,为了建立垂直线,常采用铅坠,用吊挂的方法建立垂直线。

拉线法不需要特殊的设备,操作简单、比较方便,所以至今仍被船厂采用。但是由于钢丝自重下垂造成测量误差,且钢丝在空间测量较困难,测量精度很大程度上依赖于操作者的技术水平,所以拉线法一般应用于轴系长度小于20m的小船上,或用于要求不高的部件装配中。

1.2.2 常用量具

1. 千分尺

1) 内径千分尺

内径千分尺是用来测量内孔直径、槽宽等尺寸,有普通形式(图1-3)和杆式(图1-4)两种。

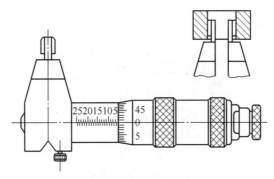

图1-3 普通内径千分尺

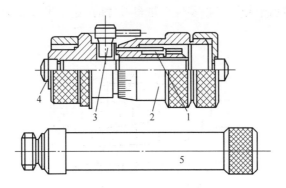

1—固定套筒;2—微分筒;3—锁紧装置;
4—测量面;5—接长杆。
图1-4 杆式内径千分尺

测量孔径小于40mm时,可用普通内径千分尺。这种千分尺的刻线方向与外径千分尺相反,当微分筒顺时针转动时,测微螺杆带动卡脚移动,测距越来越大。

测量大孔时,可用杆式内径千分尺。它由两部分组成,即尺头部分、接长杆。它有多种长度规格,可根据被测工件孔的尺寸大小选用不同规格的接长杆,并装在尺头上。

2）深度千分尺

深度千分尺是用于测量阶梯孔、凹槽、盲孔的深度。其结构与千分尺相同,但测微螺杆可根据工件尺寸不同进行调换（图1-5）。

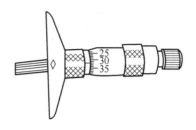

图1-5　深度千分尺

3）螺纹千分尺

螺纹千分尺是用来测量普通螺纹的螺纹中径,测量中径范围:0~25mm、25~50mm、50~75mm,可测量螺纹的螺距为0.4~6mm。它有两个特殊的可调换量头1和2,量头的角度车螺纹牙形角相同（图1-6）。

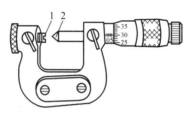

1、2—量头。

图1-6　螺纹千分尺

4）数字显示千分尺

图1-7是数字显示千分尺。当零件上量得尺寸时,这个尺寸就会在微分筒窗口中显示出来,使用比较方便。

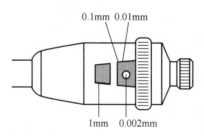

图1-7　数字显示千分尺

2. 百分表

百分表是利用齿轮-齿条传动机构,把测头的直线移动转变成指针的转动进行测量的一种量仪。百分表是以指针指示出测量结果,因最小读数值为1mm的百分之一(0.01mm),所以称为百分表。国产百分表的测量范围有0~3mm、0~5mm、0~10mm等多种。

百分表可测量工件尺寸、形状和位置的微量偏差,主要优点是方便、可靠、迅速。百分表的结构如图1-8所示。

1—触头;2—齿杆;3—16齿的小齿轮;4—100齿的大齿轮;5—10齿的小齿轮;
6—长指针;7—大齿轮;8—短指针;9—表盘;10—表圈;11—拉簧。

图1-8 百分表的结构

百分表的使用方法及注意事项,如下:

(1) 百分表在使用时应安装在专用的表架上,如图1-9(a)所示。支架有"H"形底座,表架安置在平板或某一平整位置上,使底面能很好地与平台或基面贴合,使用时更为稳定。百分表在表架上的上、下、前、后位置可以任意调节。

(2) 测量前,应检查表盘、指针和测量头有无松动现象,以及指针的灵敏性和稳定性。

(3) 测量时,测量杆应垂直零件表面。如要测圆柱,测量杆还应对准圆柱轴中心,如图1-9(b)所示。测量头与被测表面接触时,测量杆应预先有0.3~1mm的压缩量,保持一定的初始测力,以免由于存在负偏差而测不出值。

(4) 当测量空间比较小时,用百分表测量有困难,所以常用测量头体积比较小的杠杆百分表测量,如图1-10、图1-11所示。

(5) 百分表用完后应把测量杆等部位上油,放入专用盒内保管。

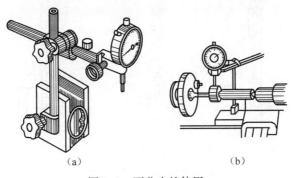

(a)　　　　　　　　　　(b)

图1-9 百分表的使用

(a) 百分表在支架上的使用;(b) 测量圆柱轴的径向跳动。

内径百分表可用来测量孔径和孔的形状误差,测量深孔极为方便。内径百分表的结构如图1-12所示。在测量头端部有可换测头1和活动测头2。测量内孔时,孔壁使活动测头2向左移动而推动摆块3,摆块3使杆件4向上,推动百分表量杆6,使百分表指针转动而指出读数。测量完毕时,在弹簧5的作用下,量杆回到原位。

通过更换可换触头1,可改变内径百分表的测量范围。内径百分表的测量范围有6~10mm、10~18mm、18~35mm、35~50mm、50~100mm、100~160mm、160~200mm等。

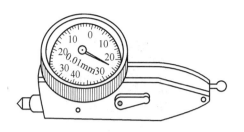

图 1-10 杠杆百分表

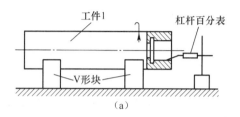 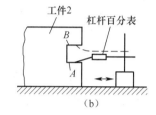

图 1-11 杠杆百分表测量
(a) 测量孔和外圆的同轴度；(b) 测量 A、B 面的平行度。

内径百分表的示值误差较大,因此在每次测量前都必须用千分尺校对尺寸。内径百分表的使用方法如图 1-12 所示,测量时应放正,测量过程中来回摆动读得的最大值为正确值。

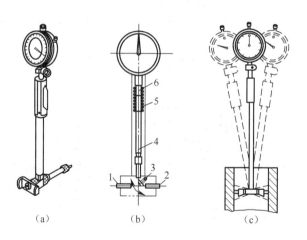

1—可换测头；2—活动测头；3—摆块；4—杆件；5—弹簧；6—量杆（百分表触头）。

图 1-12 内径百分表
(a) 内径百分表外形；(b) 内径百分表结构；(c) 内径百分表的使用方法。

3. 万能游标量角器

万能游标量角器（游标角度尺）可以测量工件和样板的内外角度。测量范围 0°~320°。按游标的测量精度分为 2′和 5′两种。现介绍测量精度为 2′的万能游标量角器,如下：

万能游标量角器的结构如图 1-13 所示,由主尺 1 和固定在扇形板 2 上的游标副尺 3 所组成。扇形板 2 可以在主尺 1 上回转移动,形成和游标卡尺相似的结构。直角尺 5 可用套箍 4 固定在扇形板 2 上，直尺和直角尺，都可以滑动。如拆下直角尺 5，也可将直尺 6 固定在扇形板上，因此可以自由装卸和改变装法。万能游标量角器不同安装方式所能测量的范围是 0°~50°、50°~140°、140°~230°、230°~320°等。

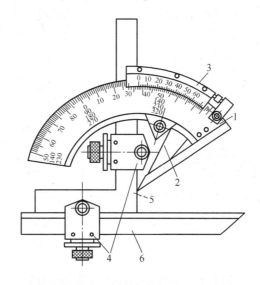

1—主尺；2—扇形板；3—副尺（游标）；4—套箍；5—直角尺；6—直尺。
图 1-13　万能游标量角器的结构

主尺刻线每格 1°，副尺刻线是将主尺上 29°的弧长等分为 30 格，每格所对的角度为 29°/30，因此副尺 1 格与主尺 1 格相差：

$$1° - 29°/30 = 1°/30 = 60'/30 = 2'$$

即万能游标量角器的测量精度为 2′。

万能游标量角器的读数方法与游标卡尺相似，先从主尺上读出副尺零线前的整度数，从副尺上读出角度"分"的数值，两者相加就是被测工件的角度数值。

万能游标量角器的使用方法及注意事项，如下：

（1）使用前应检查零位。

（2）测量时，应先使万能游标量角器的两个测量面与被测件表面在全长上保持良好接触，然后拧紧制动器上的螺母即可读数。

（3）测量角度在 0°~50°时，应装上角尺和直尺；在 50°~140°时，应装上直尺；在 140°~230°时，应装上角尺；在 230°~320°时，不装角尺和直尺。如图 1-14 所示。

（4）万能角度尺用完后应擦净上油，放入专用盒内保管。

4．量块

量块是由两个相互平行的测量面之间的距离来确定其工作长度的高精度量具。其长度为计量器具的长度标准。通过对计量仪器、量具和量规等示值误差的检定等方式，使机械加工中各种制成品的尺寸能够溯源到长度基准。

量块是用不易变形的耐磨钢材（如铬锰钢）制成的长方形块状六面体，有两个精密平行的测量面和四个侧面。

量块一般做成一套，装在特制的木盒内，盒上标明出厂时的级别、编号。成套量块装盒

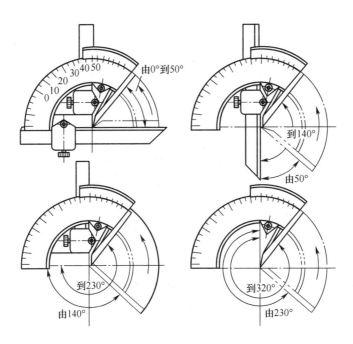

图 1-14 不同安装方式所能测量的范围

如图 1-15 所示。量块具有较高的研合性,把量块的测量面相互推合后,即可牢固地研合在一起,因此可选用各种不同尺寸量块组合来得到需要的尺寸。每套中都备有若干保护块,在使用时,可放在量块组的两端,用以减少量块的磨损起保护量块的作用。

选用量块时,为减少积累误差,应尽可能采用最少的块数组成量块组。一般不希望超过四块。在计算时,选取第一块应根据组合尺寸的最后一位数字选取,后面各块依次类推。例如:所要的尺寸为 87.545mm,由 91 块一套的盒中选取。

利用量块附件和量块组测量外径、内径和高度的使用方法,如图 1-16 所示。为了保持量块的精度,延长使用寿命,除测量一些精度要求高的工件外,一般不允许用量块直接测量工件。

图 1-15 量块

5. 塞尺

塞尺是测定两个工件的缝隙以及平板、直角尺和工作物之间缝隙使用的片状量规。塞

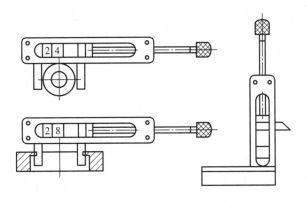

图 1-16 量块附件使用方法

尺由一些不同厚度的薄钢片组成。在每一片钢片上都刻有厚度的尺寸数字,在一端像扇子般那样钉在一起,如图 1-17 所示。塞尺的长度有 50mm、100mm 和 200mm 三种。其厚度是在 0.03~0.1mm 时,中间每片间隔为 0.01mm,在 0.1~1mm 时,中间每片间隔为 0.05mm。

使用时,用适当厚度的塞尺插进被测定工件的缝隙里作测定。如没有适当厚度的,可组成数片进行测定(一般不超过三片)。使钢片在隙缝内既能活动,又使钢片两面稍有轻微的摩擦为宜。例如:用 0.3mm 的间隙片可插工件缝隙,而 0.35mm 的间隙片插不进去,这说明零件的隙缝在 0.3~0.35mm。

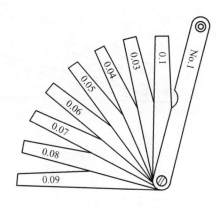

图 1-17 塞尺

6. 水平仪

水平仪主要用于检验工件平面的平直度、机械相互位置的平行度和设备安装的相对水平位置等。

普通水平仪有框式和条式两种,如图 1-18 所示。框式水平仪是由四个相互垂直的框架和水准器组成,框架的侧面上制成"V"形槽状,水准器有纵向、横向两个。水准器是一个封闭的弧形玻璃管,内装乙醚或酒精,并留有气泡,管子内壁磨成一定的曲率半径,管上刻有与内壁曲率半径相应的刻度线,间距为 2mm,如图 1-18(a)所示。当放置水平位置时,水准器的气泡正好在中间位置;当放置倾斜面上,水准器的气泡就向左或向右移动到最高点。框式水平仪的规格有 150mm×150mm、200mm×200mm、300mm×300mm 三种,最常用的是

200mm×200mm,它的精度有 0.02mm/m 和 0.0 5mm/m 两种。

例如:将一读数精度为 0.02mm/m、规格为 200mm×200mm 的框式水平仪,置于长 1000mm 的平尺左端表面上,平尺右端抬高 0.02mm,平尺便倾斜一个秒角,而框式水平仪内的气泡正好移动一格,如图 1-19 所示。

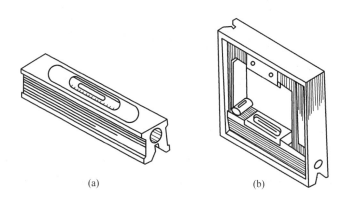

图 1-18 水平仪
(a) 条式水平仪;(b) 框式水平仪。

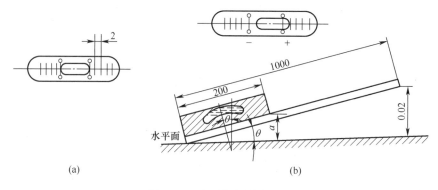

图 1-19 水平仪的刻线原理
(a) 刻度线;(b) 倾斜 θ 角的情况。

框式水平仪与平尺的倾斜角 θ 的大小可从下式求出

$$\sin\theta = \frac{0.02}{1000} = 0.00002$$

$$\theta = 4''$$

从上式可知,精度为 0.02mm/m、规格为 200mm×200mm 的水平仪,气泡每移动一格,其倾斜角度值为 4″。这时在离左端 200mm 处的高度 a 值可从下式求出

$$\sin\theta = \frac{a}{200} = 0.00002$$

$$a = 200 \times \sin 4'' = 200 \times 0.00002 = 0.004 \text{ (mm)}$$

因此,精度为 0.02mm/m、规格为 200mm×200mm 的框式水平仪,每一格误差值为 0.004mm。

弧形玻璃管上的刻度距离是按下面原理来计算的。现以精度为 0.02mm/m,θ = 4″ 为

例,玻璃管的弯曲半径 R 约为 103m,当水平仪倾斜 4″时气泡移动一格的数值为

$$刻线-格弧长 = \frac{2\pi R\theta}{360 \times 60 \times 60} = \frac{2\pi \times 103 \times 4}{360 \times 60 \times 60} = 0.002(\mathrm{m}) = 2(\mathrm{mm})$$

即 0.02mm/m,$\theta = 4″$ 精度水平仪的玻璃管刻线间格为 2mm。

用框式水平仪测量 1600mm 长的平面导轨在垂直面内的直线度误差。框式水平仪规格为 200mm×200mm、精度为 0.02mm/m。

(1)导轨初步校平。将被测量的导轨置于可调整的支承平面上,置水平仪于该导轨的两端或中间位置,初步校平导轨,目的是便于观察水平仪的格数。

(2)分段测量。将导轨分成 8 段,使每段与方框水平仪的规格相适应。现测得 8 组不同的数据读数:+1,+1,+2,0,-1,-1,0,-0.5,如图 1-20 所示。

(3)作直线度误差坐标图。根据上述测得的 8 挡读数,作出如图 1-21 所示的坐标。取坐标纸的 10 小格表示水平仪气泡移动 1 格(y 坐标)的数值,取坐标纸 20 小格表示水平仪的测量段数,每段 200mm(x 坐标)。将测得的每挡读数绘出如图 1-21 所示的曲线,即导轨的直线度误差。由此可以看出,导轨的直线度误差最大为 3.5 格,而且呈现中间凸的情况。凸的部位在导轨的 600~800mm 段。以两端连线法确定误差时,误差是以误差曲线与端点连线之间的最大纵坐标值计。曲线在连线之上时为凸。

(4)框式水平仪格数的换算方法。一般都不常用水平仪的格数来表示允差值,而常用 mm 为单位,因此需将水平仪的格数换算成 mm。例如:采用 200mm×200mm、精度 0.02mm/m 的框式水平仪,它的每一格误差值为 0.004mm,即可将图 1-21 所示的误差值 3.5 格换算成

$$0.004 \times 3.5 = 0.014\mathrm{mm}$$

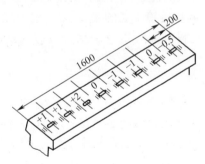

图 1-20 平面导轨分段测量图

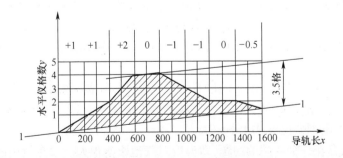

图 1-21 导轨直线度误差坐标图

7. 光学合像水平仪

光学合像水平仪能检验工件表面微小的倾斜度、直线度、平面度,比普通水平仪有更高的测量精度,并能直接读出测量结果。

光学合像水平仪的结构和工作原理如图1-22所示。水准器5安装在水平仪内部杠杆7架上,水平位置可用旋钮4的转动,通过下面连接的丝杠、螺母使杠杆7移动进行调节得到。水准器在调节进行中主要起指零作用。

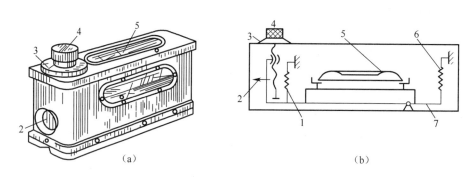

1、6—弹簧;2—指针;3—刻度;4—旋钮;5—玻璃管(水准器);7—杠杆。

图1-22 水平仪的外观及结构原理图

(a)水平仪的外形;(b)结构原理图。

1) 合像原理

水平仪合像原理如图1-23所示,是利用两块棱镜1、2使气泡出现在5、6两头经过二次反射后,复合在一个视场内。两块棱镜1、2的接触线 cc' 成为气泡的界线,经过棱镜3、放大镜4而被人眼所看到。因为人眼对两线重合的估计有较高的精度,所以提高了水平仪的精度。

2) 测量方法

使用水平仪时如不在水平位置,两端有高度差,A、B两半个气泡就不重合,如图1-23所示。转动旋钮4进行调节,使玻璃管处于水平位置时,A、B两半个气泡就会重合。这时可记下指针2所指的刻线(一般为0),然后看刻度旋钮上的格数。每格表示1m长度内误差0.01mm。

3) 举例

如指针2的刻线读数是1mm,刻度旋钮为16格,那么它的高度差读数就是

$$1+0.01\times16=1.16\text{mm}$$

如果工件长度不是1m,而是500mm,那么在500mm长度内的高度差是1.16/2=0.58mm。

由于光学合像水平仪的玻璃管的位置可以调整,而且视场像采用了光学放大,并以双像(两半个气泡)重合来提高对准精度,可使玻璃管的曲率半径减小,因此测量时气泡达到稳定的时间短,测量范围要比框式水平仪大。

各种水平仪存在一个共同的问题,即温度对气泡影响很大。故在使用前,一定要消除仪器和被测工件之间的温差,并与热源隔开。

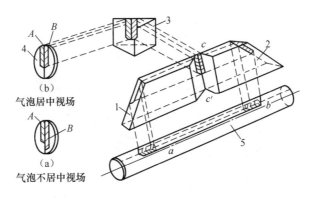

1、2、3—棱镜;4—放大镜;5—水准器(玻璃管)。

图1-23 合像原理图

8. 自准直仪

自准直仪是根据光学的自准直原理制造的测量仪器,基本原理如图1-24所示。

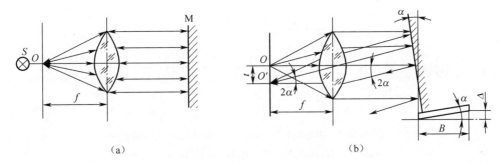

图1-24 光学的自准直原理

图1-24(a)所示光源S发出的光,照亮了位于物镜焦面上O点的像,经物镜后成平行光束射出,这样的简单光学装置称为平行光管。

上述光学装置,当在垂直于光轴安放一反射镜M,则平行光束反射回来,通过物镜仍在焦面上原来位置成一实像(图1-24(a)),这种现象就称为"自准直"。

自准直仪又称为自准直平行光管。图1-25所示为自准直仪外观,图1-26所示为其光路系统。从光源7发出的光线经聚光镜6照明分划板8上的十字线,由半透明棱镜12折向测量光轴,先经物镜组9、10成平行光束出射,再经目标反射面11反射回来,把十字线成像于分划板4、5的刻线面上。由鼓轮1通过测微丝杆2移动照准双刻线(刻在可动分划板4上),由目镜3观察,使双刻线与十字线重合,然后在鼓轮1上读数。

自准直仪的国产型号有42J、JZC等,主要技术数据大致相同:测微鼓轮示值读数每格为1″,测量范围为0~10′,测量工作距离0~9m。

9. 测微准直望远镜

图1-27所示为测微准直望远镜的光路系统,提供一条测量使用的光学基准视线。物镜1固定在镜管上,调焦透镜2可移动,设置于物镜1的后面。通过调焦透镜的作用,可使物镜前的目标聚焦在十字线平板3上,形成倒立的像。通过后面的四个透镜4,用来使十字线平板上的倒立像形成正像,透镜中的第四个透镜将正像放大。国产GJ10Ⅰ型测微准直望

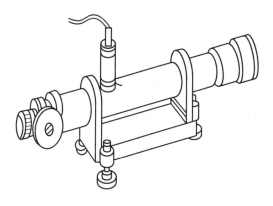

图 1-25 自准直仪外观图

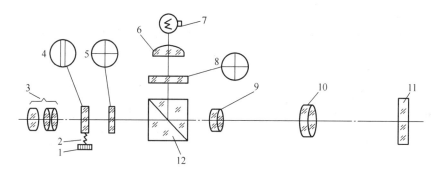

1—鼓轮;2—测微丝杆;3—目镜;4、5—分划板;6—聚光镜;
7—光源;8—分划板;9、10—物镜组;11—目标反射面;12—棱镜。

图 1-26 自准直量仪光路系统图

远镜的示值读数每格为 0.02mm,测微准直望远镜的光轴与外镜管口轴线的同轴度误差不大于 0.005mm,平行度误差不大于 3″。这样,以外镜管为基准安装定位时,既严格确定了光轴位置,也确定了基准视线位置。

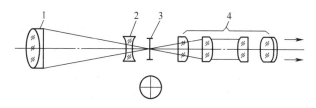

1—物镜;2—调焦透镜;3—十字线平板;4—四个透镜。

图 1-27 测微准直望远镜光路系统

建立测量基准线的基本方法是依靠光学量仪提供一条光学视线,同时合理选择靶标,并将靶标中心与量仪光学视线中心调至重合,如图 1-28 所示。在量仪与靶标之间,先建立起一条测量基准线,然后把工件置于靶标之间测量或校正。

10. 经纬仪

经纬仪是一种高精度的光学测角仪器。图 1-29 为国产 J2 型经纬仪的外形结构图。其原理与测微准直望远镜没有本质区别,特点是具有竖轴和横轴,可使瞄准望远镜管在水平方

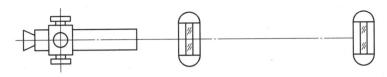

图 1-28 利用两个靶标建立基准线

向作 360°的方位转动,也可在垂直平面内作大角度的俯仰,水平面和垂直面的转角大小可分别由水平度盘和垂直度盘示出,并由测微尺细分,测角精度为 2″。

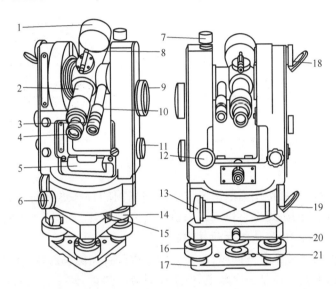

1—望远镜物镜;2—望远镜调焦手轮;3—读数显微镜目镜;4—望远镜目镜;5—水准器;6—照准部自动手轮;7—望远镜制动手轮;8—光学瞄准器;9—测微手轮;10—读数显微镜镜管;11—换像手轮;12—望远镜微动手轮;13—照准部微动手轮;14—换盘手轮护盖;15—换盘手轮;16—脚螺旋;17—三角基座底板;18—竖盘照明反光镜;19—水平度盘照明反光镜;20—三角基座制动手轮;21—固紧螺母。

图 1-29 J2 型经纬仪

11. 激光准直仪

普通的自准直仪能测量出 0.02mm 的尺寸偏差和几秒以内的角度偏差,精度高、适应性好,但也存在一定的缺陷,如在观察远距离目标时成像清晰度欠佳,仪器瞄准误差人为影响较大,长时间观察,人眼比较疲劳,特别是在应用这种仪器进行设备调整时,调整工作是在观察者指挥下被动进行的,因而装调效率受到一定的影响。激光技术出现后,由于激光具有亮度高、方向性好、相干性好的特点,因此可以利用激光器制成良好的准直工具。

激光准直仪的原理与常用的自准直仪相似,是以激光光源来代替普通光源。激光束通过光学发射望远镜系统,射出一束直径为 2~10mm 的可见红色光束,可传播到相当远的距离仍是一束平行光。在一定条件下,相当长的距离内光束各断面的能量分布是一致的,能量分布中心的连线构成一条相当理想的直线,成为准直测量中应用的一条基准线。

测量时,若准直精度要求高,可采用光电接收目标,如图 1-30 所示。光电接收目标包括目标本体和指示装置。光电接收目标本体的中心有硅光电池,分成为四个象限形成四块大小一样的光电池,成对地分别接入到一个运算电路。这四块光电池的电中心与目标的机械外圆是同心的。因此,上下一对的光电池可用来测量目标相对于激光束在垂直方向上的位置偏差。当光电接收目标中心与激光束能量中心重合时,成对的两个光电池接收的光能量相同,因此输出的光电信号相等,彼此完全平衡,指示仪表指针为零。如果光电接收目标中心与激光束能量中心不重合,成对的光电池输出的电信号不相等,此时有差值信号输出,通过运算放大器、指示电表,便可以进行读数,其值在一定范围内和光束的偏移量呈线性关系。

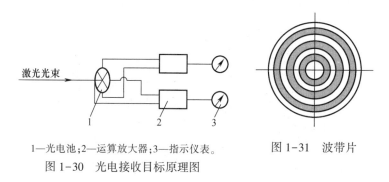

1—光电池;2—运算放大器;3—指示仪表。 图1-31 波带片
图1-30 光电接收目标原理图

若测量要求不高时,直接用人眼对光学工具中采用的目标进行对准就够了。这种情况下,可以采用带波带片的激光准直仪。它的前面装有波带片,如图1-31所示。当光线通过它时会出现明暗相间的图案,从而判断其中心。

激光准直仪目前还存在一些问题,主要是激光束的方向漂移问题,在进行高精度测量时尤为明显。由于激光发生器是一个放电管,工作时放出热量,使镜管周围形成不均匀的温度场,会导致了镜管的弯曲变形,使激光束发生方向偏移。因此激光准直仪在使用前常常需要一定时间的预热,并随时予以校正,待其稳定后再作测量,以保证精度。另外,激光束所经过路线上的空气温度梯度也会导致激光束发生飘移,故激光准直仪工作时在其附近区域,尤其是激光束的经路上,禁止进行电焊、火工校正等产生较高温度场的明火作业,以保证激光束通过区域中的空气介质密度一致,确保光线的直线传播。

12. 光学测微器的结构和原理

光学仪器内位移光板之刻度值每格为 0.5~1mm。一般人的视力可看清 1/4 格,即 0.10~0.20mm,是不够精确的。为了把位移值看得更精确,必须在望远镜前面安装光学测微器。安装以后,可以看清至 0.015~0.02mm。

光学测微器实际是由两块圆形可倾斜的厚玻璃组成的,通常也称为双平面镜。它的两块厚玻璃可倾斜方向互成90°,光线通过倾斜的厚玻璃后,即沿原来的方向平行偏移一个 V 值,如图1-32所示,根据几何关系,如下:

$$V = \frac{d \times \sin(\alpha - \beta)}{\cos\beta} \tag{1-1}$$

$$\sin\beta = \frac{\sin\alpha}{n} \tag{1-2}$$

式中 d——玻璃厚度;
α——倾斜角;

n——玻璃的折射系数。

d 和 n 为已知值,由 n 可得 V 值,即测微器外之旋钮刻度数值。测量时先将平面镜置于中间位置,如观察时发现被测物中心与望远镜成像面上的十字线有偏移,即调整测微器之旋钮,使十字线与被测物中心重合。这时所得 V 值,即微调值。

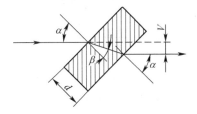

图 1-32 双平面镜原理图

图 1-33 为光学测微器读数的例子。图中当测微平板垂直于光轴时,光线瞄准于 3.00~4.00,为了读出小数,可以通过一个已经计算好的测微鼓轮转动测微玻璃平板,当转动了一个角度时,瞄准线便与 3.00 重合,鼓轮上的刻度是 0.73,由此便得整个读数为 3.00 加上 0.73 等于 3.73。

利用测微准直望远镜对准和测量微小位移时,用两个测微器是为了进行垂直和水平两个方向上的测微,但在某些型号的测微准直望远镜中,实际上只用一块测微平板玻璃,来实现两个坐标方向上的测量。其原理是利用这块测微玻璃可以绕相互垂直的两个坐标轴的转动来进行两个方向上的测微工作。

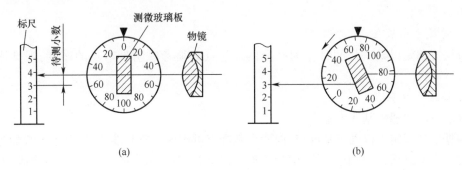

图 1-33 光学测微器读数
(a) 读出整数;(b) 读出小数。

13. 五棱镜

在工作中往往需要建立相互垂直的直线,即直角光学视线,可以通过一系列的反射面偏转而成。最简单的办法是采用一个平面反射镜,但最大问题就是要求光学视线精确地同平面反射镜成 45°角,否则光学视线转折后不成 90°。视线转折的角度误差等于视线相对于平面反射镜 45°夹角的误差的两倍。因此,会造成使用上的困难。

直角光学视线可以通过另一种方法精确地建立,就是五棱镜偏转的方法。当光学视线在顶棱的垂直平面内,即五棱镜的主截面内,无论光学视线在何种方位,经五棱镜都被转折 90°,如图 1-34 所示。所谓顶棱,就是五棱镜两个反射面的交线。当光学视线不在与顶棱相垂直的平面内时,视线转折就不成 90°。

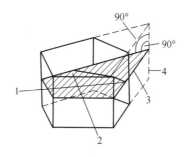

1—入射光;2—折射光;3—所含光学平面;4—顶棱。
图 1-34 五棱镜光路图

1.2.3 点、线、面的测定基准

1. 坐标系

通常船舶是应用三维坐标系,所以船体的基准有三个:高度方向的基准、左右方向的基准和首尾方向的基准。高度方向是以船体基线为基准的。在船台上船体基线用竖立在船台上的基线标杆来表示,用引入船体内的水平仪玻璃连通管内的水线与标杆作比较而得基准高度,如图 1-35 所示。

2. 左右方向基准

左右方向通常以船舯线作为基准,用吊重锤的方法确定测量点相对于基准的位置。有时也采用从两舷左右分中予以确定。利用吊重锤的方法时船身横向须保持水平,否则应进行修正。

3. 首尾方向基准

首尾方向是以某一号肋骨作为基准的。起点必须考虑肋骨本身的厚度,视具体情况而定。

4. 高度方向基准

高度方向以船体基线为基准。

根据上述规定可以确定基准点,而两个基准点可构成一条基准线,三个不共线的基准点可确定一个基准面,以基准点、线、面为依据可以进行划线和测量,从而为船舶建造、安装准备条件。

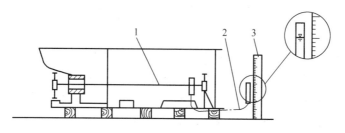

1—轴系理论中心线;2—玻璃管水平仪;3—基线标志。
图 1-35 高度基准的测定

上面对船舶三维坐标系的选择作了介绍,当根据设计图进行具体测量时,还必须考虑船体构件的理论线,因为船体构件的理论线是各工种测量时共同遵守的基准。

例如:当测定轴系中心线高度时,应当从船底外板的内侧量起,如图1-36所示,即尺寸A;如果从船底外板的外侧量起,即尺寸B,这样就错了一个板厚值,在轴系中心线测量后要进行机械加工,这个差错往往会造成无加工余量等无法补救的错误。

为了掌握测量基准,现将确定理论线的基本原则(详见《金属船体构件理论线》(GB5740—85)),如下:

(1) 外板以它的内缘为理论线。
(2) 甲板、平台、内底板以靠近基线一边为理论线。
(3) 横舱壁以靠近船舯一边为理论线。
(4) 纵向桁材、纵舱壁以靠近船体舯线一边为理论线。
(5) 不对称型材以背面为理论线。

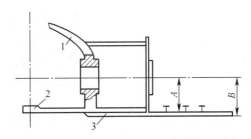

1—尾柱;2—舵托;3—船底外板。

图1-36 轴系中心线的高度测量基准

1.3 对 中 技 术

1.3.1 对中方法

在船舶动力装置的安装中,常遇到原动机与从动设备的连接,如柴油机与发电机的连接。主机与轴系的连接。这些连接工作必须保证动力传动中回转部件的回转中心在同一回转中心线上,以确保轴承处不会因安装不当而增加负荷,像这样把主动和从动设备依据回转中心在同一直线上的约束条件连接起来的工作称为对中工作(或称为校中)。

在对中工作中须要先行调整设备间的相对位置,调整位置后按转动轴在同一条直线上的要求测量其间的相对位置关系;如果达不到同轴度条件,须要再一次地调整和测量,直至达到同轴度为止。因此,在进行对中工作时,需要有调位工具以及检查相对关系的测量工具。

1.3.2 调位工具

图1-37为一个水平方向的顶压螺栓装置,用于调节水平方向的位移,在基座上面板上,套有护板2,并用螺栓3固定。在被调设备4的底脚螺孔中,插入支架5的销子,并用支紧螺栓6将支架固定。设备的移动是靠顶压螺栓来实现,螺栓用矩形螺帽8锁紧。为使顶压螺栓7能对准基座,在支架上安装顶压螺栓7的孔做成椭圆形,支架由钢板焊成。在找正时,每个设备每边需要两个这种工具。

当设备的重量很大,且设备与基座间垫片的厚度较厚时,可采用楔形螺纹千斤顶来调节垂直方向的位移,结构如图 1-38 所示。主要为两个楔形斜面,靠螺杆作用拉出或推进,产生下降或上升的位移。在上面一块斜面上装有半球形支承块,以适应机脚的各种倾斜安放。在找正时,每个机器设备下方可放置千斤顶 6~10 个。考虑到其最大升程有限,故当垫楔的厚度过大时,应于其下加放垫板。

如果设备较小时,可采用螺栓直接顶动设备来调节位置。

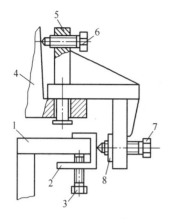
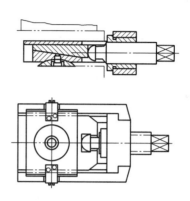

1—面板;2—护板;3—螺栓;4—被调设备;5—支架;6—支紧螺栓;7—顶压螺栓;8—矩形螺母。

图 1-37 水平方向的顶压螺栓装置

图 1-38 楔形螺纹千斤顶

1.3.3 测量工具

1. 直尺、塞尺及指针装置

在进行动力装置的找正对中时,必须检查相互连接的两个中心轴线之间有无偏移或曲折。为此,可利用直尺和塞尺,或者指针装置来检查。

当用直尺、塞尺进行对中时,常以法兰为检查基准,因此法兰外缘圆柱面的中心线与轴的中心线应满足同轴度的要求;法兰的端面与轴的中心线应满足垂直度的要求,只有这样法兰才能表征轴的中心线位置,对中时两轴的法兰间的偏移和曲折达到核定要求时也就表示两轴间的偏移和曲折达到要求。为了对中时直尺搁置稳定,法兰应当有一定的厚度。进行对中操作时对中的轴移近基准轴(图 1-39),并使其法兰或定心凸缘之间留有 0.4~0.6mm 的间隙,在轴不动的条件下,用直尺及塞尺在轴的上、下、左、右四个不同位置进行测量。

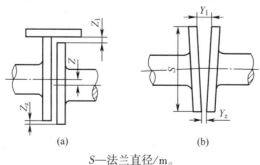

S—法兰直径/m。

图 1-39 用直尺和对中轴

(a)检查两轴段间的偏移;(b)检查两轴段间的曲折。

如果在上述四个位置,在直尺和法兰的外圆面之间所量得的 z 值不相等,即说明有偏移存在;如果在这四个位置时,在法兰的垂直平面之间所量的 r 值不相等,即说明有曲折存在。偏移和曲折的大小,可按表 1-1 算出。

表 1-1　按直尺和塞尺对中

测量位置	偏移量 δ			曲折度 φ		
	间隙/mm	间隙和/mm	偏移量/mm	间隙/mm	间隙差/mm	曲折度/(mm/m)
上部 s	Z_s	$\sum_1 = Z_s + Z_x$	$\delta_c = \sum_1 /2$	Y_s	$\Delta_1 = Y_s - Y_x$	$\varphi_c = \Delta_1/S$
下部 x	Z_x			Y_x		
左侧 z	Z_z	$\sum_2 = Z_z + Z_y$	$\delta_h = \sum_2 /2$	Y_z	$\Delta_2 = Y_z - Y_y$	$\varphi_h = \Delta_2/S$
右侧 y	Z_y			Y_y		

注:c 表示垂直,h 表示水平。

如发现所算出的数值超出所允许的范围时,就须利用调位工具来改变被对中轴的位置,直至偏移和曲折的数值不超出所给予的公差范围为止。

这种方法优点是简单、省时,不需要特别设备,但缺点是精度不高。当轴加工不准而在法兰和轴线之间有偏心或不垂直,连接法兰的直径较小(小于 100mm),相连接的两法兰的直径不相等,表面不平整,以及用齿轮式、牙嵌式和封闭式联轴器连接时,则此方法不能用,而须采用两对指针测量偏移和曲折,才能获得较准确的数值。

根据指针对中轴时,在轴的法兰上沿径向用螺钉固定两对方向相反的指针,如图 1-40 所示。指针装置应当有足够的强度和刚度,且与法兰之间应牢固固定。测量螺栓及与之相对的小凸起平面应加以淬硬和研磨。固定指针后,应初步调整轴向和径向的间隙,使它们的数值在 0.4~0.6mm,且当轴回转时,螺栓又不触及指针。这样在对中时,就可以利用最少数量的塞尺片,从而提高测量的准确性。测量时两轴同时转动,每转动 90°时测量一次数据,这样可以测出垂直和水平方向上的间隙值。如果在垂直方向上的上、下两个位置,在两对指针处测得的 Z_{1s}、Z_{1x}、Y_{1s}、Y_{1x}、Z_{2s}、Z_{2x}、Y_{2s}、Y_{2x} 时,则垂直方向上的偏移值 δ 和曲折值 φ 的计算公式如下:

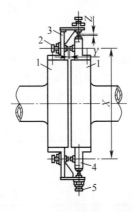

1—法兰;2—水平螺栓;3—外部指针;4—内部指针;5—垂直螺栓。

图 1-40　用指针装置对中轴

$$\delta_c = \frac{(Z_{1s} + Z_{2s}) - (Z_{1x} + Z_{2x})}{4} \quad (\text{mm}) \qquad (1-3)$$

$$\varphi_c = \frac{(Y_{1s} + Y_{2s}) - (Y_{1x} + Y_{2x})}{2S} \quad (\text{mm/m}) \qquad (1-4)$$

同理也可以进行水平方向的测量和计算。

如果把两对指针改用为百分表,轴转动时原来间隙值的变化就可以在百分表上显示出来。从表可以读出,其偏移和曲折值的计算公式与指针法完全相同,这就是百分表法。

2. 对光板与瞄准靶

在用照光法确定轴线位置或用光学仪器法安装主机或轴系时,常采用各种各样的对光板及瞄准靶作为定位的夹具。两者的主要区别:对光板只供光线通过用,虽可作为定位中心进行划线,但不能读出轴线对中的精确度,而瞄准靶则具有精确的标尺刻度,可进行测量。

图1-41为两种典型的对光板结构。图1-41(a)的对光板是一块厚2~3mm的开有小孔照光时,用手移动对光板,待尾部的观察者能看到首端的光源时,将对光板固定,此时对光板的中心小孔连线,即代表轴系中心线。对光板小孔尺寸的大小列于表1-2。图1-41(b)是可调式的对光板,由框架4,横向调节的两块板5和垂直向调节的两块板7组成。板的移动用螺钉6来实现,比前者使用方便。薄铁皮1安装在本体3上,2是小孔,小孔的直径为0.5~2.0mm,视轴系的长度而定。

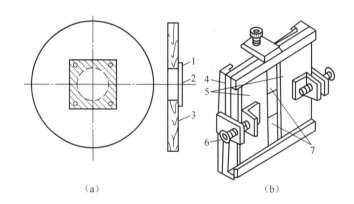

1—薄铁皮;2—小孔;3—本体;4—框架;5—横向调节板;6—螺钉;7—垂直调节板。

图1-41 对光板

(a)固定式;(b)可调式。

表1-2 对光板小孔的尺寸

轴系长度/m	小孔直径/mm	轴系长度/m	小孔直径/mm
20以下	0.75	35~50	1.25
20~35	1.00	50以上	1.20

瞄准靶有两种:一种为固定的瞄准靶,另一种为活动瞄准靶。固定的瞄准靶用作为轴系的基准点。常放于尾部船台平台上,或固定在机舱前端。图1-42为其结构。在支架1上,

用螺栓3及螺帽4固定木板2。在木板上放有瞄准用的网板6,刻有十字交叉线,交点是根据放样尺寸调节使得和理论轴系中心线重合,并用螺栓5将其固定在木板上,支架本身靠螺栓7固定在船台平台上。

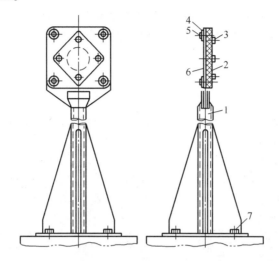

1—支架;2—木板;3—螺栓;4—螺帽;5—螺栓;6—网板;7—螺栓。
图1-42 固定瞄准靶夹具

在确定轴系中心线的位置时,需要两个这样的瞄准靶,分别放置在轴系中心线的两点上(如机舱前舱壁及尾部支架上)。为使光线能够无阻地通过,前面那个瞄准靶当中应做出20~25mm的孔,如图1-43所示。在观察尾部那个靶时就不必将这个靶取下,既方便,又避免了误差。

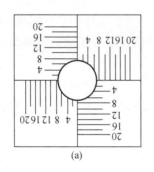 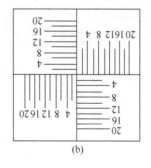

图1-43 瞄准靶的网板
(a) 近处的;(b) 远处的。

瞄准靶网板是由硬铝片或毛玻璃制成,刻有十字交叉线,并进行分度。为使在瞄准管内能观察清楚起见,刻线应涂上黑漆,而底面则擦得很明亮,瞄准靶上的标号及刻度均是做成倒置的,以便在瞄准管内能直接读出读数。

当用瞄准仪进行观察时,在观察者和调整工人之间,应当用电话联系。在瞄准管目镜处观察靶子时,必须注意瞄准管对靶子定位的正确性,靶子在网板上的影像应清楚而无视差,有无视差按观察者的眼睛在目镜上左右移动,即可确定,此时靶子的影像不应与网板的交叉线有移动迹象。

图 1-44 为活动瞄准靶的夹具,由带有四个支撑螺栓 1 的支撑环 5 及装有瞄准靶 2 的活动环 3 所组成。支撑环 5 靠支撑螺栓 1 撑紧在需要划线或找正的部件穿孔内,并使其平面和需划线的端面平行。瞄准靶 2 的位置靠四个细牙螺栓 4 来调节,螺栓的端点嵌装在活动环 3 的方形导向槽中,靠它们将靶子调节到所需的位置上。

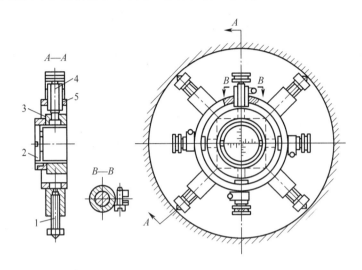

1—支撑螺栓;2—瞄准靶;3—活动环;4—细牙螺栓;5—支撑环。
图 1-44 活动瞄准靶的夹具

靶子本身是由钢筒形外壳及有机玻璃组成,在靶子上有宽 0.03mm 的十字交叉线及刻度,并使其中心和活动环的中心相重合。在中心点上面的垂直刻度线上,钻以直径 1~2mm 的小孔(测量时置入两脚规的一脚用);小孔中心至交叉线中心的距离,等于尾轴轴承孔与尾轴包覆铜套的总间隙的一半,就保证了按主机轴线安装尾轴的准确性。

3. 光学仪器

随着分段船舶建造法的出现,以及轴系安装工艺的根本改变,在目前船舶建造过程中,已越来越广泛地采用了光学仪器。在一般情况下,采用光学仪器能解决下列各项工艺问题。

(1) 在镗人字架孔、尾轴毂孔及隔舱壁孔时,先找正轴系的中心线,以便定出中心,画好线,再进行镗孔。

(2) 在合拢分段以及安装中间轴承的基座时,找正轴系的中心线,用以检查接合处位置的正确性。

(3) 根据轴系中心线上的基准点,找正主机或其减速器的中心位置。该基准点通常选在机舱的前、后两隔舱壁上。

(4) 根据安装在尾部的仪器光学中心线,或者根据已安装好的尾轴中心线,来找主机的位置。

(5) 根据轴系的中心线,找正中间轴承的中心位置,使得以后敷设中间轴时,不必再进行对中。

1.4 单配技术

1.4.1 主机垫片的拂刮

主机找正定位之后,用螺栓牢固地固定在船体基座上,绝大多数采用矩形垫片用螺栓紧固的结构形式。这种固定属于刚性连接,结构简单、紧固可靠、加工方便,如图1-45所示。

垫片的实际厚度是在现场测量获得,一般常用内卡钳测量垫片四角位置上的尺寸,附加0.1~0.2mm的研配余量作为垫片精加工的厚度尺寸。这种测量法的精度,全靠操作者的技术及经验来保证。对于大型柴油机的垫片厚度,可采用专用工具来测量,如图1-46所示的一种测量工具。它的底板4上设有四个量柱1,工具放入垫片部位,量柱靠弹簧2顶起,并用紧固螺栓3来锁紧,测量所得量柱的高度H即为垫片四角的厚度。

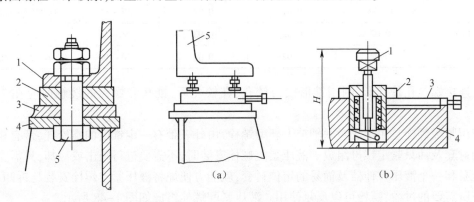

1—机座;2—垫片;3—固定垫;4—基座;
5—铰制孔用螺栓。
图1-45 主机固定的结构

1—量柱;2—弹簧;3—紧固螺栓;4—底板;5—机座。
图1-46 测量垫片厚度专用工具
(a) 安装图;(b) 结构图。

垫片的研配,主要采用风砂轮磨削和刮削等手工操作,使垫片与主机机座下平面紧密贴合,要求达到用塞尺检验垫片的四周时,0.05mm的塞尺插不进,用色油检验时,在25mm×25mm范围内,着色点不得少于三点。

垫片的贴合紧密程度应当在螺栓紧固后进行检查,可用小锤轻轻敲击垫片,不应产生移动,且发出清脆的声音而不是破壳声。

1.4.2 法兰连接螺栓的单配

在轴系的配对工作完成之后,即可进行法兰螺孔的铰孔工作。一般轴端法兰螺孔与螺栓的配合有圆柱形及圆锥形两种,如图1-47所示。圆柱配合面的优点是加工方便,缺点是法兰螺栓与孔的配合精度要求较高,否则不能达到必需的紧密配合要求,且螺栓经多次拆装后,孔与螺栓之间的配合精度不能保持,容易松动。圆锥形配合面的特点正好相反,虽然加工圆锥孔比加工圆柱孔困难一些,但容易达到螺栓与孔之间的紧密配合,经多次装拆,配合面也不易松动。

螺栓与螺孔的配合及加工精度可按照表1-3规定使用。

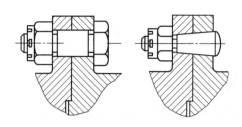

图 1-47 轴端法兰与连接螺栓

表 1-3 螺栓与螺孔的配合及加工精度　　　　　　　　　单位:mm

螺栓		螺孔		螺栓直径	配合值
圆度	圆柱度	圆度	圆柱度		
0.01	0.015	0.01	0.02	<30	0~+0.01
0.01	0.015	0.01	0.02	30~50	-0.005~+0.005
0.015	0.02	0.02	0.03	50~70	-0.015~0
0.015	0.02	0.02	0.03	70~100	-0.02~0.005

若连接螺栓孔是锥形,则用锥形铰刀铰孔,在铰孔后,锥孔和螺栓的接触面应在75%以上。

液压紧配螺栓是用于法兰联轴节上新型螺栓,由外表带有一定锥度的螺栓杆,带有相应锥度的衬套及两只紧定螺母组成。液压紧配螺栓安装时,不需要进行敲击或冷却,只需要一个液压泵和一个液压拉伸器及简易的定位衬套,就能方便地将液压紧本螺栓安装与拆卸,并能保证所需要的过盈,螺栓可以反复使用。液压紧配螺栓组成如图1-48所示。

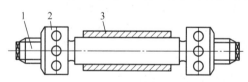

1—螺栓杆;2—螺母;3—衬套。

图 1-48 液压紧配螺栓

液压紧配螺栓可以用在船舶轴系的螺旋桨轴和中间轴、中间轴和中间轴、中间轴和主机(或减速箱)输出轴等用法兰连接的联轴节中,也可以用在蒸汽轮机、轧钢机或其他承受高扭矩的连接件中。

液压紧配螺栓主要优点,如下:

(1) 工艺简便快捷,取代了传统的"敲击"或"冷缩"的紧配螺栓安装方法。

(2) 液压紧配螺栓拆卸后,其带锥度的螺栓杆身、中间衬套内外圆以及联轴节内孔等配合部位均保持原有的表面粗糙度,故可以反复使用。大大减少了安装和更换螺栓所需要的时间,节省了维修费用。

(3) 对螺孔尺寸公差要求较松,表面加工粗糙度要求也不高,螺栓不需要和螺孔配研,大大方便了螺孔的加工。

(4) 因液压紧配螺栓的衬套外径与螺栓孔有间隙,所以很容易用手将它塞进孔中,也可以方便地从孔中拆出,没有咬住的危险。

(5) 液压紧配螺栓简化了轴的对中,可逐渐控制衬套的膨胀,从而使法兰之间的同心快速恢复。

(6) 液压紧配螺栓本身可以承受扭矩,也可以靠轴向力使两个法兰面压紧的压紧力来传递扭矩,连接可靠,保证设备正常运转。

(7) 由于螺栓之间传递扭矩均匀,并与法兰之间产生的摩擦力组合在一起,与传统的紧配螺栓连接相比,可以减小螺栓的直径或减少螺栓的数量,从而使联轴节的法兰更紧凑,费用减少。

由于衬套和螺栓孔有间隙,所以很容易安装。首先将它塞进螺栓孔中,然后塞进螺栓杆,在螺栓杆的小端装上安装定位座套及液压拉伸器,使螺栓杆与衬套相对移动,衬套膨胀并与螺栓孔产生一定的过盈,最后在螺栓的两端装上紧定螺母,安装即完成(图1-49)。

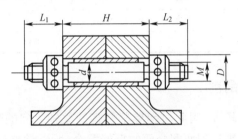

图 1-49 安装示意图

拆卸有两种方法,如下:

(1) 松开两端紧定螺母,用高压油泵向螺栓杆和衬套间的接触面输入高压油,螺栓杆将从衬套中滑脱,衬套弹性恢复到原始尺寸,因而很容易从螺栓孔中取出。

(2) 松开两端紧定螺母,把螺栓杆大端的紧定螺母拆下,装上拆卸定位座套和液压拉伸器,用油压泵驱动液压拉伸器,也可以将螺栓杆从衬套中松脱出来。其外形及安装尺寸如表1-4所列。

表 1-4 安 装 尺 寸

公称孔径 d/mm	螺纹 M/mm	法兰组最小厚度 H/mm	伸出长端长度 L_1/mm	伸出短端长度 L_2/mm	螺母厚度 L_3/mm	螺母外径 D/mm
38~40	M30×3.5	120	64	55	25	58
40~44	M33×3.5	125	64	55	27	60
44~49	M36×4	138	70	58	29	64
49~51	M39×4	143	78	62	31	68
51~55	M42×4.5	152	83	68	34	74
55~58	M45×4.5	158	87	70	36	78
58~62	M48×5	160	91	72	39	82
62~68	M52×5	172	99	78	42	90

续表

公称孔径 d/mm	螺纹 M/mm	法兰组最小厚度 H/mm	伸出长端长度 L_1/mm	伸出短端长度 L_2/mm	螺母厚度 L_3/mm	螺母外径 D/mm
68~73	M56×5.5	184	106	84	45	98
73~78	M60×5.5	196	114	90	48	102
78~83	M64×6	208	122	96	52	112
83~88	M68×6	220	128	102	55	118
88~93	M72×6	232	134	106	58	126
93~98	M76×6	244	140	110	61	130
98~104	M80×6	258	146	114	64	138
104~112	M85×6	272	154	120	68	148
112~118	M90×6	288	162	126	72	155
118~124	M95×6	304	170	132	76	164
124~130	M100×6	320	178	138	80	172
130~138	M105×6	335	186	144	84	182

1.4.3 螺旋桨锥孔的刮削

由于螺旋桨传递功率较大,因此对螺旋桨与螺旋桨轴之间的配合提出了较高的要求。一般采用钳工刮削的方法来达到两配合面的良好配合,所以是单配的很好例子。在进行单配时,以轴为基准,用刮削孔的方法达到配合要求。

刮削时螺旋桨孔的放置方向有两种:孔横放刮削和立放刮削。

(1)横放刮削法。横放刮削法是将螺旋桨轴锥孔中心与地面平行放置,刮削时先在螺旋桨轴锥面上均匀涂一层色油,再将螺旋桨轴放于小车上并推入锥孔,用螺帽固紧之,最后松开螺帽,并用大锤把螺旋桨轴敲出,检查染色油斑情况后刮削。这种工艺方法劳动强度较大,同时由于重力的影响,锥孔内受力不均匀,影响刮削质量。

(2)立放刮削法。立放刮削法是适合大型螺旋桨刮削的工艺方法,把螺旋桨平放,使锥孔垂直地面,刮削时先在螺旋桨轴配合锥面上涂色油,然后将螺旋桨轴用吊车竖立吊起,并放入锥孔中,由于轴的自重使轴与锥孔均匀紧密接触,最后检查染色油斑后刮削。该方法可减轻劳动强度和提高刮削质量。

锥面间配合要求,如下:

(1)键连接的连轴节。通过色油检查要求接触面积在75%以上,且在25mm×25mm面积内,不得少于3个接触点。锥面的配合应保证大端接触。接触面上允许存在1~2处面积不大的不接触处,但总面积小于锥体面积的15%。

(2)键连接的螺旋桨。通过色油检查,每25mm×25mm的面积上不得少于3个接触点,接触面积大于75%,且保证大端接触。

(3)无键连接螺旋桨。其配合面精车、不刮削,接触面积大于70%,且保证两端面接触好。

1.5 黏结技术

在现代船舶的安装过程中,上船作业时受场地影响,工作部位也需经常变动,致使实现机械化有较大困难。因此,至今仍有大量的手工劳动,如用铲刀铲削基座垫板,用刮刀刮配锥孔,用铰刀铰制螺孔。因而使生产周期长期得不到缩短。为了减轻劳动强度,缩短安装周期,迫切需要新的安装工艺,黏结技术正是在这种情况下发展起来的一种新型技术。由于化工技术的发展,黏结剂具有越来越好的性能:优良的黏结强度、耐水、耐热、耐化学药品、不易发霉、具有密封性。这就为黏结剂的广泛使用创造了条件。黏结剂分为有机黏结剂和无机黏结剂两种。

1.5.1 有机黏结剂

环氧胶黏剂是船舶建造中最常使用的一种有机黏结剂,一般由环氧树脂和固化剂两种主要成分组成,另外为了不同的用途而加入各种辅助材料,如增塑剂、稀释剂、填料、抗氧剂、抗老化剂等。特点是,固化后具有较高的强度、良好的化学稳定性和电绝缘性能,而且成型收缩率很小。其用来黏结主、辅机安装垫片、定位螺栓、尾轴管、舵轴承固定、螺旋桨与桨轴的固定等具有一定的经济效果。

环氧胶黏剂组成成分的选择、各种成分间的比例以及施工工艺对其性能影响较大,应给予必要的重视,下面将着重介绍这方面的有关内容。

1. 配方选择

(1) 施工工艺和使用条件对配方的要求。首先应考虑黏结件是否能加温,黏结件大小、受力情况、耐热性要求等。不能加温的黏结件须选用室温固化的工艺和配方。黏结件大的难以加温固化的,尽量采用特殊加热(如红外线照射)方式,或选用室温固化配方。若黏结件机械强度要求较高,需要采用加温固化(即使选用室温固化剂也应加温固化)。如在振动情况下使用,则需要考虑加增韧剂。耐热性要求高的应选用耐高温配方和加热固化。

(2) 环氧树脂的选择。作为胶黏剂的环氧树脂通常选用 E-51、E-44、E-42、F-44、F-45 等。

(3) 固化剂选择。固化剂是最主要的辅助材料,种类很多。常用固化剂用量的计算公式如下:

对于胺类固化剂:

$$用量 = \frac{胺类相对分子量}{含活泼氢数} \times 环氧值$$

例如:E-42 环氧树脂,环氧值为 0.4,用乙二胺为固化剂,乙二胺相对分子质量为 60,含 4 个活泼氢,代入上式得

$$用量 = \frac{60}{4} \times 0.4 = 6$$

即每 100g 环氧值为 0.4 的 E-42 环氧树脂,按计算需要乙二胺 6g。

对于酸酐类固化剂:

$$用量 = k \times 酸酐分子量 \times 环氧值$$

式中：k 为酸酐反应能力强弱系数，一般为 0.6~1。

对于树脂类固化剂，用量不严格，但必须超过最低量。

2. 船厂常用的环氧树脂黏结剂的配方（按重量份）及使用场合

（1）船舶主副机垫片涂环氧胶结剂配方，如下：

E-44 或 E-42 环氧树脂：100 份；

苯乙烯：5~10 份；

650 聚酰胺树脂：40 份；

三乙烯四胺：9~12 份；

铁粉（150~200 目）：适量。

（2）轴与螺旋桨用环氧胶结剂配方，如下：

E-51 或 E-44 环氧树脂：100 份；

304 聚酯树脂（50%苯乙烯溶液）：15 份；

二乙烯三胺：5~8 份。

（3）主机导板用胶结剂配方，如下：

E-44 环氧树脂：100 份；

邻苯二甲酸二丁酯：14 份；

多乙烯多胺：12~14 份；

石棉绒：适量。

（4）黏固各种套件的配方，如下：

E-44 环氧树脂：100 份；

邻苯二甲酸二丁酯：15 份；

二乙烯乙三胺：12~14 份。

（5）轴与铜套黏结的配方，如下：

E-44 环氧树脂：100 份；

邻苯二甲酸二丁酯：15 份；

乙二胺：7~8 份。

（6）主副机螺丝黏结配方，如下：

E-44 环氧树脂：100 份；

环氧丙烷丁基醚：15 份；

三乙烯乙四胺：9~13 份；

铁粉（200 目）：150~200 份。

（7）气缸套与机体密封、管子、旋塞的水密、油密的配方，如下：

6101 环氧树脂：100 份；

651 聚酰胺：50 份。

（8）螺旋桨及泵壳内腔等防腐配方，如下：

6101 环氧树脂：100 份；

651 聚酰胺：40 份；

丙酮：100 份；

三氧化二铝：50 份。

以上各配方都按质量份进行组分。

3. 胶合工艺

1）表面处理

表面处理是针对胶黏物和被黏物两方面的特性，对被黏物表面进行处理，从而达到与胶黏剂完全相适应的最佳状态，这样才能发挥出胶黏剂的最大效能。实践证明，凡是经过适当表面处理的金属，黏结强度都有不同程度的提高，特别是铝合金，强度可提高25%~70%。

表面处理分表面清洗、机械处理和化学处理三种。不同材料先经脱脂去污、机械处理，再经化学处理，能不同程度地提高黏结强度。在黏结的表面处理中，不管何种方法处理后，都不得用手去接触被黏物，以免被黏面重新玷污。

2）调胶

先将环氧树脂与增塑剂调匀后，加入填料调匀，调匀后再加入固化剂调匀即可涂用。这类调胶的特点是每加入一种成分都要调匀，然后加入一个成分。

把环氧树脂和增塑剂调匀后，加入固化剂与稀释剂的调匀物。两者调匀后再加入填料调匀即可涂用了。这类调胶的特点是将两种成分的调匀物混合在一起调匀，然后加入填料再行调匀的。

3）涂胶

涂胶应在表面处理后8h以内进行，有时要涂上底胶来保护清洗过的表面。涂胶的方法很多，常用的有涂刷法、喷涂法、灌注法。涂胶要均匀，胶层要薄，厚薄一致，防止产生缺胶和漏胶，同时在胶合时要当心胶层内产生夹空和气泡。对含有溶剂的胶，涂胶后要使胶层中的溶剂充分挥发。因此，每次涂胶不能太厚。为保证胶液能充分浸润被黏表面和获得一定厚度的胶层，可涂覆两遍甚至三遍。对多孔材料更要适当增加涂胶量和涂胶次数。多次涂胶时，一定要待上一遍的溶剂基本挥发尽后再涂下一遍。

刷涂，指用刷子、刮刀或其他刀具，将胶涂在胶接表面。一般由中央向四边开展，布及整个胶接表面，或顺一个方向涂刷，不要往复，速度要慢，防止产生气泡。涂刷时要有一定压力，有助于胶液浸润表面，渗入到凹陷的空隙。

灌注，指用注射器将胶液注入胶接缝隙中，也可用来填补孔洞、凹陷。或者，用人工将胶液倒在胶接面上，使胶液自动扩散到整个胶接面，也可用金属丝把胶液引入孔洞。这种方法适用于先点焊或铆接，再灌胶胶接等混合连接结构。

喷涂，指用压缩空气通过喷枪，把稀释的胶液喷到胶接面上，获得一定厚度的胶层。胶层均匀，效率也高，易于实现自动化。胶液内含有较多量溶剂，往往要喷涂好几次，每次喷涂后，要经充分晾置，让溶剂挥发，待当与手指接触不粘手，才可进行下次喷涂。

涂胶时用胶量的多少会影响胶接强度。用胶量取决于胶黏剂的类型、浓度、密度、胶接面的粗糙度和疏松程度，胶接面的形状和配合情况等因素。一般情况是，胶黏剂浓度小、密度大，胶接面粗糙、疏松、狭窄，配合情况比较差，用胶量宜多些，反之宜少些。通常用胶量控制厚度在0.05~0.15mm；对蜂窝夹层结构、面板与蜂窝胶接的厚度为0.1~0.2mm。并且在加压胶合时，胶接的周围要能挤出一定溢胶量。

4）固化

涂胶黏合后，就可进行固化。若用室温固化工艺，则放置2~4h后，即开始凝胶，24h后基本固化，但完全固化一般需7天。若采用加温固化工艺，则需将黏接件加温，升温要求缓慢,并有一定的保温期,防止裂开或产生应力。例如:80℃保温1h,再升至100℃保温至1h。一般终温在120~150℃,最高不超过200℃,作为黏接工艺最好在固化时加接触压力。

5)胶接质量的检验

胶黏剂的质量应按规定的《胶黏剂检验方法》进行物理、化学性能的鉴定及标准试件胶接强度的检定。因为,牵涉胶接材料、胶接头的几何形状、操作工艺等,若疏忽大意,都会造成胶接缺陷。胶接后必须检验胶接质量,胶接层在接头的内部,目前还没有完善的无损检验方法,只能从胶接层的表面现象判断质量的好坏,具体如下:

(1)用肉眼及放大镜观察胶层四周有无翘起剥离现象。沿胶接缝挤出的余胶是均匀的则质量好,如不均匀说明涂胶时有厚薄甚至缺胶,或加压不均匀,也可能胶接面配合不当。四周挤出的胶应光亮、色泽应一致,如不一致可能是调胶不匀。

(2)用圆头金属棒敲击整个胶接面,根据发出的声音判断胶层是否有夹空或气孔。如果四周发生的声音一致并且清脆,则说明胶接良好;如果有些地方声音不均匀、持续时间短,而且显得沉闷,则可能有气泡。

(3)胶接结构还可以用无损检测,包括超声波法、X射线透视、红外线、全息摄影法、液晶探伤法等。这些方法只反映胶层中的缺陷,并不表示胶接强度。因此,要保证胶接质量,必须严格按工艺规程,认真仔细地操作,合理设计接头,避免胶层受冲击力和剥离力。

4. 环氧树脂垫块

可浇注环氧树脂垫片有下列的优点,如下:

(1)用法简单;
(2)降低成本;
(3)高抗压强度和抗冲击性能;
(4)可校正安装表面的任何挠曲变形;
(5)耐油、耐酸、耐海;
(6)减少振动和噪声;
(7)免除使用金属垫块所需的机械加工和人工研配。

先用楔和定位螺钉校正发动机,置入涂上专用不溶性油脂的定位螺栓并用手扭紧。为防止树脂黏在底板和垫座表面上,必须加以清洁并涂上一层薄释放剂,以让树脂垫片可随时移开。

接着用橡胶条片形成垫片铸模三面,模的前方一面用金属条片形成,把它点焊在顶板上,离机的底板20~25mm,金属条片高度应超过垫片的达25~30mm。

备制好后,可开始用浇铸垫片。凝固剂加入树脂中,均匀地搅动。倒化合物入模,30min后,化合物便会凝固。熟化可在40h后完成,正确时间视周围的温度而定,在这段时间内,不可开动机器或进行大型工作。

1.5.2 无机黏结剂

无机黏结剂也是一种使用广泛的胶结剂,但自有机高聚物的开发和发展后,无机胶黏剂的应用范围越来越小。实际上,无机胶黏剂也有它的独到之处,优点是能耐高温,不会碳化,能长期暴晒也不易老化;耐水、耐油、耐溶剂性均好;无气味、无毒性;在低温下仍能保持良好的性能。缺点是胶膜很脆,对酸性和强碱性很不稳定;韧性太小,热膨胀系数与被黏物很难配合。

无机胶黏剂的种类很多,有铜质磷酸盐无机胶黏剂,还有铝质、锆质、镁质、硅质等磷酸盐胶黏剂,这类胶黏剂一般都有固体与液体二个组分。下面着重介绍铜质磷酸盐胶黏剂。

1. 铜质磷酸盐无机胶黏剂

1) 主要成分

固体组分是经特殊处理后颗粒为320目的氧化铜,液体组分是氢氧化铝的磷酸溶液,化学成分为磷酸—磷酸二氢铝。

2) 黏接件的准备

根据无机胶黏剂性能特点,接头应尽可能采用套接或槽接形式。当需要平面黏结而又要求承受较大负荷或受冲击的情况下,应增加销钉作为辅助。被黏结面的粗糙度越高越好,为增加黏结强度,可辅以人为加工成细小粗糙的螺纹沟槽等。套接或槽接的黏结面间隙控制在0.3~0.4mm,大部件也不应超过0.4mm。被黏面的锈斑、毛刺、油污必须清洗干净,可以用汽油或丙酮等擦洗。

3) 胶黏剂调制

首先,将胶黏剂固体置于一光滑的铜板上,按调制比3.0~4.5g/mL调配,即每3.0/4.5g固体粉末加1mL液体。然后,用调棒反复均匀地调和,排除产生的小气泡,直到能拉成5~7cm的胶丝时,即可使用。

$$调制比 R = \frac{固体组分(g)}{液体组分(mL)} = 3 \sim 4.5 \ (g/mL)$$

R值越大,黏结强度越高,但随着R值的继续提高,黏结强度提高并不多,而固化时间则大大缩短,甚至边调边固化,造成报废。由于胶液调制过程的化学反应是放热反应,所以一次调和量不宜过多,特别是在夏季,应当降低R值至3或在需要量大时采用多人分批调制。

第一次调胶用完后,应先将铜板上的残胶用水冲洗掉,再用布擦干,方能进行第二次调胶。

胶黏剂用后,要及时密封保存,以防吸潮而影响胶黏剂的性能。室温较低时,可在玻璃板上调胶。

4) 黏接

调好的胶分别迅速、均匀地涂在被黏接的表面上,注意不要有未被涂覆的地方,然后作适当的压挤。套接件可互相缓慢地旋入,如系盲孔套接,则需注意留排气孔或小槽,以去除多余的胶和气体。溢出的胶在其未固化前抹去。

5) 固化

黏接后,先在室温放置2~3h初步凝固后,再送入70~80℃的烘箱内烘2~3h。烘的时间长短,视黏结件的大小而定。对于大部件,可采用红外线灯加热固化。在夏天也可在阳光下暴晒数小时固化。

2. 无机黏结的性能

无机黏结,对单纯的平面黏结强度较低,抗冲击性较差,在黏结面积较小的情况下,往往用锤轻敲就脱落了。但槽接和轴孔的套接可达到较高的强度,套接扭转剪切强度可达50~60MPa,套接轴向剪切强度可达90~100MPa,胶黏剂本身的抗压强度可达85~90MPa,无机胶结剂耐高温性能较好可以在800℃条件下工作。无机胶结剂性脆,膨胀系数小,在单纯平面黏结时,承受冲击的性能极差。由于无机胶结剂与被黏物的膨胀系数相差过大,会造成脱落。但在槽接和套接结构的配合下,能有效地克服这些缺点。

在槽接和套接情况下,进行超低温的强度试验,于-196℃下黏结强度没有降低,部分试件的黏结强度还略有提高。因此说明要保证无机黏结的强度而配合一定的机械结构是非常重要的。

1.6 过盈配合

在安装过程中,有许多零件间需要紧密配合,用以防止连结脱落或传递大的扭矩,于是产生了过盈技术。过盈配合是利用材料的弹性使孔扩大、变形、套在轴上,当孔复原时,产生对轴的箍紧力,使两零件连接。当金属在弹性限度内变形时,总有一个恢复变形的力存在,恢复力形成作用在两配合面上的正压力。正压力越大,两配合件就越不容易脱落,可传递大的扭矩,过盈技术在动力装置安装过程中应用很广泛,如尾轴红套,螺旋桨与桨轴的过盈配合等。

过盈联结的配合面多为圆柱面,也有圆锥形式的配合面。圆柱面过盈配合的过盈量或零件较小时,一般用压入法装配;过盈量或零件尺寸较大时,常用温差法装配。采用温差法装配时,可加热包容件或冷却被包容件,也可同时加热包容件和冷却被包容件,以形成装配间隙。由于这个间隙,零件配合面的不平度不致被擦平,因而连结的承载能力比用压入法装配高。压入法过盈连接拆卸时,配合面易被擦伤,不易多次装拆。圆锥面过盈连结利用包容件与被包容件相对轴向位移获得过盈结合。可用螺纹连结件实现相对位移,近年来,利用液压装拆的圆锥面过盈连结应用日渐广泛。圆锥面过盈连结的压合距离短,装拆方便,装拆时配合面不易擦伤,可用于多次装拆的场合。

1.6.1 过盈配合的计算

过盈配合常用在传动轴系中,过盈量的大小是由工作时受力情况决定。传递扭矩时过盈量的计算如下:

1. 传递扭矩的计算

根据主机的最坏功率和转速,主机发出的最大扭矩为

$$M_{max} = 9549.3 \times \frac{N_{max}}{n_{max}} \quad (N \cdot m) \qquad (1-5)$$

式中 M_{max}——主机最大扭矩(N·m),
  N_{max}——主机最大功率(kW);
  n_{max}——主机最大功率时轴的转速(r/min)。

通常取安全系数为2.7,则计算传递扭矩为

$$M = 2.7 M_{max} \qquad (1-6)$$

2. 配合面间比压 p 的计算

当配合面的比压 p 只用来传递扭矩时,其比压为

$$p = \frac{2M \times 10^3}{F \cdot d_m \cdot \mu} \qquad (1-7)$$

式中　　F——接触面积（mm^2）；

　　　　d_m——被包容件的直径（圆锥时为平均直径（mm））；

　　　　μ——摩擦系数。

3. 过盈量 Δ 与配合面间比压 p 的关系

根据材料力学厚壁圆筒计算公式为

$$\Delta = d_m p \left[\frac{1}{E_B}\left(\frac{k^2+1}{k^2-1}+V_B\right) + \frac{1}{E_T}(1-V_T) \right] \tag{1-8}$$

式中　　E_B——包容件材料弹性模数，铜质取 11.7×10^4（MPa）；

　　　　E_T——被包容件材料的弹性模数，铜质取 20.6×10^4（MPa）；

　　　　V_B——包容件材料泊桑比，铜质取 0.34；

　　　　V_T——被包容件材料泊桑比，铜质取 0.26；

　　　　k——包容件内、外平均直径的比值，$k = D_m/d_m$；

　　　　Δ——过盈量（mm）。

式(1-8)变换,得

$$p = \frac{\Delta}{d_m} \left[\frac{1}{\frac{1}{E_B}\left(\frac{k^2+1}{k^2-1}+V_B\right) + \frac{1}{E_T}(1-V_T)} \right] \quad (\text{MPa}) \tag{1-9}$$

在工作时,由于离心力作用而使套合表面的比压减小,减小值一般在 5%~11%。一方面由于这部分计算工作繁杂,另一方面在选取安全系数时,已经考虑了离心力的影响,所以一般可不必再次进行计算。

4. 不同材料过盈配合时,温度对过盈量的影响

由于工作和组装时温度不同,将使配合件因热膨胀系数不同而产生过盈量的变化。例如:根据规范规定,铜质包容件与钢质被包容件配合时工作最高温度为 35℃,如安装温度为 t,且低于 35℃,则由于温度升高,将使过盈量减少,故应增加的过盈量如下:

1) 圆柱配合

$$\Delta_r = d(\lambda_B - \lambda_T)(35-t) \quad (\text{mm}) \tag{1-10}$$

式中　　λ_B——包容件的线膨胀系数,铜质 18×10^{-6}（1/℃）；

　　　　λ_T——被包容件的线膨胀系数,钢质 11×10^{-6}（1/℃）。

2) 圆锥配合

圆锥配合时,设锥度为 S（按规范规定 $S \leq 1/15$）。当温度增加时,其径向过盈量的增加与圆柱配合相同,只是 d 换为 d_m（平均直径）,即可计算出来。另外,由于两配合件的轴向位移会使得过盈量增大,所以应减少装配时的过盈量,其计算公式如下:

$$\Delta_\alpha = L(\lambda_B - \lambda_T)(35-t)/2S \quad (\text{mm}) \tag{1-11}$$

式中　　L——包容件长度（mm）。

所以综合考虑,应增加的径向过盈量 $\Delta_T = \Delta_r - \Delta_\alpha$,总过盈量为

$$\Delta_H = \Delta + (\Delta_r - \Delta_\alpha) \tag{1-12}$$

包容件和被包容件的尺寸在测量时,若温度不同,则应计入温度差别而引起的过盈量的变化,其值为

$$\Delta_t = d\left[\lambda_B(t_2 - t_g) - \lambda_T(t_1 - t_g)\right] \quad (\text{mm}) \tag{1-13}$$

式中 t_1, t_2——被包容件和包容件测量尺寸时工作温度（℃）；

t_g——安装时的温度（℃）；

Δ_t——应减小的过盈量。

5. 被包容件相对于包容件的轴向位移量及位移图

当锥度配合时，轴向位移量为

$$l = (\Delta_H + 4G)/S \tag{1-14}$$

式中：G 为因粗糙度而增加的过盈量，通常为 0.0025~0.01mm。

由于位移量和温度呈线性关系，为了工作方便，常根据 0℃ 和 35℃ 时的轴向位移量在坐标系上绘出温度-轴向位移线，如图 1-50 所示。根据装配时的温度可以求出某一温度安装时的 l 值。为了放大 l 的比例，可选取原点处不为零，以提高作图的精度。

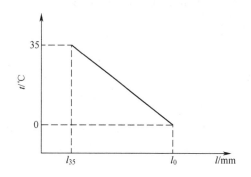

图 1-50 温度-轴向位移图

6. 零位问题

当螺旋桨安装时，为了获得准确的轴向压入量，螺旋桨零线位置的确定是很重要的。在零线位置时桨与轴正好完全接触，配合既没有间隙也没有过盈。确定零线位置的方法较多，实际用得较多的是实测法。

首先对螺旋桨施加一轴向推力 F_0（该力不包括桨重力的轴向分力和桨与轴间的摩擦力），此时将千分表转到零位读数；然后将轴向力加大到 F_1，读出千分表读数 l_1，依次将轴向力加大到 $F_2, F_3, \cdots, F_i$，同时读出千分表读数 $l_2, l_3, \cdots, l_i$，一般作 4~5 点即可，以 F 为纵坐标，以 l 为横坐标作 $F-l$。

因为在弹性变形范围内，所以各点的连线为一直线，设连线的延长线与 l 轴交于 A 点，即螺旋桨轴向压入量的零位，如图 1-51（a）所示。用液压法装桨时，一直压到轴向压入量为 l 即可。用扩孔式液压装桨时，初始阶段用液压法，即桨与轴在先压入 2~3mm 的轴向压入量，待求出零位线；然后暂停轴向压入，而向桨、轴配合面泵油，使配合孔扩大，继续把螺旋桨压到需要的轴向压入量。该轴向压入量应从零位线开始计算，如图 1-51（b）所示。用实测法求得零位线显然是合理的，A 点表示当轴向压入负荷为零时，轴向压入量也为零。这时螺旋桨毂孔和螺旋桨轴刚刚接触，零位就是应该从这种情况开始算起。

7. 强度校核

过盈配合时，强度校核常从配合零件的应力状态分析开始，多以包容件为分析对象。

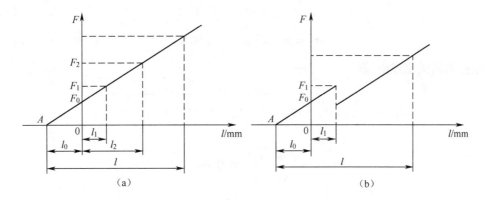

图 1-51 螺旋桨压入量零位的确定
(a) 液压 F-l 图；(b) 扩孔式液压 F-l 图。

1) 应力状态

设：内半径为 r，平均内径为 d_m，外半径为 R，平均外径为 D_m，内表面压力为 p，则内表面处切向应力 σ_{rt} 为

$$\sigma_{rt} = \frac{p(k^2+1)}{k^2-1} \tag{1-15}$$

径向应力 σ_{rr} 为

$$\sigma_{rr} = -p \quad (\text{MPa}) \tag{1-16}$$

外表面处切向应力 σ_{Rt} 为

$$\sigma_{Rt} = \frac{2p}{k^2-1} \quad (\text{MPa}) \tag{1-17}$$

径向应力为

$$\sigma_{RR} = 0 \tag{1-18}$$

2) 外表面的应力允许值

强度校核时外表切向拉应力应当小于等于 40MPa，否则将产生应力腐蚀，即

$$\sigma_{Rt} = \frac{2p}{k^2-1} \leqslant 40 \quad (\text{MPa})$$

$$p \leqslant 20(k^2-1) \quad (\text{MPa}) \tag{1-19}$$

3) 内表面的应力允许值

强度校核时内表面综合应力 $\sigma_E \leqslant 0.6\sigma_s$，$\sigma_s$ 为包容件，即螺旋桨材料的屈服极限（N/mm²）。其应力排列次序如下：

$$\sigma_1 = \sigma_{rt} = \frac{p(k^2+1)}{k^2-1} \quad (\text{MPa}) \tag{1-20}$$

$$\sigma_2 = \sigma_x = 0 \quad \text{(MPa)} \tag{1-21}$$

$$\sigma_3 = \sigma_{rr} = -p \quad \text{(MPa)} \tag{1-22}$$

根据第四强度理论,有

$$\sigma_E = \sqrt{\frac{1}{2}\left[(\sigma_1-\sigma_2)^2+(\sigma_2-\sigma_3)^2+(\sigma_3-\sigma_1)^2\right]} \tag{1-23}$$

$$p\frac{\sqrt{3k^4+1}}{k^2-1} \leqslant 0.6\sigma_s$$

$$p \leqslant \frac{0.6\sigma_s(k^2-1)}{\sqrt{3k^4+1}} \tag{1-24}$$

1.6.2 过盈装配

1. 热过盈装配

热过盈装配是通过加热包容体,使之膨胀,尺寸变大,然后进行安装,这种工艺也称为红套。

例如:尾轴上的铜套就采用了红套装配的技术。因采用水润滑的尾轴,工作条件恶劣,所以,轴颈表面需要有铜包覆层,主要起防腐蚀作用,并减小轴与尾管轴承间的摩擦。尾轴铜套材料一般应用 QSn10-2 锡青铜。铜套在制造中有如下要求。

(1) 铜套外圆应先粗加工,留余量 2~5mm,铜套内孔可进行精加工,待铜套装上尾轴后,再连同尾轴一起上车床精加工外圆。

(2) 铜套粗加工后,应经水压试验,其压力为 0.2MPa,5min 内不得有任何渗漏。

(3) 铜套内孔表面粗糙度及套合处的轴表面粗糙度均应满足 $R_a \leqslant 1.25\mu m$,圆度和圆柱度不大于表 1-5 中的规定。这是因为轴孔的圆度和圆柱度会直接影响套合后各接触点所受压力的均匀性,甚至减小接触面而降低套合力。

表 1-5 铜套内孔和轴的圆度和圆柱度　　　　　　　　　　单位:mm

圆柱度	圆度	轴颈
0.06	0.04	120 以上
0.07	0.05	120~180
0.08	0.06	180~260
0.09	0.07	260~360
0.10	0.08	360~500
0.12	0.10	500 以上

(4) 轴铜套是依金属热胀冷缩的原理固定在尾轴上。由于铜套套于轴上后,其应力分布是不均匀的,在铜套端部因应力集中会有脆裂的危险,因此一般在铜套两端开有卸荷槽。

表 1-6 铜套与轴的过盈量

轴颈/mm	过盈百分比	过盈量/mm
<120	0.12~0.13	0.10~0.14
120~180	0.11~0.12	0.14~0.20
180~260	0.1~0.11	0.2~0.26
260~360	0.09~0.1	0.26~0.32
360~500	0.09~0.1	0.32~0.40
500~700	0.07~0.08	0.40~0.50

严格控制铜套与轴的过盈量是一个极为重要的问题。过盈不足就有松脱的危险,过盈太多,将会引起巨大的局部应力而导致铜套端部的破裂。过盈量可以按船舶规范计算,也可以按应力计算,其许用应力不应超过抗拉强度的 30%~50%,一般可参照表 1-6 选择过盈量。

轴红套时应注意以下几点:

(1) 铜套加热温度为 250~300℃,并要求加热均匀,防止铜套变形,因此常采用煤气、丙烷或电热等加热方式。

(2) 事先备好铜套内径测量样棒。样棒可用 10~15mm 圆钢做成,两端磨光磨尖,长度为套合处轴颈直径再加 2 倍的过盈量。使用样棒可以测量出加热后的铜套孔径是否已膨胀到预定套合尺寸的要求。

(3) 在尾轴铜套规定的轴向位置之后固定定距环,当铜套套入轴中并与定距环相接触时,即认为位置正确。但定距环在轴上定位时应考虑铜套的收缩量。

(4) 每套一节,使搭接处先冷,自由端处慢冷,以免搭接处有较大冷缩缝隙出现。

2. 冷过盈装配

冷过盈装配是先将被包容零件冷却,使其收缩,尺寸变小,然后立即装配,恢复到常温后,与配合的零件形成过盈配合。

冷套技术是与红套技术相对而论的。实际工作中,具体是采用红套技术还是冷套技术,应当从成本等诸多方面来选择。

3. 液压过盈装配

液压过盈装配是随着造船工业的发展,船舶吨位的越来越大、螺旋桨的直径和桨毂的尺寸的增大而发展起来的一种新工艺。它具有连接强度高,加工工序简化,工作安全可靠,配合质量好,装拆时不会损坏零件且很方便的特点,解除了繁重的体力劳动。不足之处是这种安装需要一些简单的设备,如油泵、压力表、轴向液压千斤顶、油管、接头等。

螺旋桨液压安装有干式和湿式两种。干式液压法的螺旋桨毂内孔与尾轴锥形摩擦面之间无扩孔液压,液压仅提供轴向压紧所需推力。湿式液压法是在装拆螺旋桨时,摩擦面之间依靠高压油使桨毂胀大,产生弹性变形,使之易于轴向移动,并减小摩擦面之间的摩擦力,以减小拆装的轴向压力。

1) 液压法

第一种方法为图 1-52(a)所示的利用液压螺母的安装方法。在尾轴螺母本体 1 内设有一环形加压环 2,环形加压环与尾轴螺母本体之间有四道 "O" 形密封圈 3。当安装螺旋桨时,用高压油泵 4 产生高压油注入液压螺母内,使环形加压环压向螺旋桨,于是螺旋桨产生了轴向位移。由于桨毂孔与尾轴为锥形配合,所以当螺旋桨产生轴向位移时,桨毂内孔因弹性变形而胀大,与尾轴锥形端产生了过盈配合。当螺旋桨压到所要求轴向位置时,高压油泵 4 便可卸压,然后用扳手拧紧液压螺母,装上止动片就可以了。

第二种方法是按常规设计的尾轴螺母内没有液压装置,因此当使用液压法安装时,要另外用专用泵,如图 1-52 (b)所示。

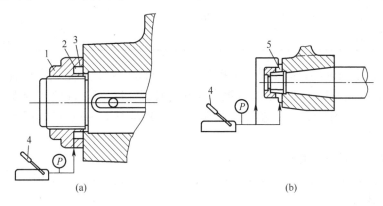

1—尾轴螺母本体;2—环形加压环;3—"O"形密封圈;4—高压油泵;5—专用双联泵。

图 1-52 螺旋桨的安装

(a)用液压螺母的安装;(b)专用双联油泵安装螺旋桨。

2) 扩孔式液压法

扩孔式液压法是先利用油压将螺旋桨毂胀开,再用油泵、环状活塞将螺旋桨推到尾轴锥面上。轴向移动的距离是预先计算好的,可以通过千分表测量。

大型螺旋桨液压按下列步骤进行安装,如图 1-53 所示。第一在尾轴锥面上涂油,将螺旋桨自由地套在轴上,第二装上一个带有环状活塞的油压法兰 2,第三将螺母 1 朝螺旋桨毂旋紧,第四通过油孔 8 将油注入到液压法兰。这样,环状活塞的压力通过液压法兰作用到螺旋桨毂上,从而使螺旋桨压在桨轴锥面上。与此同时,压力油通过油孔 4 向毂孔的螺纹状的、无出口的油槽注入,并分布到整个锥面上。由此产生的内压力将螺旋桨毂体胀开,而环

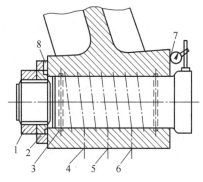

1—螺母;2—液压法兰;3—密封环;4—油孔;5—排气孔;6—前油孔(备用);
7—千分表;8—油孔。

图 1-53 大型螺旋桨扩孔式液压安装

状活塞上的压力将螺旋桨推进去,一直推到终点位置。推移距离用千分表来检测,接着进油口8减除压力,油从锥面经桨毂上的排出孔排出,在桨毂孔的卸压过程中,液压法兰的油压还须保持一段时间(约15min)。待螺旋桨与轴之间的油膜完全消失后,再将环状活塞的油放掉,这时安装工作宣告结束。

1.7 回转构件的平衡

1.7.1 基本概念

船舶动力装置的机械及设备,由各种构件组成。这些构件在运转过程中往往都要运动,按运动构件的运动形态大体上可以分为三类:

(1) 绕定轴转动的构件,如螺旋桨轴及螺旋桨,飞轮、曲轴、汽轮机的转子等;
(2) 往复移动的构件,如活塞、十字头等;
(3) 作平面往复运动的构件,如连杆等。

这些运动的构件中除了惯性主轴与回转轴线重合的等角速度回转外,其他构件在运动过程中都将产生惯性力。这些惯性力将在各个运动副中产生附加的动压力,从而使运动副中摩擦力增大,加快运动副接触处的磨损、降低机械效率,并影响到构件的强度。此外,惯性力的周期性变化成为振动的激振力,使设备振动,在某些情况下甚至会影响到基座或船体振动,因此必须对惯性力进行分析研究以消除或减少影响。

船舶动力装置设备中出现的往复移动和平面复杂运动,如柴油机活塞连杆等构件的运动,在柴油机学科中有专门的论述。现仅就安装工艺中常遇到的回转件,如螺旋桨等的惯性力问题进行探讨。

研究回转构件的惯性力的分布规律,并设法使惯性力得到平衡称为回转构件的平衡。造成转动构件,如螺旋桨惯性力不平衡的原因主要是各叶片间夹角不等分,材料疏密不一,加工时的误差等,致使其惯性主轴与回转轴线不重合,从而在转动时产生离心惯性力系的不平衡。在转子的离心力系中,各惯性力的大小是与偏心质量、偏心距,以及和回转角速度的平方成正比,其方向随转子的回转而作周期性的变化,且都通过回转轴。对于同一回转构件而言,各惯性力间的相对关系,即力的分布状态是不随回转角速度而变的,所以可以用重新调整回转构件本身质量分布,如采用添加或减去一定质量的方法,来使惯性力构成一个平衡力系,从而使惯性力的合力为零。这样工作的全过程,称为校回转件的平衡。

回转构件的平衡,又可分为刚性转子的平衡和挠性转子的平衡。

刚性转子的平衡是指转子工作转速较低,转子惯性力系作用下转子轴不会出现明显的弹性变形,所以用刚体力学的方法进行处理就能得到满意的结果。

挠性转子的平衡是指转速较高,转子在惯性力系的作用下转子将出现弹性变形,加大了偏心质量的偏心距,因而增加转子的不平衡因素,使平衡问题复杂化。在安装中所遇到的构件多为刚性转子,所以仅对其进行研究。

在研究刚性转子的平衡问题,根据回转构件的轴向长度 L 与直径 D 的比例,大体上把转子的不平衡状态分为两种,即静不平衡和动不平衡。

1. 静不平衡

对于长径比 L/D 很小的低速转子或者轴的刚度足够大的盘状转子,当 $L/D \leqslant 1/5$ 时,可以近似地认为转子的质量都分布在同一个回转平面内。若不平衡,则是由于转子的质心不在其回转轴线上的缘故。把这种转子放在摩擦力很小的支承上,利用重力效果即可显示出转子的不平衡状态,而无须使转子启动旋转产生惯性力。因此,这种不平衡称为静不平衡。在图 1-54(a)中,若转子的质心 S 不在其回转轴线上,则在重力矩的作用下,转子将会转动,直到质心转到回转轴线的铅垂下方时方能停止。

2. 动不平衡

当回转构件的长径比 $L/D>1/5$ 时,由于转子长度相对较长,就不能近似地认为其质量分布在同一个回转平面了。这种转子若有偏心质量的话,这些偏心质量实际上是随机地分布在不同的回转平面内。这种情况下,即使回转体的质心 S 位于回转轴线上(图 1-54(b)),但由于各偏心质量所产生的离心惯性力相互作用在相距较远不同回转平面内,因而将产生不能忽略的惯性力矩,所以它仍然是不平衡的。这种不平衡状态,只有在使回转构件转动起来而产生惯性力时才显示出来,称为动不平衡。

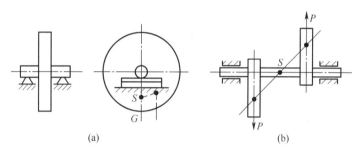

图 1-54 转子的平衡试验
(a) 静平衡试验;(b) 动平衡试验。

1.7.2 平衡试验

对于几何对称轴与回转轴线重合的密度均匀的回转构件,或者已经经过平衡计算并加装所需配重的非对称回转构件,从理论上应该是完全平衡的。但是,由于计算、制造和安装过程中存在的误差以及材料密度不均匀等因素,使得转子实际上仍可能存在不平衡。造成这种不平衡的因素有很大的随机性,只能在回转构件制造出来以后,用试验的方法来逐个地确定其不平衡质量的大小和方位,并用加配重(或减重)的方法使之达到平衡。

1. 静平衡试验

根据静平衡原理可知,对于长径比较小的回转构件,如低速转动的螺旋桨,通常只需进行静平衡试验,并在一个平衡平面内加以平衡,而不必进行动平衡试验。

图 1-55 为一种导轨式静平衡架,主要部件是安装在同一水平面内的两根相互平行的钢制刀口形导轨。试验时,将转子的轴颈放置在导轨上。若转子的重心 S 不在通过回转轴线的铅垂面内,则其重量会对回转轴线形成重力矩,在此重力矩的作用下转子将在刀口上滚动,当停止滚动时,转子的重心 S 在理论上应位于轴线的铅垂下方。由于它的轴与刀口之间存在滚动摩擦阻力,所以重心 B 的停止位置实际上会略有偏差。为消除滚动摩擦阻力的影响,可先将转子向一方偏转,任其自由滚动,待停止滚动后通过回转中心在转子端面上画一铅垂线 xx;然后将转子向另一方偏转,待停止滚动后通过回转中心划出另一铅垂线 yy,则该

转子的重心 S 必位于直线 xx 和 yy 夹角的分角线上,并在回转中心的正下方,这样就可确定转子重心相对于回转中心的偏转方向;最后用橡皮泥或其他方法在重心偏移的相反方向上加一适当的平衡质量,并逐步调整其大小或径向位置。如此反复试验,直到转子在任何位置都能保持静止不动时为止。根据所加橡皮泥的质量和位置即可求出其静不平衡的重径积;根据转子的具体结构,按同样大小的重径积,在相应方向的适当位置上加上一块平衡配重(或在反方向去掉一些质量),就能使该转子达到静平衡。

导轨式静平衡架简单可靠,平衡精度较高。但必须保证两个刀口在同一水平面内,故调整比较困难,而且当转子两端的轴颈直径不相等时,不能在这种静平衡架上进行平衡试验。

图 1-56 为船厂常用的一种静平衡试验设备,进行平衡试验时,将转子轴支承在两对滚动轴承上。静平衡的操作程序与上述相同。这种静平衡架使用比较方便,但因摩擦阻力较大,故平衡精度不如导轨式的高。

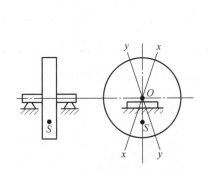 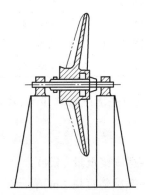

图 1-55　导轨式静平衡架　　　　图 1-56　滚动轴承平衡架

2. 动平衡试验

对于长径比较大的回转构件,必须通过动平衡试验,并在两个给定的平衡平面内加上或减去一定的质量,才能使之达到平衡。由动平衡原理可知,尽管每个转子的动不平衡状态是随机的,但对于刚性转子而言,只需两个平衡平面就够了。因此,在进行刚性转子的结构设计时,应在靠近转子两端的适当部位上,为在动平衡实验中加装(或去掉)配重留有一定的位置。此外,对于需要进行动平衡试验的转子,往往要经过静平衡试验,以便尽可能减少动平衡试验中的加上或减去一定的质量,并避免损坏平衡试验设备。

刚性转子的动平衡试验是在专门的动平衡试验机上进行的。生产中使用的动平衡机,种类很多,分类方法也不相同,但大体上可分为机械式动平弹衡机和电测式动平衡机两大类。20 世纪 50 年代以前,大都使用机械式动平衡机,它利用补偿原理测出被试转子的不平衡重径积,并利用共振原理将振幅放大以提高精度。由于结构和测试方法比较简陋,灵敏度和平衡精度较低,因而机械式动平衡机目前在生产中已经很少应用。电测式动平衡机是随着电子技术的发展而出现的,利用电子测量技术来测定被测转子不平衡重径积的大小和方位,并通过电子线路将测得的振动信号加以处理和放大,从而使其有很高的灵敏度和平衡精度。为适应机械工业对高转速、高精度、大型回转构件的动平衡要求,并提高生产效率,现代动平衡试验技术还发展了激光去重的动平衡机、带有真空筒的大型高速动平衡机和整机平衡用的测振动平衡仪等,并已实现了动平衡试验的自动化。无论何种动平衡机,目的均在测定回转构件不平衡重径积的大小和方位,只是测量的原理和方法不同而已。

3. 回转构件的平衡精度

经过构件的平衡试验进行平衡处理后,可以使不平衡的效应大为降低,但是很难完全消除。在生产中,根据转动构件的工作要求,对不同的回转构件规定允许的最大残余不平衡量,在平衡试验时,只要残余不平衡量在允许不平衡量范围内,即合格。

各行业对转动构件的平衡精度要求不同,本小节仅对造船厂中螺旋桨的静平衡精度要求作简要介绍。

不同制造精度等级的螺旋桨加工要求不同,静平衡精度也不相同,螺旋桨的分级如表 1-7 所列。

表 1-7 螺旋桨的分级

级别	制造精度	正常用途	推荐适用范围
1 级	较高精度	要求高的船舶	船速高于 18kn 的海船
2 级	中等精度	大部分商船	船速在 8~8kn 的海船及船速高于 8kn 的内河船舶
3 级	较大公差	一般铸铁螺旋桨	Ⅱ 级的一般船舶

螺旋桨进行平衡试验时,叶尖处允许不平衡质量 P 可由下式算出

$$p \leqslant k \frac{G}{D} \quad (N) \tag{1-25}$$

式中　G——螺旋桨重量(kN);

D——螺旋桨直径(m);

k——系数,按表 1-8 中查出。

表 1-8 计算允许不平衡质量的系数

桨径/m	1 级			2 级			3 级		
	<150	150~350	350~700	<150	150~350	350~700	<150	150~350	350~700
$D<1.5$	2.0	1.5	1.0	3.0	2.5	1.5	5.0	4.0	3.0
$1.5 \leqslant D \leqslant 3.5$	1.5	1.0	0.5	2.0	1.5	1.0	3.0	2.5	1.5
$3.5<D<6.0$	1.0	0.5	0.2	1.5	0.8	0.4	2.0	1.2	0.6

对于螺旋桨校平衡后刮去质量,应在叶背离边缘距离不少 10% 处进行操作。处理后叶片的截面厚度应在允许偏差范围之内。

复 习 题

1. 船舶动力装置安装工艺的制定依据是什么?
2. 什么是船级社、入级规范?
3. 机舱内点、线、面的测定基准是什么?
4. 什么是对中? 如何调整位置?
5. 拉线法原理是什么? 使用范围是什么?

6. 什么是单配技术？有哪些应用？
7. 黏结技术的工艺过程？有何特点？主要应用在哪些场合？
8. 什么是过盈配合？主要应用在哪些场合？
9. 什么是静平衡？什么是动平衡？
10. 百分表工作原理是什么？
11. 什么是塞尺？如何使用？
12. 什么是水平仪？如何使用？
13. 什么是自准直仪？激光准直仪如何使用？
14. 光学测微器的结构和原理是什么？
15. 何为对光板与瞄准靶？瞄准靶有哪两种？如何使用？
16. 液压紧配螺栓的结构和原理是什么？
17. 螺旋桨锥孔的刮削时螺旋桨孔的放置方向有哪两种？

第 2 章 船舶轴系的安装

2.1 概　　述

2.1.1 船舶轴系

船舶轴系是指从主机或传动装置的输出端到螺旋桨之间的动力传动构件总称,如图2-1所示。轴系的构件中有螺旋桨轴、中间轴、推力轴、隔舱填料函、中间轴承、推力轴承、艉管及艉管首艉密封件等。根据机舱在船体中的位置以及轴系的数目,决定轴系中各种构件的多少。在艉机舱的船舶中,如果主机内设有推力轴承或减速箱内承受螺旋桨产生的推力,则轴系中仅由一根螺旋桨轴,加上艉管首艉密封装置等构件组成。由于构件减少,其工作量大大缩减,但由于轴系短,所以对中要求较高,在偏移或曲折量相同,单位轴长变形较大,因而安装应力较大。因此,进行轴系安装时必须先深入了解轴系的结构,分析轴系的技术要求,制定出恰当的工艺规程,以确保安装质量符合要求。

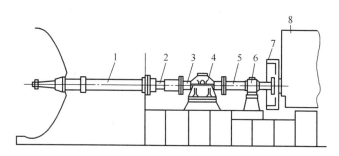

1—尾管;2—螺旋桨轴;3—推力轴;4—推力轴承;5—中间轴;6—中间轴承;7—飞轮;8—主机。
图 2-1　1000t 沿海货轮轴系布置图

轴系位于主机和螺旋桨之间,担负着把主机的扭矩传给螺旋桨,同时又把螺旋桨的作用力通过推力轴承传给船体。由于主机是船上最大的动力源,因此可以说轴系是航行船舶中传递功率最大的构件。在轴系事故中的断轴、掉桨、轴承发热等现象的出现,除了设计中的缺陷外,其安装质量往往是酿成事故的主要原因。船舶是水上漂浮的建筑,不仅航行时水面不平静,就是船舶停泊时水面的波浪也随时变化,因此水对船的浮力分布也随时变化,由于船体受力状态的变化,与之相应的船体变形也不断变化,而当前的各种轴系安装方案的提出都是基于船体基线不变的条件。因此,不难看出这种方案的近似性和局限性。

1. 轴系安装条件

轴系的安装工艺对船舶建造周期有很大的影响。因此,结合实际情况,确定合理的安装工艺对轴系安装质量和缩短安装期限将有很大的作用。

在船舶建造过程中,由于船体变形对轴系安装质量有很大影响,因此需具备下列条件才能进行轴系安装。

(1) 船体装配焊接等工程以船艉起计算,已完成80%以上。
(2) 在轴系范围内的水密舱室须经水密试验并合格验收。
(3) 主机及轴系装置中的基座(底座)都应焊接好并验收合格。
(4) 停止各种冲击振动大的作业。
(5) 选择在夜间或阴雨天进行轴系拉线、照光及校中工作。

2. 轴系安装的内容

轴系安装的主要内容有以下几个部分。
(1) 确定轴系的中心线。
(2) 按轴系理论中心线,进行镗削艉轴管座孔或人字架毂孔,隔舱填料函孔的工作。
(3) 安装艉轴管、艉轴的轴承、艉轴、艉轴密封装置以及安装螺旋桨。
(4) 安装中间轴、推力轴等,并做好对中工作。
(5) 安装主机(含减速齿轮箱、离合器),并做好相互间校中工作。
(6) 在上述对中工作完毕后,可将轴系中各联轴器法兰进行连接固定工作。

3. 轴系与主机的安装顺序

轴系安装工艺过程一般是船舶下水后,以艉轴端为基准,按规定的偏移值和曲折值由艉至艏逐个进行校中并将它们连接起来。这种工艺顺序可减少船舶下水后船体变形对轴系安装质量的影响,但缺点是生产周期长。

为了适应出口的需要,缩短造船周期是提高经济效益的重要措施之一。因此,其安装工作尽可能地与船舶建造工程平行推进,所以除了上述安装工艺外,船厂还经常采用下列三种安装工艺。

1) 同时安装艉轴与主机

在船台上按轴系理论中心线镗孔后,安装艉轴管、艉轴及螺旋桨等工作。与此同时,按确定的轴系理论中心线进行主机总装,待下水后安装中间轴等工作。此种工艺顺序只限于中间轴较多的船舶上。

2) 先安装主机,再安装轴系

先按轴系理论中心线安装好主机本体部分,然后以主机为基准,加工和安装艉轴及螺旋桨等,下水后安装中间轴。这种工艺顺序的特点是主机各部、零件的安装,可以最大限度地与轴系安装同步推行,对周期缩短和轴系安装质量是极为有利的。

3) 主机、轴系的安装工作均在船台上完成

主机、轴系的安装工作均在船台上完成的工艺方法仅对成批生产的小型船舶较为适用。但须事先能掌握船体的变形,才允许在船台(或船坞内)直接对中和安装。

船厂目前轴系安装的工艺顺序,大都以同时安装艉轴与主机,先安装主机,再安装轴系的两种方法为主。

2.1.2 轴系理论中心线

1. 轴系理论中心线

轴系理论中心线并不是轴系中轴的中心线,而是艉轴管孔、隔舱壁孔以及各轴承孔中心的连线。轴系理论中心线与轴系中轴的中心线不同,在各轴承位置处相差轴与轴承间隙的

一半。当采用合理校中等方法安装轴系时,轴系实际中心线为一曲线。

轴系理论中心线确定后,以此中心线为基准开展工作。轴系工作区域内艉柱轴毂上的与艉轴管配合的孔,人字架中与轴承配合的孔,以及机舱后隔舱壁的加强板等,在船体装配焊接后,往往需要机械加工,使之位于轴系理论中心线上。轴承等的中心是通过调整位置使其中心位于轴系中心线上的,但轴承座的位置必须符合安装要求。这些待加工的孔以及轴承座,主机座等位置的检查和加工是以轴系理论中心线为基准,因此在轴承安装前必须在船体上建立轴系的理论中心线,完成轴系理论中心线的测定工作。

2. 测定条件

船体是一个刚性不大的弹性体,在船台上由于支承点的改变及日照的变化等都会改变船体的形状。这些改变虽然很微小,但是对于轴系来说会带来不能忽略的影响。这些变化改变了各加工孔、主机、轴承等的相对位置关系。建造中的船体由于设备的吊入,上层建筑的安装和焊接,压水试验、船体支承墩高低变化,甚至天气阴晴都会使船体发生变形。为此在测定轴系理论中心线前,对船体建造进展程序、安放状态、天气状况等提出以下要求。

(1) 在主机及轴系工作区域内主甲板上下各建筑结构安装完毕,影响船体总强度的主要焊接装配工作应当结束。

(2) 机舱及邻近部位的双重底、油水柜等密封试验等全部结束,并稳定24h。

(3) 与轴系有关的零部件,如人字架、主机座、轴承座等都已装配焊接完毕。

(4) 船体垫墩、侧支承合理,牢固可靠。

(5) 船体基线符合规定要求,并具有船体基线变化测量数据。

(6) 建议在阴天或晚上进行测定工作,以避免日晒而引起船体的变形。

(7) 保持船内安静,停止火工校正等敲击和振动等工作。

3. 测定方法

测定轴系理论中心线就是要在船体上建立起代表轴系理论中心的直线。因为不重合的两点可以确定一条直线,所以当确定轴系理论中心线时,只要确定其上两个点的位置,则通过该两个点的直线,即轴系理论中心线。这两个先确定的点称为基准点。

1) 选择基准点位置的原则

(1) 两点在船舶首尾方向间距离要远一些,以便提高测量精度。因为两点间距离越小,两个点自身位置的误差所造成空间直线位置的误差越大。

(2) 两个基准点间应当包括要求测量的范围。选择基准点时,还要考虑到测量尺寸的方便性。

2) 基准点的确定

轴系理论中心线的两个基准点的纵向位置,是按船舶轴系布置如图2-2所示的肋位来确定的。船艏的基准点为艏基准点,另一基准点为艉基准点。船厂建造船时常将艏基准点设在机舱前隔舱壁的肋位上,而艉基准点定在零号肋位上。具体的位置在图纸上有明确的规定(含主机、轴系、螺旋桨、舵系等)。

(1) 基准点的高度位置。

基准点的高度位置,可以先从图纸上标出基准点至基线的距离,然后用钢尺在指定的肋位上,向上量取规定的值。

为了提高量取基准高度的准确性,也可以用连通水平管从船台上船体基线标高尺上,将

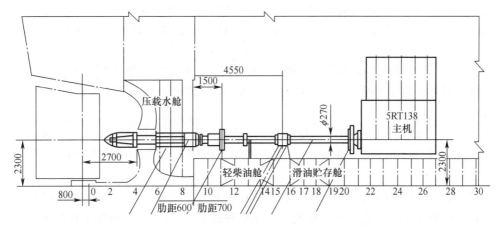

图 2-2　某货船轴系布置图

规定的艉艏基准点的高度引入船内，以水平管内的水线作为基准点的高度标准，如图 2-3 所示。这样精度要比用钢尺量取高。

(2) 基准点的左右位置。

基准点左右位置的确定，可以用铅锤对准船体中线面来确定，也可以用钢尺从两舷左右分中确定，但精度差；对于双轴承，可先根据轴系布置图上规定的艏、艉基准点距船中线的距离，画出轴承中线的投影线，再用吊铅锤的办法来确定基线的位置。

当选择了两个基准点在船舶首尾间的位置后，就可以从轴系布置图中找出两个基准点的三个自由度在船上的坐标值，根据坐标值就可以运用第 1 章中点的测定方法，来确定它们在空间的位置，这项工作是和建立空间轴线结合在一起进行的。如果用拉钢丝来代替轴系中心线，则要调整钢丝在基准点处的位置，使其坐标符合轴系布置图中轴线的坐标值，这就是拉线法。如果用光学仪器来测定轴系中心线，则在基准点处设置光靶，使光靶中心符合轴系中线的坐标，用一束光线通过两基准点处光靶中心，则该束光代表轴系中心线，这就是光学法。

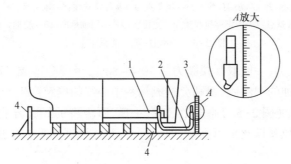

1—钢丝线；2—连通管水平仪；3—标心；4—拉钢丝线支架。
图 2-3　用连通管水平仪定基准点位置

3) 拉线法

轴系拉线的目的主要有以下 5 方面：

(1) 确定轴系中心线距船体基线为毫米，并处于船舯位置。

(2) 确定主机在机舱的前后、左右位置,并估计主机机座垫片的厚度;确定垫片具体位置和拂磨底平面工作,必要时还可通过划线工作预先钻出主机机座与船体基座之间的螺孔。

(3) 确定各中间轴系基座的中心和前后位置,估算出各中间轴系座的安装高度及垫片厚度;也可对单独设置的推力轴系基座和减速齿轮箱基座确定中心和前后位置,估算出其安装高度及垫片厚度。

(4) 决定中间轴长度。工厂一般采用木样棒的排列计算方法求得中间轴实际长度。

(5) 检查轴系中心线和舵系中心线之间相交度不超过 3mm;其垂直度每米不超过 ±1mm。

基准点的选择对于新造船舶,可按船体放样图和钳工的轴系施工工艺文件进行确定和工作,具体位置在图纸上有明确的规定。对于修理的船舶,基准点可根据主机的测量记录和艉拉孔的中心所确定。

拉线法有两种形式:一种是吊锤法(图 2-4),另一种是用螺栓拉紧法(图 2-5)。

在拉线测定轴系理论中心线前,须要先在钢丝通过的隔舱壁上开孔,孔的位置按轴系中心线大致确定,开孔大小约为成品孔的 1/2~1/3,然后焊接拉线架。拉线架的位置一般选择在舵系中心线后和主机的自由端前 0.5~1m 处,其上安钢丝活动端拉线架和固定端拉线架,在两拉线架间拉一根直径为 0.8~1.0mm 的钢丝,钢丝的自由端吊一重物以便减少钢丝因自重的下垂量,具体装置如图 2-4 所示。

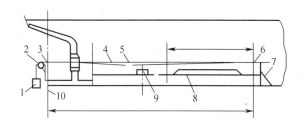

1—重物;2—活动端拉线架;3—尾基点;4—实际钢丝线;5—轴系理论中心线;
6—首基点;7—固定端拉线架;8—主机座;9—中间轴承座;10—舵轴中心线。
图 2-4 拉线法测定轴系中心线

拉紧钢丝线的拉力,一般取其拉断力的 70%~80%,否则会造成其断脱。但任何情况下不得使用曲折的、锈蚀的钢丝线,否则会造成轴系中心线的确定产生严重的质量误差。

用螺栓拉紧钢丝(图 2-5),通常用目视、手摸、听声音的经验方法来鉴别,如用吊锤法拉紧钢丝,只要根据拉紧钢丝重锤重量,即可进行,具体数据如表 2-1 所列。

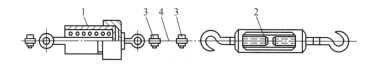

1—拉力计;2—拉紧螺丝;3—钢丝夹具;4—钢丝。
图 2-5 收紧钢丝用的拉紧螺丝

表 2-1 钢丝直径与推荐拉力

钢丝直径/mm	截面积/mm²	均布载荷/(N/mm)	极限应力/(N/mm²)	极限拉力/N	推荐拉力/N
0.30	0.0707	5.488	1764	124.5	98
0.40	0.1256	9.702	1764	221.5	147
0.50	0.1963	15.58	1666	327.3	196
0.60	0.2827	21.76	1666	470.4	294
0.70	0.3848	29.60	1568	597.8	392
0.80	0.5026	38.71	1568	784.0	539
0.90	0.6361	48.91	1519	970.2	686
1.00	0.7854	60.47	1519	1196	833

拉钢丝线时,如不考虑钢丝自重所产生的下垂量,则以钢丝代表的轴系理论中心线必然有误差。拉线长度越长,相应的误差就越大,所以必须予以修正。修正的方法是,求出需要确定理论中心各点的下垂量数值主要是钢丝通过的各隔舱壁,中间轴系座,镗孔基准架等处的理论中心点。在确定各理论中心点时,应将该处由钢丝所定出的中心位置垂直升高相应的下垂量数值,如图 2-6 所示。

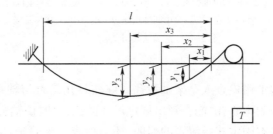

图 2-6 钢丝的下垂

钢丝在不同位置处下垂量可由下面公式计算:

$$y = \frac{q \cdot x \cdot (l-x)}{2 \times T} \quad (\text{mm}) \tag{2-1}$$

式中 q——钢丝自重引起的均布载荷(N/m);

x——所计算处到基点的距离(m);

T——所挂的重物重量(N)。

如果以钢丝代替轴系理论中心线时,其中心应当是钢丝截面的中心,但是测量上为了方便,在确定基准点位置时,可以量到钢丝的下部(或上部)和左侧(或右侧),而在确定如某舱壁开孔中心位置时也以钢丝的下部(或上部)和左侧(或右侧)为测量点。这样等于各处中心都偏离一个钢丝的半径数值,其相对关系还是保证的。

4) 光学法

图 2-7 为某 6 万 t 油轮光学法测定轴系理论中心线示意图。艉基准点选在舵中心线以后,艏基准点选在 34 号肋位,当调节望远镜使其主光轴,即望远镜中十字线与艏、艉基准点十字中心重合时,则望远镜主光轴即可代替轴系中心线。当需测定艉管孔中某处的中心时,可在该处设置活动瞄准靶夹具,把瞄准靶装在夹具中心,用望远镜观测瞄准靶中"十"字线

中心位置,如与望远镜中的中心"十"字线中心位置不重合,则调节瞄准靶夹具的四个支撑螺栓,直至与望远镜中的"十"字重合为止,此时瞄准靶的"十"字中心即为理论中心线的位置。如果测量中间轴承座或主机座距轴系理论中心线的高度,则可用角尺测量,如图2-7中下部所示。

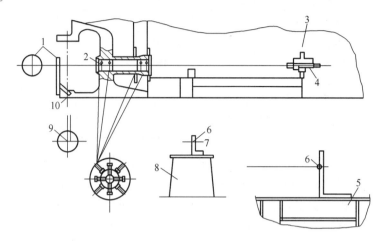

1—艉基准点;2—活动瞄准靶夹具;3—艏基准点;4—望远镜;5—主机座;6—角尺;
7—轴系理论中心;8—中间轴承座;9—投影中心;10—基线。

图2-7 光学法测定轴系中心线

5) 检查项目

(1) 用钢直尺与内卡钳检查人字架轴毂孔或艉柱毂孔是否与轴系理论中心线同轴,检查如以轴系理论中心线为中心孔,能否镗出规定尺寸的孔,同时使轴毂的最小厚度不小于图上规定的尺寸。对于装有固定式导流管的船舶,还须检查导流管喉部内圆与轴系理论中心线的同轴度,偏差不得大于导流管喉部直径与螺旋桨直径的间隙1/4。

(2) 按轴系理论中心线检查主机基座面板、各中间轴承基座面板,推力轴承基座面板的左右位置和高低尺寸,并检查各基座面板左右是否水平。

(3) 检查基座的左右位置,可用角尺或丁字尺,如图2-8所示。先在基座面板上画出左右分中线,再测量轴系理论中心线和面板中线的左右偏差,一般偏差值不应超过5mm。测量时,须在基座面板前后、(艏艉)两个位置进行。

(4) 检查基座面板的高度,同时可用角尺或丁字尺测量。目的是检查垫片的厚度是否符合验收标准。垫片厚度等于面板至轴系理论中心线的尺寸减去主机曲轴中心线和轴系中心线至支承下平面的尺寸,垫片厚度太厚或太薄都不好。如采用双联圆形斜面垫片,则要求垫片总厚度在40~60mm。对于螺纹可调球面垫片,其厚度范围由设计图纸要求规定。总之,如果面板高度太高,使垫片厚度不够,甚至没有容纳垫片的位置,或面板高度太低,使垫片总厚度太大,均不适当。

检查各基座面板左右是否水平,一般用气泡式水平仪测量。总的要求是面板左右方向的不水平度不应过大。另外,固定垫片焊于基座后加工上平面时,应向左右两外侧稍微倾斜。

(5) 除了检查上述项目外,还应检查轴线与舵线的相互位置以及图纸标明的其他尺寸

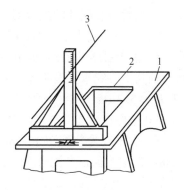

1—基座;2—中心线;3—钢丝线。

图 2-8 用丁字尺检查基座左右和高度位置

是否符合设计要求。

2.1.3 孔的加工

1. 确定各加工孔的中心

在轴系理论中心线的位置确定以后,即可据此理论中心线来确定各加工处的中心。具体方法是在各加工处(人字架油毂前后端面、艉柱轴毂后端面、艉轴隔舱和加强垫板端面,机舱后隔舱壁部位)画出十字线,然后在所画十字线的任一条线上任取一点,打上圆冲眼;用独脚卡钳(一只脚是尖的)内卡钳量出该点(圆冲跟)至钢丝的最小距离,然后以此为准,在其他三条线上求出钢丝等距离的三点,并打上圆冲眼。拆除钢丝线,并在孔内嵌入小木条,在木条当中钉上一块铁皮,然后以十字线上四点为圆心,适当长度为半径(稍大于四点所组成的圆的半径),用圆规脚在铁皮上划出四个圆弧,只要半径选择合适,很容易决定四个圆弧包围的一块小面积的中点。在中心点打上圆冲眼后,复验中心点与十字线四点的距离相等后,即可据此中心点为圆心,加工圆线和检验圆线,并打上圆冲眼。至此,用拉线法确定理论中心线完成。

2. 镗孔

轴系中心线测定后,由轴系理论中心线,画出了各加工孔的加工圆,就可以根据加工圆对艉柱轴毂孔、艉隔舱壁的内孔及端面进行镗削和平面切削。当轴系按直线校中时,各孔与轴系理论中心线一致保证同轴度就可以了,但是按轴系合理校中时,轴系实际中心线为一弹性曲线,如图2-9所示。因此,会想到艉轴A处与艉隔舱壁B处孔怎样加工的问题,真正完全符合弹性曲线的镗孔在尾部应当是简化支承中心A处的切线。但是这是无法加工的,所以各厂都是按轴系理论中心线进行加工并安装轴承,轴承真正的弹性中心线只能靠轴与轴承间的磨合来完成。

图 2-9 合理校中轴系实际中心线

对于轴系孔镗削加工的技术要求有两个方面:一方面是孔中心线与轴系理论中心线的

偏差等相对位置关系,另一方面是镗孔后与装配件的配合问题。相对位置要求如下:
(1) 镗削孔中心与原定理论中心线偏差应小于 0.10mm;
(2) 艉柱轴毂孔、人字架孔、艉隔舱壁孔等中心线同轴度误差小于 0.10mm;
(3) 毂孔端面,隔舱壁端面与轴孔中心线垂直度不超过 0.15mm/m;
(4) 配合面的粗糙度应小于 $R_a \leqslant 3.2\mu m$。

在满足上述要求时必须保证毂孔壁厚度大于 $0.3d \sim 0.33d$,其中 d 为艉轴直径。

孔与配合件的配合要求应当满足艉轴艉管装配图中的规定,对于高速小直径艉轴般为 H7/h6;低速大直径艉轴一般为 H8/h7,应当保证其配合性质,加工表面粗糙度 $R_a \leqslant 3.2\mu m$,其圆度和圆柱度在装配图中常常不标注,可按照表 2-2 所列要求选择。

表 2-2 圆度和圆柱度允差 单位:mm

毂孔直径	< 80	80~120	120~180	180~260	260~360	360~500	500~700
规定值	0.04	0.05	0.06	0.07	0.08	0.09	0.10

进行镗孔前,镗排的安装定位是相当重要。要使镗出的孔的中心线与检验圆中心重合,那么镗杆的中心必须与检验圆线中心重合,如图 2-10 所示。

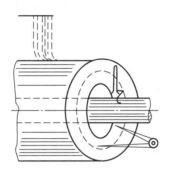

图 2-10 校验镗杆示意图

校中镗杆的方法有两种,如下:

1) 用划线针盘校中

为了减少船体变形对镗孔精度的影响,应先将镗杆的支承连接在船体上,即在被加工孔的附近,船体上焊上架子,再将镗杆的轴承架用螺栓下紧固。在镗杆轴承架上安装轴承与镗杆后,根据孔端的检验圆线,用独脚卡钳式(图 2-11)的针盘来校准镗杆位置(可调整支承轴承位置),使其对中。

2) 用光学仪器来定位

镗杆最好是空心的,以便镗杆两端的内孔能安置光靶。将光靶十字线中心调到与镗杆外圆同轴,将仪器的光轴调到轴系理论中心线上(仪器可装在主机或减速器输出轴上,或装在船台上)。根据仪器的十字线中心调整镗杆支承轴承位置,使镗杆两端光靶十字线中心都与仪器十字线中心重合。如果已有充分可靠的船体变形资料,则不将艉轴中心线安装在轴系理论中心线上,镗杆两端光靶十字线中心可与仪器十字线中心不重合,偏移量可根据船体变形资料确定。

镗杆校中完毕,即可进行加工。为保证加工出来的孔符合要求,艉柱轴毂孔,艉隔舱加

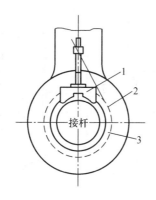

1—划针盘；2—轴盘；3—检查圆。

图 2-11　用划线针盘校正镗杆

强板孔的端面要一次安装加工出来；如果镗杆长度允许,人字架轴毂孔也要求同时加工出来,否则只好单独校中镗孔。根据轴毂孔等的加工要求,镗孔必须分粗镗和精镗,并按加工孔径大小推荐切削用量（表 2-3）粗加工后,须根据检验圆线检验镗杆位置有无移动。经检验无误或经调整位置后方可进行精加工。为了避免温度变化艉轴毂产生变形,影响被加工孔的精度,艉柱轴毂孔精镗的最后一刀应在阴雨天或夜间一次连续完成。最后一刀加工方向最好由艏到艉进行,使因刀具磨损造成的锥度与艉轴管压入方向一致(孔锥度的小端在轴毂孔的艉端),以求下面艉轴管安装要求相符合。

表 2-3　镗孔切削参数

镗孔	切削深度/mm	走刀量/(mm/r)	镗杆转速/(r/min)
粗镗	1~5	0.5~1.0	8~15
精镗	0.20~0.50	0.20~0.30	15~30

图 2-12 为轴孔镗杆装置示意图。前后轴承架紧固于支架上,而支架 4 和 9 焊在艉柱轴毂及艉隔舱壁上,加强用的中间支承 7 安装在艉部船体肋板上。电动机工通过皮带将动力传于蜗轮蜗杆,蜗轮通过键使镗杆移动。刀架通过滑键随镗杆回转,刀架的进给运动是通过镗杆内的长丝杆自转得到。轴孔加工完毕后,装上平面刀架加工端面。

为保证孔的加工精度和光洁,必须提高镗杆结构的刚性。而镗杆结构的刚性,决定于支架轴承架、镗杆本身以及支承轴承与支架等的刚性。此外,支承轴承的间距,镗杆与轴承的间隙也对镗杆结构有影响。

由于镗杆设备刚性总的来说是比较差的,因此容易产生振动。为避免振动,不得不降低切削量,这对生产是不利的。所以,除了设法提高镗杆设备刚性外,还应隔离振源将电动机与镗孔的支架分开,将它安装在船体不相连的单独架子上。此外,还应改善镗刀的几何角度和镗刀的安装高度等。

在孔加工完毕后,才能加工端面。经检验合格后,量取艉柱轴毂的两配合面内径和艉隔舱加强垫板孔的内径,以及艉柱轴毂孔前后端面的距离和前端面至加强垫板端面的距离,并做出样棒,交加工车间作为加工艉轴管相应直径和长度的依据。

影响镗孔质量的因素很多,通常出现的原因如下：

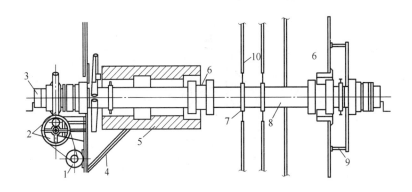

1—电动机;2—皮带输蜗轮减速机构;3—进给机构;4—支架;5—艉轴管;6—刀架;
7—支承轴承;8—镗杆;9—支架;10—夹舱壁。

图 2-12 轴孔镗排装置示意图

(1) 镗杆装置的刚性对加工精度的影响。因镗杆刚性不足往往会出现切削时在切削力作用下镗杆产生弹性变形,在作用力不变的情况下,变形量在镗杆两轴承之间位置处最大,越靠近轴承处越小。由于镗杆弹性变形出现了切削加工的孔有锥度,镗杆变形大的地方切削的孔的尺寸越小,这种现象在机械加工中称为让刀。为此在设计和选用镗杆直径时,应尽量大些以便增加刚性。镗杆支承轴承距离应尽量靠近,以减轻镗杆变形。除了镗杆刚性外,轴承、轴承架的刚性也应当加强。

(2) 加工设备的振动对加工精度的影响。加工设备的振动,会降低加工精度。原动机自身振动会影响到镗杆,因此可以把原动机改为皮带传动来隔离振源。如果变速机构中齿轮制造精度不高也会出现振动,因此要提高变速齿轮的制造精度,并经过磨合后再用效果较好。有的镗排采用可收紧的滑动轴承,所以要收紧轴承间隙,并加强润滑以减小由于切削量不均匀时镗杆在轴承中的振动。

(3) 加工技术的影响。当切削余量不均匀时切削力就会变化造成镗杆的振动。因此,可以先用较大的切削余量粗加工,待切削余量较小时再精加工。为了克服让刀造成的切削不均匀,可以采用双刀切削;当两把刀安装成180°夹角时,可以使两切削力抵消一部分,减少镗杆的弹性变形。其他因素,如切削深度、走刀量、切削速度也会影响加工质量,可按表2-3所列选择。

2.2 轴系主要零部件的安装

在轴系各孔加工完毕,主机座及轴承座固定垫焊接及其上表面加工以后,就可以进行轴系的安装。为了减少船台周期,一般都先把艉轴、艉管及艉管密封装置安装试验完毕使船下水,下水后再进行轴系校中、主机安装等工作。

2.2.1 艉轴管的安装

艉柱轴毂孔与艉隔舱壁孔镗好后,即可安装艉轴管。其安装方法的一般步骤,如下:

1. 复验尺寸

艉轴管孔内径和配合凸肩的间距尺寸是按镗孔以后用样棒量取的实际尺寸,为了安装得准确无误,避免返工,应对上述尺寸进行复验。复验后 d_1、d_2、d_3(图 2-13)的外径尺寸应符合图纸要求。复验 L 尺寸是决定结合面 B 处的帆布或青铅垫片的厚度。艉轴管轴承一般在车间里与艉轴管装配完毕,以减少船台安装工作量。

2. 清洁工作

用压缩空气的棉布和柴油等将艉柱轴毂、艉隔舱壁以及艉轴管内外表面彻底清洗干净,不能留有铁屑和其他污物;用帆布将艉管螺纹部分包扎好,以免碰伤。

3. 装上垫片

为保证艉轴管前后结合面的水密性,一般在结合面 B 处应套入两三片涂有红丹白漆的帆布垫片,或套入青铅皮垫片。垫片厚度根据复验尺寸 L 与艉轴孔上对应尺寸来决定。一般帆布垫片厚度不小于 3mm,铅垫片厚度在 5mm 左右。结合面 A 处一般不放填料,但也有用麻丝,紫铜垫圈或"O"形橡胶圈密封的。在配合面上(图 2-13 所示的 d_1、d_2、d_3)涂上黄油白漆,既防腐蚀又在艉轴管送进孔内时起润滑作用。

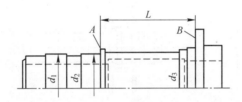

图 2-13 艉轴管结合面示意图

4. 将艉轴管送入孔内

上面第 1~3 步骤准备工作完毕,就可将艉轴管的上方和下方位置摆正(注意:位置不能倒置),可以用葫芦或小车等将艉轴管送进孔内,如图 2-14 和图 2-15 所示。在安装小车或滑车导轨时,应使导轨与艉柱轴毂及艉隔舱壁孔中心线平行。在送进艉轴管的过程中,要注意将艉轴管对准轴孔,防止艉轴管端部螺纹碰伤,如图 2-15、图 2-16 所示。

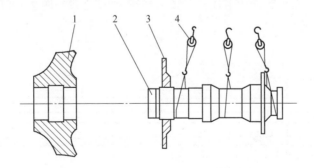

1—艉柱;2—艉轴管;3—隔舱壁;4—葫芦。

图 2-14 用葫芦送进艉轴管

当艉轴管送进大半节后,艉端就下倾了,所以必须把艉端抬高,才能插入艉柱轴毂孔中。对中大型船舶,可以在艉尖舱里用葫芦吊起;对于小型船舶,可在船艉用木杠插入艉轴管孔

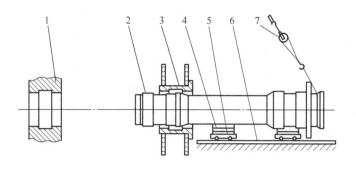

1—艉柱；2—艉轴管；3—加强套筒；4—垫木；5—小车；6—导轨；7—葫芦。

图 2-15　用小车送进艉轴管

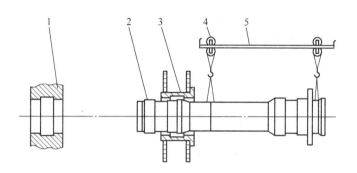

1—艉柱；2—艉轴管；3—加强套管；4—滑车；5—导轨。

图 2-16　用滑车送进艉轴管

中，抬起木杠就可把艉轴管后部抬高。另外，可在艉轴管后端上先装一根带法兰的钢管，当艉轴管刚进毂孔时，钢管已经伸出外面，这时用葫芦吊起钢管，艉轴管就可以顺利到位。

5. 加压安装

当艉轴管进到与艉轴毂孔相配合的部位时，就须要加压安装。一般小船常用丝杠压板等工具将艉轴拉紧，而大船常用液压千斤顶来加压，如图 2-17、图 2-18 所示。

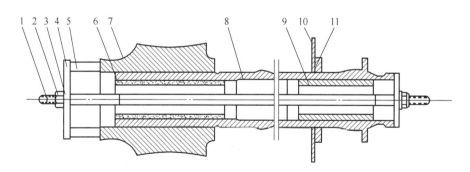

1—丝杠；2—螺母；3—垫片；4—压板；5—垫铁；6—后轴承；7—艉柱；
8—艉轴管；9—前轴承；10—隔舱壁；11—加强复板。

图 2-17　用丝杠及压板拉入艉轴管

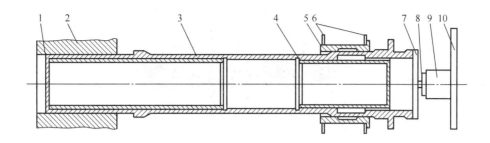

1—后轴承；2—艉柱；3—艉轴承；4—前轴承；5—加强套筒；6—隔舱壁；
7—圆盘压板；8—垫铁；9—液压千斤顶；10—槽钢。
图 2-18 用液压千斤顶压入艉轴管

用套入钢管的固定扳手转动艉部丝杠螺母，就可使丝杠带着艉轴管逐步进入孔内预定位置。

在安装艉轴管时，必须把艉轴管法兰上的十字线与加强复板上的十字线对齐。因为铁梨木等轴承材料的承压面是有方向性，白合金轴承的油槽、润滑油进出口和冷却水进出口等也都具有方向性。

艉轴管与艉轴毂孔压紧与否，一般靠其配合面的过盈量来保证，也可根据压入艉轴管时油泵的压力来检查。

6. 上紧螺母

当艉轴管螺纹露出 6~7 牙后，即可将艉轴管螺母旋入。上紧螺母应用专用固定扳手。对于小型船舶，一般用大锤敲击扳手；对于大型船舶，则需用人力拉动大撞锤进行冲击，直至冲击时发出清脆的声音，并且螺母旋入量应比车间预装时划的刻度线多旋紧一个角度。近年来也有也采用液压拉伸器、风动板头来上紧螺母的。上紧螺母后，艉轴管螺母与艉柱后端面之间要求是用 0.05mm 塞尺插不进。经检查合格后，即可在艉柱后端面上钻孔、攻丝，安装艉轴管螺母止动块。

7. 安装附属装置

附属装置包括润滑油管、冷却水管以及管路上的阀门、油泵、油箱等。如果艉轴管采用铁梨木轴承，则下水前应进行潮湿保护。

艉管装好后，即行安装润滑油管、冷却水管及阀件等附属设备。为检查艉管与艉柱轴毂孔以及隔舱壁间的密封性能，防止舷外水漏入或尾尖舱压载水漏入机舱，须要做艉尖舱的压水试验。大型船舶艉管为组合式与船体构件焊接而成，因此用镗排镗孔及刮平面应加工到与轴承配合时的尺寸，加工完毕后做 0.2MPa 的水压试验，合格后压入轴承，轴承的压入可以采用千斤顶顶入，也可以采用液压螺母压入。图 2-19 为组合式艉管及轴承安装图，液压使环形活塞推出，通过螺母 7 止动作靠山，把轴承压入。因为环形活塞行程较短，每推入一次后要泄油压收紧螺母 2 或 7，经多次重复后即可把轴承压入在艉轴管中。压入轴承后要安装轴承的止动螺钉以防止轴承转动改变油槽位置。

艉管内一般设有两个轴承，无论是白合金轴承、橡胶轴承、层压板，还是铁梨木轴承，都作为一个部件后压入尾管的。这项工作可以在车间进行，也可以在船上待艉管压入后再压入轴承。因为滑动轴承开有油槽等保证润滑的措施，油槽在圆周方向是一般规定在两侧，所

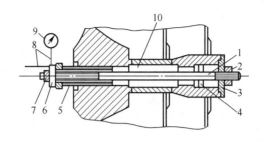

1—长丝杠；2—螺母；3—压板；4—半圆垫木；5—尾管轴承；6—液压拉伸器；
7—螺母；8—压力油管；9—压力表；10—艉管。

图 2-19　组合式艉管及轴承安装图

以把轴承压入艉管时要注意轴承与艉管的相对位置关系。

8. 进行水密试验

在艉尖舱内放满水检查艉轴与艉轴轴毂孔前后接触面有无渗漏现象。如有渗漏,应采取有效办法补救；如用环氧树脂填补,用水泥补漏,应修补后再做水密试验,直到无漏现象为止。

对于双轴系船舶,由于艉部结构与单轴系船舶有较大区别,因此安装艉轴管的方法也与上述方法有所不同。这种船舶的艉轴管在车间加工时,内孔大都留有余量,上船焊接后,再进行镗孔,最后将轴承压入。

图 2-20 是单轴系艉管安装图。艉管的后部直径 d_1、d_2 与艉柱轴毂孔配合,凸肩 D 与轴毂前端面贴紧,后部以艉管螺帽压紧在艉柱轴毂孔的后端面上,艉管前面直径 d_3 与隔舱壁的孔配合,凸肩 D 与隔舱壁加强法兰压紧。上述各配合面及压紧面部都具有保持密封防止舷外水进入舱内的作用。艉管的加工是在尾柱轴毂孔、隔舱壁孔加工后,按镗排镗出的实际尺寸单配的,艉管 A、B 间的长度 L 应当大于隔舱壁到轴毂前端面的距离,以确保轴毂前端面切处压紧,因此必须实测上述各处尺寸提供给机械加工车间加工艉管。为了保证尾管内孔与外圆的同轴度,其内孔加工与外圆加工应在同一工序进行。对于加工好的艉管还要做压力为 0.2MPa 的液压试验,合格后方可进行装配。

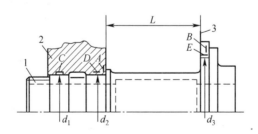

1—艉管；2—艉柱轴毂；3—隔舱壁。

图 2-20　艉管安装图

对于整体式艉管在内场加工、装配等项工作完成后就可以上船安装。安装前把各配合表面擦洗干净,在两凸肩 A、B 处垫有垫片。垫片材料为帆布、紫铜或铅板,垫片上要涂有白漆,以保证密封,在圆柱配合面上涂以适量的润滑油脂,以利于安装。

2.2.2 艉轴的装配和安装

1. 艉轴的装配

图 2-21 所示结构为整体法兰的艉轴,上面有轴套和轴包覆,这种结构一般为水润滑。当采用油润滑时均可以不要轴上的轴套和轴包覆。

艉轴的装配一般包含有下列工作:

(1) 用红套法装配,并光车轴套。

(2) 包环氧树脂轴包覆。

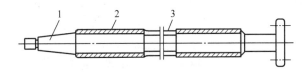

1—装螺旋桨锥面;2—带轴套的轴颈;3—轴包覆。

图 2-21 艉轴

(3) 以艉轴的锥体为基准,与螺旋桨研配及与可拆法兰研配并进行刮削。为保证可拆法兰外圆与轴承处轴颈同轴度,以及端面垂直于轴中心线,在刮配可拆法兰后,要装好法兰,并以轴承处轴颈中心为准检查法兰外圆的同轴度和端面的垂直度,如不合格应光车可拆法兰外圆和端面,以便把法兰作为以后轴系对中的基准。轴段的对中工作可以在车间也可以在装船以后进行。

(4) 液压螺旋桨与艉锥体的车间试装工作。

完成上述工作后就可以上船安装了。

2. 艉轴安装

艉轴从车间吊运到船台上时必须注意保护其工作轴颈。可用布包好使其不被碰伤、刮毛,吊运应得当,不可使艉轴受力变形。

艉轴装入艉管前必须擦洗干净,之后如果是油润滑的轴承,则须在轴的工作轴颈和艉管轴承上涂以润滑油;如果轴承为橡胶材料而采用水润滑时,为减少推入力和避免损伤,轴承可涂抹肥皂液。艉轴的装入要根据轴的结构选择是从尾部舷外向内安装,还是从船内向外装入。采用整锻法兰的艉轴,则必须由船内向外装进艉管。小船的艉轴重量较轻,可以人力抬起装入尾管;轴较重时,可采用起重滑轮组吊起装入,也可以用小车平移推入。

艉轴的安装方法一般有两种:一种是从船内往船外安装,适用于前端具有固定法兰的大型艉轴;另一种是从船外向船内安装,适用于具有可拆联轴节的中小型船舶艉轴。现将它们的安装方法介绍,如下:

1) 安装前的清洁

用压缩空气和棉布将艉轴管及艉轴彻底清洗干净。有人字架的船舶,也应将人字架轴承孔清洗干净。出口船用布或面团等材料来作清洁,对于铁梨木和层压板的艉轴轴承,可以涂些黄油起润滑作用。

2) 艉轴的安装准备

艉轴末端螺纹部分用布或薄橡皮包扎好,防止在装配中碰伤,对于具有固定法兰的艉轴,还应将填料压盖、分油圈和分水环等零件套上。

3) 起吊艉轴并送入艉管内

在绑扎钢丝绳的部位包上麻包以保护艉轴后,即可起吊艉轴;然后用葫芦,小车或滑车等将艉轴管慢慢送入艉管内,如同艉轴管送入轴毂孔一样。在送进过程中,要注意将艉轴对准轴管,防止艉轴承和艉轴螺纹相碰。将艉轴从船内向船外送入时只能用葫芦慢慢送进。

3. 制作样棒

在艉轴前后端的附件和螺旋桨安装完毕后,应制作样棒或记录轴向尺寸数据,以确定艉轴轴向位置,供以后安装中间轴及主机时参考。通常样棒要记录两个数据,如图 2-22 所示,L_1 表示艉轴法兰端面至隔舱壁表面到艉柱后端面的距离,L_2 表示螺旋桨前端到艉柱后端面的距离。

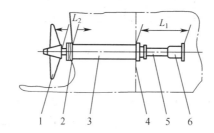

1—螺旋桨;2—艉柱后端面;3—艉轴管;4—隔舱壁;5—艉轴;6—可拆联轴节。

图 2-22　制作艉轴轴向样棒示意图

4. 固定艉轴

对于没有中间轴承或前轴承的大型艉轴,安装结束后,应在法兰端垫以适当的木块,以防止艉轴管前端轴承的前沿局部压坏,同时也防止前端产生弯曲变形。在船舶下水前,必须用槽钢或角钢制一简易架子,如图 2-23 所示。把艉轴固定起来,以防止螺旋桨和艉轴在下水过程中产生转动和轴向位移,防止不必要的损失。

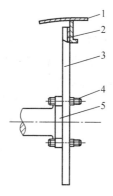

1—船壳;2—肋骨;3—槽钢;4—螺栓及螺母;5—艉轴法兰。

图 2-23　固定艉轴示意图

2.2.3　艉管密封装置的装配

采用油润滑艉管的首部和尾部均设有密封装置,以确保轴既可转动又能防止润滑油的外漏或舷外水漏入船舱。采用水润滑的艉管,润滑的水从艉管后部流到舷外,因此仅有首部密封装置。当轴装入艉轴管后,应安装首、艉密封装置。密封装置的种类较多,仅举典型例子说明装配及安装方法。

1. 油圈式密封装置的装配

油圈式装置安装在艉管的尾部,图 2-24 为艉管油圈式密封结构的示意图。为了保护尾轴,设有防蚀衬套 1,它通过螺钉固定在螺旋桨的端部,为了保持两者之间的水密设有密封圈 5,压板 2 将橡皮圈 6 和羊毛毡圈 7 压紧以防泥沙侵入,油盒 3 内装有油圈 4,工作时零件 1、4、5 与螺旋桨一起转动,而零件 2、3、6、7 则通过螺栓固定在艉管的后端。这种密封装置的密封原理属于迷宫式。由于衬套 1 与油圈内孔 D 处配合较紧,使得漏油时的漏出不经过 D 处,而是绕在油圈外圆油盒内孔与防蚀衬套外圆间流出,其路线形成曲折,经几次节流减少了流量,但是完全不漏往往是达不到的。

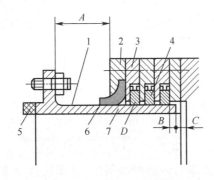

1—防蚀衬套;2—压板;3—油盒;4—油圈;5—密封圈;6—橡皮圈;7—羊毛毡圈。
图 2-24 艉管油圈式密封结构示意图

基于上述密封原理,油圈式密封装置在车间内装配时应将油盒两平面刮削平整,防止翘曲,其厚度误差小于 0.02mm,油盒内装油圈的深度尺寸必须保证在螺旋桨正倒车尾轴轴向转动时,油圈不碰到油盒并且有 0.04~0.06mm 的轴向间隙,只有这样在正倒车时才不会出现油圈在防蚀衬套上的滑动,使油不至于从衬套与油圈配合 D 处漏出,从而造成节流作用消失。这个轴向间隙是一个综合累计值。在加工不能保证此轴向间隙时,可以在两油盒平面间加纸垫,用纸垫的厚度来调节。防蚀衬套装配后,艉端面与艉轴承的间距 C 应不小于 6~8mm,而伸出首道油环的距离 B 值应不小于 8~10mm,在满足 C 和 B 值后应测量出防蚀衬套法兰前端面与压板间的距离,并在船上安装时,只要保证止值不变化,则 B 和 C 的数值也就满足了。

车间内装配的顺序如下:先将擦净的防蚀衬套套上压板,再将橡皮圈和羊毛毡圈套上,并使它们的内孔紧箍在衬套上并伸向压板的孔中,最后装油盒,装油圈时,油圈与防蚀衬套配合较紧,须慢慢将其压入,或用手锤对称方向轻打四周逐渐装入。在油盒平面间垫上纸垫,以同样方法将其全部装完后,穿上固紧螺栓并上紧即可送船上安装。在整个装配中必须保持清洁,可以加润滑油,切忌杂物混入,并且避免防蚀衬套与密封件相对滑动。

2. 橡皮环式密封装置的装配和安装

1) 橡皮环式密封装置的结构

橡皮环式密封装置的结构是一种较新型的艉管密封装置,如图 2-25 所示,分为艉部密封和艉部密封两种结构,但与艉管密封装置的密封原理相同。艏部密封装置是防止艉管内润滑油漏出,一般设有两道橡皮环 4,橡皮环上装有弹簧,把它压紧在防蚀衬套 1 上,当轴工作时,防蚀衬套与橡皮环间滑动,由于橡皮环与其上弹簧箍紧在防蚀衬套上防止了漏油,橡皮环的安装是有方向的,因此当艉管漏油时其油压将使橡皮环压向防蚀衬套,阻止漏油,切不可装反。压环 10、隔离环 13、橡皮环 4 是用螺栓固定在橡皮座 7 上,橡皮座固定在艉管前端面上。压紧环 9 是由两个半圆形组合而成夹紧在艉轴上并通过螺栓与防蚀衬套连接使之与艉轴一起转动。

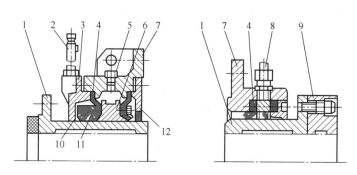

1—防蚀衬套;2—测隙仪;3—压盖;4—橡皮环;5—螺塞;6—滑动环;7—橡皮座;
8—进油管;9—压紧环;10—压环;11—隔离环;12—前压盖。

图 2-25 艉管橡皮环式密封装置

尾部密封装置是既要防止艉管内润滑油漏出,又要防止海水侵入艉管。由于螺旋桨在工作时振动较大容易破坏密封,因此尾部橡皮环较多,多采用三道或四道,以防泄漏。在橡皮环 4 之间装有滑动环 6 和隔离环 11。滑动环 6 内浇有白合金,使滑动环与防蚀衬套间滑动时减少磨损,并可跟随防蚀衬套作径向的微小位移。三道橡皮环 4、滑动环 6、隔离环 11、压环 10 用螺栓穿在一起进行固定,而两道橡皮环外圆用后压盖 3 和前压盖 12 压紧并固定于橡皮座 7 上,橡皮座安装在艉管后端面上。

2)橡皮环式密封装置的试验

橡皮环式密封装置须要我国引进专利进行生产,国内各船厂一般不生产,均为外购装配,到货后要检查各部件的外表质量及运输中有否损伤。检查合格后在车间进行密封性试验。密封性试验装置的密封性试验如图 2-26 所示。

首端密封试验时,先在 A 处接油泵试压,再在 B 处观察有否漏油;试验后将 A 处封堵,把 B 处接油泵试压,观察 F 处是否漏油;尾端密封试验时,先在 C 处接油泵,在 D 处观察有否漏油;试验后将 C 处封堵,把 E 处接油泵试压,观察 D 处有否漏油。

试验要求如下:

(1)泵油试验用油应与艉管实船使用的滑油牌号一致。

(2)试验压力与船舶吃水有关,防止油漏出一侧的试验压力约为载重水线至轴系中心线间深度水压力的 2 倍,防止海水漏入处的密封试验压力可为载重水线至轴系中心线间深度水压力的 1.5 倍,试压应保持 5min 无渗漏现象。

(3)密封试验时,须将壳体与防蚀衬套用千分表找正,保证两者同心,然后在三角处(Δ)处周向等分四点测出四个间隙值并作好记录,同时测量出衬套端面与密封装置后压盖的距离。作为船上安装时的依据，以便确保橡皮环不脱落。

（4）密封试验时，应保持试验用油及设备的清洁，试验结束后，各入口应仔细封好，严防落入其他杂物。

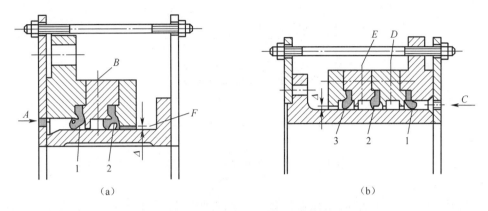

图 2-26　艉管密封装置的密封性试验
（a）首端密封；（b）尾端密封。

3）艉管前后密封装置安装时的技术要求

（1）前后密封装置安装时，艉轴须保持或接近轴系找正后的状态。例如：合理校中安装的螺旋桨，轴在首部往往要加一个向下压的负载，在安装首尾密封时该负载应加上，螺旋桨及首部联轴节应装上。

（2）在安装螺旋桨和首部联轴节前，应将前后密封装置套在轴上。

（3）安装时应确保清洁，不可落入杂物，一般不得任意拆开密封装置。

（4）首部密封装置的防蚀衬套法兰端面与压紧环的固定贴合，应保证 0.03mm 塞尺不能插入，固紧用的螺钉应对称上紧。

（5）用塞尺检测壳体与防蚀衬套的同轴度，在三角形（△）处周向等分四点测出四个间隙值，缝隙要均匀，并与车间记录一致。

（6）上述工作结束后，用密封装置的测隙仪测出轴的原始下沉量并记录，记录中应注明测量的螺旋桨叶的位置。

4）艉管密封装置船上安装后的密封性试验要求

（1）密封性试验应在艉管润滑油管系全部安装结束并清洗完毕后进行。

（2）试验用油与实船使用润滑油牌号相同。

（3）试验时先往环1、环2之间注入润滑油，检查环2处是否漏油；对于尾部密封装置还要向环2、环3之间注油，检查环3是否漏油。试验合格后，利用艉管高位置润滑油箱的自然重力使润滑油流入艉管中并保持24h，检查尾部密封环3和首部密封环2处有否漏油现象。试验后各空腔中的油保留在其间，作为工作用润滑油。

（4）充油时必须注意排出管路中的空气。

（5）试验后用布包好做好防尘工作，待下水时拆去包布。

3. 艉管首部填料函密封装置的装配

艉管首部填料函密封装置的结构如图 2-27 所示。它们是靠填料缠绕在轴上，以填料压盖压紧,使填料紧贴在轴上,保证密封性,因此密封性能与压盖的压紧程度有关。但是如果压得太紧,则轴与填料函摩擦力较大,既造成摩擦发热消耗功率,又容易使轴擦伤,因此不希望压得太紧,允许有少量的滴漏,只有停航时才可以压紧到不漏的程度,待起航时放松。

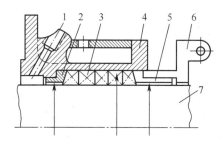

1—进水管;2—衬环;3—填料;4—艉轴管;5—压盖衬套;6—压盖;7—艉轴。

图 2-27 首端填料函式密封装置

填料函中的衬套、填料压盖、压盖衬套等安装时均以外圆为定位配合面,在轴承磨损、轴下沉时,轴往往会与它们的内圆接触。因此,在设计和加工填料函中的衬套、填料压盖及衬套时,往往使用外圆借偏心的办法达到安装时上面间隙小于下面间隙,这时在安装时必须注意它们的方向。如果不采用借偏心的办法,可以用放大内孔间隙,即配合 B 的间隙大于配合上面的办法来避免与轴的摩擦。各间隙的具体数值可参照表 2-4 所列选取。不管采用借偏心还是用放大间隙的办法来防止轴的擦伤,其填料函内孔与轴左右两侧间隙应当相当。

表 2-4 填料函中的间隙 单位:mm

轴颈 d	填料压盖与填料函本体之间隙 A	填料压盖与轴之装配间隙 B	极限间隙	
			A	B
< 100	0.10~0.15	2.00~2.50	0.80	5.0
100~180	0.15~0.25	2.50~3.00	0.90	6.0
180~260	0.20~0.35	3.00~3.50	1.00	7.0
260~360	0.25~0.40	3.20~3.70	1.10	8.5
360~500	0.30~0.45	3.50~4.20	1.20	10.0
500~600	0.35~0.50	4.00~4.80	1.25	12.0

填料函安装前先清洁衬套、填料压盖、艉轴颈,清洁后涂上润滑油,再装入衬套,安装填料压盖后,应在填料函内孔中推入并拉出数次,以便检查填料压盖前后移动的灵活性,同时还要测量填料函、衬套等的内孔与艉轴上下左右四处的间隙值是否符合技术要求。

上述安装检查结束后就可以安装填料了。填料截面尺寸必须和填料函与艉轴间尺寸适应,其下料长度应按艉轴直径换算成周长,使每根绕艉轴一周,装入填料函内。为了提高密封效果,各圈填料的搭口应当错开,最后压紧填料函压盖。

填料装好后应检查填料压盖法兰与填料函本体端面间距离,保证距离相等。在运行中对于水润滑的填料函允许有少量艉管内的水流出,如果有温升,其极限温度应不超过 60℃;对于油润滑的填料函一般不应漏油,但如果有漏油时允许每分钟漏油量不超过 10 滴,如果有温升,其极限温度应不超过 75℃。

2.2.4 螺旋桨的加工和装配

1. 螺旋桨的测量

无论是螺旋桨的成品还是毛坯都要进行测量。成品测量的目的是检验成品的质量;毛坯测量的目的是检查有否加工余量、确定加工的部位和加工量。其测量的要素包括螺旋桨的直径和螺距、桨叶的轮廓和厚度分布以及叶片间夹角和后倾角等。下面介绍桨叶轮廓线的确定、螺距的测量和桨叶厚度的确定方法。

1) 桨叶轮廓线的确定

在已确定桨毂中心和桨叶中心线后,就可以确定桨叶的轮廓线了。用螺距仪划出桨叶上不同半径的截面弧线,在每一截面的弧线上由与桨叶中心线的交点向两边截取图纸规定的截面长度,然后将两侧所得各点连成一个平滑曲线,即桨叶的轮廓线。

2) 螺距的测量

螺距一般采用螺距仪来测量,图 2-28 为一种简易螺距仪。测量螺距时,将螺距仪装在桨毂后端,其轴线与艉轴线重合。直尺臂 1 垂直于轴线并可绕轴线旋转,旋转角度可由角度指示器上读得。直尺臂上装有滑块 2,可沿直尺臂滑动而置于任何半径处。滑块上装有量针 3,可沿平行于轴线方向移动,在测量某一半径处的螺距时,首先将滑块沿直尺臂移至该半径处,使量针与叶面接触,记下量针在垂直方向的初读数,然后将直尺臂旋转某适当角度,最后使量针与叶面接触并记下量针在垂直方向的终读数。该直尺臂旋转的角度为 α,量针终读数与初读数的差值(量针沿垂直方向移动的距离)为 y,则该半径处的螺 H 为

$$H = \frac{360}{\alpha} y$$

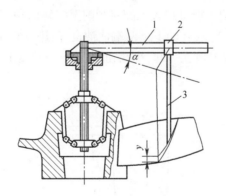

1—直尺臂;2—滑块;3—量针。
图 2-28 简易螺距仪

在测量桨叶螺距时,一般是选择 5~6 个半径切面,每隔 18°或 36°确定一个点,同一半径切面弧上相邻两点的读数差,即分别相当于螺旋总螺距的 1/20 或 1/10。这样,根据各点的读数便可求出平均螺距。

3) 桨叶厚度的测量

测量桨叶厚度最常用的方法是,首先用螺距仪在叶面上绘出各半径切面弧线(螺旋线),然后根据图纸要求在每个切面弧线上标出标有切面高度纵坐标的各点,最后用外卡钳

的一脚放在叶面标出的点上,另一脚紧贴在叶背相应的位置上,外卡钳两脚间的距离,即该点的桨叶厚度。应该指出,这种方法的精确度主要取决于卡钳另一脚是否在叶背上搁置正确。为了提高测量的准确度,最好在叶背上也绘出对应的切面弧线和标有切面高度纵坐标的各点,则同一弧线位置两侧高度纵坐标差即为该处桨叶厚度。

2. 螺旋桨的加工

螺旋桨加工的目的是把铸造的毛坯加工成成品螺旋桨,一般包括:切掉浇口、冒口,桨毂两端面和轴孔的加工,插轴孔内的键槽,刮削轴孔,加工桨叶的叶面和叶背等工作,最后要做螺旋桨的平衡试验。下面对桨叶的加工和轴孔的加工进行介绍。

1) 桨叶的加工

桨叶加工时,先根据螺旋桨测量画出的桨叶轮廓线批凿掉多余的部分,再进行桨叶叶面的加工和叶背的加工。

叶背加工是以叶面作为基准面。在叶面加工后,重新测量桨叶厚度,并根据图纸要求决定需从叶背削除的金属层厚度。与叶面加工一样,先钻孔(钻孔深度为加工掉的金属层厚度),根据钻孔的深度铲出各切面形状曲线,然后沿桨叶径向除去多余的金属层。

2) 桨毂内孔的加工

螺旋桨桨毂内孔与轴配合面一般都为锥形配合,无论是采用键连接还是液压过盈安装,对内孔加工要求具有较高的配合精度,为加工方便必须设计制造一对量轴的环规和量孔的塞规,这些量规一般用强度较好的铸铁,如HT25~47等铸造,铸造后须经退火处理。内孔粗加工后人工时效处理,其硬度在HB170~241。一般先加工环规,在加工之前先应做出测量环规孔的样板,依据样板加工环规的内孔。孔的加工应当留配对刮削的余量。

依据环规加工塞规,塞规上车出一周0.3mm宽的起配线并打上冲点,作为配个标记,如图2-29所示。量规机械加工后进行人工配对刮削至接触面积不小于80%,且沾油点均布,每25mm×25mm上不少于3点,孔的上下两端沾油良好,用0.03mm塞尺插入深度不应超过10mm。量规成品应涂油保养放在一起,小端朝下立放,以防变形。

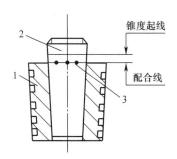

1—环规;2—塞规;3—冲点标记。
图2-29 环规和塞规

螺旋桨孔的机械加工应在艉轴锥体按环规加工后依据艉轴锥体成品尺寸,校对刮削余量后再进行加工,螺旋桨孔与环规着色检查沾油面积应不小于70%,如达不到可降到不小于50%,以后与艉轴研配用人工刮削的办法达到70%的要求。对于液压装配螺旋桨内孔的纵向及环形油线应在最后一道光刀前加工,钳工应将油线上的毛刺修掉。在上船安装前必须经过螺旋桨与艉轴的锥体着色检查,应当达到接触面积在70%以上,且桨毂前后贴合较好以防漏油。

3. 螺旋桨的安装

螺旋桨与艉轴的连接,是采用其锥面的结合并键的连接和螺母的紧固,来达到安装目的。艉轴螺柱上螺母的旋紧方向与螺旋桨的正转方向相反,以便螺旋桨在正转时螺母自动锁紧。至于倒车,因使用时间较短,主机功率较正转低,所以用止动片等防松完全足够。螺旋桨除螺母外还装有导流罩,而且有水密要求。导流罩既可减少螺旋桨的水力损失,又可防止艉轴螺柱和螺母的锈蚀。

螺旋桨安装方法主要包括一般安装法,液压螺母安装法;油压套合法和环氧树脂胶合法等多种形式。

1) 螺旋桨的一般安装方法

为了确保螺旋桨的锥孔与艉轴锥体之间的紧密配合,得依靠两者之间的过盈量以达到足够的摩擦力来传递扭矩,因此就必须按技术要求研刮,并要求它们之间的键连接也须达到规定要求,才可进入安装工序。最后,用螺母在艉部将螺旋桨的锥孔与艉轴锥体锁紧,以防止螺旋桨的脱落。目前,小、中、大型船舶的螺旋桨上,仍广泛采用此种方式。

图 2-30 所示为螺旋桨依靠机械锁紧的三种措施,并加以螺母的防松装置的安装方法。

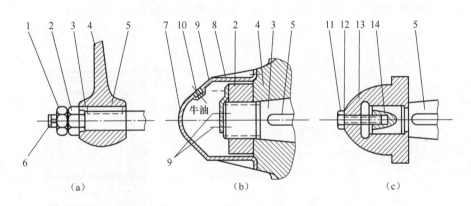

1—并紧螺帽;2—尼螺帽;3—后锥体;4—螺旋桨;5—键;6—横销;7—导流帽;8—艉螺帽止动块;
9—螺栓;10—螺塞;11—锁紧螺栓;12—弹簧垫圈;13—艉螺帽;14—艉螺纹。

图 2-30 螺旋桨靠机械锁紧的方法

螺旋桨的一般安装是指采用葫芦、扳手、大锤及撞柱等工具把经研刮好的螺旋桨安装在船舶艉轴上,操作步骤如下:

(1) 装配前,艉轴锥体必须擦干净,密封装置基本到位,待与螺旋桨端面连接。

(2) 螺旋桨锥孔清理干净;在锥孔和艉轴锥体的表面上千万不准涂油,平键两侧接合面可涂上润滑脂。但必须注意的是,锥形配合面上不能沾有润滑脂,否则影响螺旋桨与艉轴的紧密配合。

(3) 将螺旋桨吊起,注意艉轴及螺旋桨的键和键槽方向应转向上方,以便于对准和安装方便。吊螺旋桨时除起重葫芦外,再加两个横向拉动葫芦,能使螺旋桨顺利地套入艉轴锥体。

(4) 旋上艉轴螺母,应注意艉轴螺母的旋向。螺母的螺旋方向与螺旋桨正常的转向是相反的,如右旋螺旋桨,则用的是左旋螺纹的螺母。

(5) 旋上螺母后,即可拆除起吊钢索及其他工夹具。用枕木垫住螺旋桨的桨叶,使螺旋桨不能转动并防止碰坏,然后用专用扳手和大锤将螺母敲紧。直至达到在车间里刮配时,所作的记号位置。

(6) 在螺旋桨上钻孔和攻丝,安装艉轴螺母的止动块并安装防止螺母松动的装置。

(7) 安装艉轴艉端的整流帽。小型船舶的艉轴螺母及整流帽是一体的,可涂满黄油,同时装妥。对于大中型船舶,艉轴螺母装妥后,整流帽罩在艉轴尾端和螺母外面,与螺旋桨连接安装好后一般充满石蜡。将加热融化的石蜡灌入整流帽之中,以防海水进入。

(8) 用快干水泥将螺母或整流帽的凹处填平封好。螺旋桨的安装工作结束。

2) 液压螺母安装法

图 2-31 所示为液压螺母安装螺旋桨的示意图。此种方法是用千斤顶安装螺旋桨发展来的,即将液压千斤顶直接设计在艉轴螺母内,其压力可达 40MPa 以上。操作时,可先将螺母用专用扳手上紧,然后压油进入螺母内腔凹槽与加压环之间,产生高压以后便使加压环对螺旋桨产生一个轴向推力(对艉轴却是拉力),使螺旋桨与艉轴能紧密配合。先将螺旋桨压到预定位置后,即可卸去油压,再用专用扳手(或用锤敲打)将液压螺母旋紧即可,并装上止动片。用液压螺母拆卸螺旋桨,只要用液压螺母方向相反地装上去,并接上油管向螺母内腔压油。在压板、螺栓等工具的配合下,即可拉出螺旋桨,如图 2-32 所示。

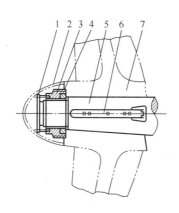

1—压板;2—整流帽;3—液压螺母;
4—加压环;5—艉轴;6—平键;7—螺旋桨。

图 2-31 用液压螺母安装螺旋桨

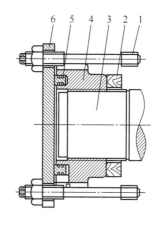

1—旋入螺旋桨的螺柱;2—木垫;3—艉轴;
4—液压螺母;5—压力环;6—压板。

图 2-32 用液压螺母拆卸螺旋桨

3) 油压套合法

油压套合法是近年发展起来的工艺,是采用油压将螺旋桨冷套在无键锥体艉轴上的一种安装和拆卸方法。因具有耗费人力少、操作时间短、配合的牢固性比较好,故现代大型船舶的螺旋桨正被广泛采用。

油压套合方法安装、拆卸原理如图 2-33、图 2-34 所示。

螺旋桨的安装过程(图 2-33),如下:

(1) 在清理干净的艉轴锥体上,桨的锥孔内表面涂上一层润滑油,并将螺旋桨自由地套在艉轴上。

(2) 先套上一个垫圈及施压油缸,施压油缸是一只薄形环状油缸,缸内配有一环形活塞,再旋上特殊的艉轴螺母并旋紧。这个垫圈是根据大小不同螺旋桨而专门配制的,它的外圆与施压油缸相同以弥补螺母外圆的不足,且厚度需保证螺旋桨每次要安装到艉轴锥体上升时,达到同样的推移距离。

(3) 用油泵1将油压入施压油缸,这时缸内的环状活塞顶出,即压力油将施压油缸向前推压作用到螺旋桨桨毂上,使螺旋桨紧压在艉轴锥体上。同时用油泵2和油泵3泵油,将压力油泵入桨毂孔和艉轴锥体配合的接合面中,因螺旋桨锥孔表面车有螺旋形油槽,此油槽无出口。由此产生的内压力将螺旋桨的桨毂体胀开,施压油缸被压力油推压向前,逐渐将螺旋桨推向锥体大端。若环形活塞行程已尽(因薄形油缸,一般仅20mm左右行程),可通过调整特殊螺母9的位置,并重复以上工作,可使螺旋桨一段一段地推向大端,一直推到所计算的终点位置为止。

(4) 卸掉油泵2、3的油压,压力油从桨毂上的排气孔及两个油泵上的排气流出。在卸压过程中,施压油缸中的油压还须保持一段时间(15min左右),待螺旋桨与轴之间的油膜完全消失而两者抱紧后再卸掉施压油缸中的油压。

采用这种油压法套合的螺旋桨孔锥度一般为1/10~1/30。

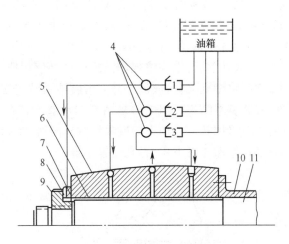

1、2、3—油泵;4—油压表;5—桨毂;6—通油间隙;7—油压法兰;
8—环状活塞;9—特殊螺母;10—保护套;11—艉轴。
图2-33 油压装卸螺旋桨原理图

螺旋桨拆卸的过程(图2-34),如下:

(1) 先将螺旋桨螺母松开,松开距离为原来安装时分段推移的总距离,再加上10~20mm,并在中间填妥木块或橡皮,防止螺旋桨松脱时与螺母撞击受损。

(2) 用油管连通油泵2、3与桨毂。

(3) 泵油将压力油压入锥孔接合处,螺旋桨毂孔被胀大,油很快就均匀分布到孔与轴之间接触面的油槽内,这时因锥度使油压力产生轴向分力,推动螺旋桨向小端移动。如一次尚未达到完全脱开,则须再次将螺母松开,重复上述工作,直至完全脱开为止。

4. 环氧树脂胶合法

环氧树脂胶合法是一种采用环氧树脂等配方作为黏合剂,把螺旋桨和艉轴紧紧黏合成一体的装配方法。由于其具有对配合表面加工精度要求不高,可省去钳工大量的研制工作,方法简单,使用可靠,所以目前在中小船舶中得到应用。但螺旋桨拆卸较困难,须将环氧树脂层加热直至碳化。

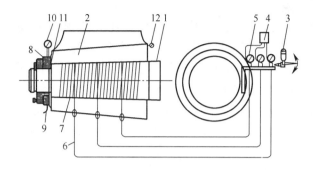

1—艉轴;2—桨毂;3—手动往复泵;4—油箱;5—压力表;6—至桨毂高压油管;7—螺旋布油槽;8—压力油缸;
9—至油泵高压油管;10—压力油缸的压力表;11—调节阀;12—测量桨毂移动量的千分表。

图 2-34　液压连接

图 2-35 所示为无键环氧树脂胶合安装螺旋桨示意图。螺旋桨锥孔两端各有一段(10~50mm)的轮毂与艉轴体是紧密配合的,需钳工刮拂,要求 0.05mm 塞尺插不进;中间大部分留有空隙,一般为 0.10~0.15mm,作为容纳环氧黏结剂涂层的空隙。胶结前,胶结表面应进行严格的去锈、去油、去水处理后,立即将现场已配好的环氧树脂黏剂均匀地涂在艉轴和螺旋桨的配合表面上,然后将螺旋桨套进艉轴,并上紧艉轴螺母,使螺旋桨达到预定位置。清除残存在外的黏合剂,安装基本结束。但由于黏结剂在常温下需 24 小时才能完全固化,因此为了缩短固化周期,一般可用氧—乙炔火焰或喷灯对其间接,缓和地加热,4h 左右即可固化。必须在黏结剂固化后,船舶才可下水,否则后果严重。

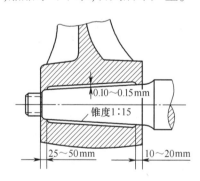

图 2-35　轴孔无键胶接示意图

环氧树脂的配方基本成分由环氧树脂加上一定比例的固化剂、增塑剂、稀释剂一起配制调和而成。因大部分是化学物质,具有一定的毒性,因此在胶结操作中,注意安全,须佩戴必要的劳动保护用品。

为了防止海水渗入艉轴锥体与螺旋桨锥孔的接合面,在安装螺旋桨时,必须在螺旋桨毂接受端面与防蚀套筒后端法兰面之间装上密封件,图 2-36 所示。一般采用橡胶圈或纸柏垫片,要求橡胶圈、纸柏垫片(石棉橡胶板料)能耐酸、耐油和耐海水腐蚀。

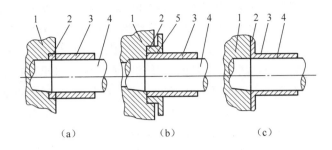

1—螺旋桨;2—橡胶圈;3—保护套;4—艉轴;5—压紧法兰式防油套筒本体。

图 2-36　艉轴与螺旋桨配合面水密装置的形式

目前许多船舶常采用"O"形密封圈来密封,如图 2-37 所示。它可以整圆制成,也可用圆形橡胶条以斜搭口方式胶合而成。"O"形圈的内径还应有过盈量,一般过盈量取密封处艉轴或者保护套直径的 2%~4%(小直径取大值,大直径取小值),即胶圈内径按下式计算: $D_1 = (0.96~0.98)D$,式中:D 为艉轴或保护套的直径。而胶圈粗细,即本身的直径按下式计算:$d=a/0.85~a/0.80$,式中:a 为密封处槽的宽度。因此,胶圈安装的压缩量为 $(0.15~0.20)d$。

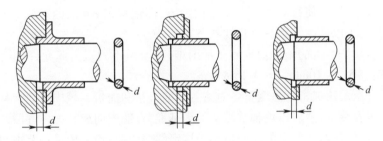

图 2-37　"O"形密封圈的安装

螺旋桨螺母外面往往罩导流罩,安装导流罩时其内注满润滑脂,螺旋桨螺母和导流罩都有止动螺钉防松,上好止动螺钉后,上面用水泥封盖。

2.3　轴系的校中及安装

2.3.1　轴系校中方法

1. 轴系安装前的准备工作

(1) 轴系零部件的加工及装配必须完成后,方可以上船安装。

(2) 主机座、中间轴承座、推力轴承座必须经过检查,其位置和面板的高度应符合图纸要求。

(3) 各座上面的固定垫片要焊接完毕,并进行加工使表面粗糙度 $R_a \leqslant 3.2\mu m$。为了刮削活动垫的需要,可以把固定垫加工成 1:50 或 1:100 的斜度,但安装减震器的固定垫不允许有斜度,以确保减震器受拉力或压力(特殊的减震器例外)。

(4) 固定垫上表面应当平整,用平板着色检查时,接触点在每 100mm×100mm 的面积上不少于15点,并应均匀分布,局部可以下凹,但在30mm长度内不得下凹0.1mm。

(5) 对于中间轴仅有一个中间轴承时应当设置临时轴承,以便使中间轴具有两个支承点。临时轴承的位置应当在轴长的0.18~0.22倍范围内,以防止端部因自重下垂而影响校中的准确度,该处轴表面应当光洁,且与轴的安装轴承处的中心满足同轴度要求。

船舶轴系校中应尽量符合船舶工作时的状态,所以都是先装好艉轴及水线以下其他装配工作,使船舶下水,轴系的校中工作在下水后进行。工作内容是从艉轴起到主机输出端止的轴系校中、装法兰螺栓、刮削轴承垫片、固定轴承等。

轴系的校中质量好坏对轴系运转有着直接的重要影响。轴系校中方法依据原理,可分以下三类:

(1) 按直线性原理的校中,主要有平轴校中法和光学仪器校中法。
(2) 按允许负荷原理的校中,主要有计算法和测力校中法。
(3) 按合理负荷原理的校中,主要有轴承合理位置校中法和法兰上合理偏移与曲折校中法。

2. 直线校中

1) 平轴校中法

(1) 原理。

进行轴系校中时,若使每对法兰上的差值为零,即偏移值 $\delta=0$、曲折值 $\varphi=0$,在忽略法兰下垂的影响下,可以认为轴系具有直线状态。

生产中使各对法兰上的偏中值为零非常困难,甚至做不到。为此允许法兰上有很小的差值,一般规定占 $\delta \leqslant 0.10\mathrm{mm}$,$\varphi \leqslant 0.15\mathrm{mm/m}$。

采用直尺和塞尺法或指针法测量各对法兰上的偏移和曲折。校中时通常是先将艉轴按轴系理论中心线安装好;然后以艉轴首端法兰为基准,自船艉向船首方向逐段调整中间轴和中间轴系的位置,使各对法兰上的偏中值小于规定的偏中值;最后依第一节中间轴或推力轴首端法兰进行主机的定位。

中间轴及中间轴系确定后,用垫块和底脚螺栓将各轴系位置固定,用法兰连接螺栓将各轴段连接起来。

(2) 工艺要求。

校中时的支承位置一般用两个临时支承,也可以一端用一个临时支承,而另一端用中间轴承支承。要求临时支承必须能使中间轴上下、左右移动。如果用中间轴承作校中支承,则须设调位螺钉或其他调位工具,以便调整轴承,使中间轴作上下、左右移动,如图2-38所示。两个支承的位置,应使中间轴由于自重的影响,而产生的弯曲变形处于最小值,一般要求从支承法兰端面的距离为中间轴全长的0.18~0.22倍。在这个范围内的支承布置,中间轴的法兰偏移和曲折可不考虑自重的影响,否则,计算其偏移和曲折值时,应加以修正。此外,要求各测量法兰的轴向间隙保持在0.5~1mm。

(3) 平轴法校中的允差和方法。

船舶轴系校中的目的,从理论上讲是为使轴系实际中心线与理论中心线相重合,即要求相连接的每对法兰上的偏值和曲折值均为零;而实际中,由于轴系在加工制作中,安装及测量均有误差,同时轴因自重下垂,船体在不同载荷工况下的局部变形等原因的影响,均无法使轴系的中心线为一直线。在轴的实际运转中,轴系的中心线是一条折线式曲折。实践证

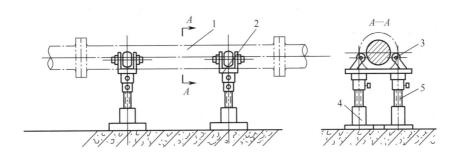

1—中间轴;2—托架;3—滚轮;4—托架座;5—调整螺钉。
图 2-38 中间轴对中的临时支承

明,在这种情况下,轴系是能保持正常工作的。

在船舶轴系的实际校中时,按设计计算出或依据有关船舶标准规范,允许轴的法兰发生一定的偏移和曲折,但以保证轴的挠度不至于过大而损坏轴承和轴为原则。所以,根据长期的实践经验,有关部门制定的标准和规范中,列有轴系允许的曲折和偏移值,供轴系校中使用和参考。

平轴法是利用调整中间轴承的上下及左右位置,使各中间轴的联轴节(法兰)之间偏移和曲折值在规定的范围之内。

在对中时,将轴支承在两个临时支承托架上,并能使中间轴可上下左右移动调整。两个支承布置,应使自身变形处于最小值,一般为中间轴全长 L 的 1/5 处为佳。

校中顺序可以从船艉往船首方向进行,但联轴节(法兰)两平面间的间隙应留有保持在 0.5~1mm,以利对中。

在对中过程中,可用直尺塞尺法、指针法、百分表法等方法对每对联轴节进行偏移和曲折值的测量。这样反复调整支承点,将测量结果与要求相比较,直到达到校中的目的。

2) 光学仪器校中法

采用光学准直仪或投射仪进行轴系校中。利用光的直线传播的特性,以仪器的主光轴作为轴系理论中心线来校准人字架、艉轴管、中间轴承等轴系部件的位置,使这些部件上孔的中心与仪器光轴重合。

目前,激光技术已用于轴系校中工作,用激光准直仪代替普通的光学仪器,不仅校中的精度更高,而且由于激光的亮度很高,使轴系校中工作可以白天进行。

3. 负荷法校中

1) 原理

按直线校中轴系是控制各轴段间的偏移和曲折都为零,如果达到这样的理想状态,各轴承上负荷的总和与轴及其附件重量之和相等。实际上达到这种理想状态是不可能的,以校中来说,由于调整和测量的误差总会存在两轴段间的偏移和曲折,一旦有偏移和曲折就出现轴段连接时的附加力和力矩。

不仅是校中方法本身的不完善会出现轴段间的偏移和曲折形成轴承的附加负荷,轴上法兰加工误差也会累积在校中的误差之中,增加轴承负荷。当轴段弯曲时,轴段将以弯曲时偏离中心线的偏心值作为半径在空间运转,这样必然会在轴承中增加附加负荷。

此外,由于船体焊接应力产生的局部变形,船体放置状态变化引起的船体变形,船体在水中的浮正状态以及舾装进度引起船上重量变化等都将引起船体变形,从而影响到轴系的直线性,增加轴承的负载。

负荷法校中内容有轴承允许负荷的计算,轴承负荷的测量与计算,轴承的调位,轴承的固定等工作。

2) 计算过程

(1) 轴承上允许的最大负荷 R_{max} 可按下式计算:

$$R_{max} = [p] \cdot L \cdot d$$

式中　L——轴承衬长度(mm);
　　　d——轴承处轴颈的外径(mm);
　　　$[p]$——轴承材料的允许压强(MPa)。

尾管轴承处的允许压强:白合金:$[p] \leqslant 0.5$MPa,铁梨木:$[p] \leqslant 0.3$MPa,桦木层压板:$[p] \leqslant 0.4$MPa,橡胶轴承:$[p] \leqslant 0.34$MPa。

中间轴承处的允许压强:白合金:$[p] \leqslant 0.6$MPa。

推力轴支承处的允许压强:白合金:$[p] \leqslant 2.74$MPa。

(2) 轴承上应承受的最小负荷。轴承在工作时应当有一定的负荷使轴与轴承接触而不脱空,通常规定负荷应不小于相邻两跨距上轴的自重和外载荷全部重量和的20%,可按下式计算:

$$R_{min} \geqslant (Q_1 + Q_2 + \sum P) \times 20\%$$

式中　Q_1, Q_2——该轴承左右两跨轴的重力(N);
　　　$\sum P$——该轴左右两跨上外载荷之和(N)。

3) 轴承负荷的测量

轴承的负荷是轴对轴承的压力,如果把测力元件放在轴与轴承之间,则可以直接测得轴承负荷,此时测量轴必须抬高使轴与轴承脱离;如果测力元件厚度小于轴与轴承的间隙,则可以这样进行测量,并直接得到轴承负荷。由于当前使用的测力元件较厚,故都是把测力元件放在轴承下面来测量,轴承的负荷等于测得的重力减去轴承的自重。

(1) 测力计测量。

由测力元件和其他附件可构成测力计,测力计的种类很多,包括弹簧测力计、压力传感器测力计等。

用弹簧测力计测量可以装测力计的轴承负荷时,将测力计装于轴承下,轴承有四个固定螺栓,选对角线位置的两个螺栓孔安装测力计,如图2-39所示。轴承上盖与轴之间垫以软垫,并用螺栓将上盖压到轴上,使轴与轴承之间无间隙,轴与轴承同步升降。测力时放松调节螺栓,使轴承负荷完全落到测力计上,旋转测力计下的螺母,当螺母升高时轴承升高,轴被抬起,轴承负荷增加,反之轴下降,轴承负荷减少。根据图2-39所示的力,可以进行轴承垂直方向和水平方向实际负荷 R_c 和 R_h 的计算。图中 R_z 和 R_y 为轴承处约束反力,与测力计读数相等,方向相反。

轴承在垂直方向的实际负荷为

$$R_c = R_z + R_y - q$$

轴承在水平平面的实际负荷为

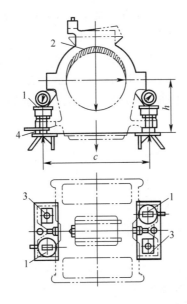

1—测力计；2—软垫片；3—调节螺栓；4—螺母。

图 2-39 测力计在轴承上的安装

$$R_h = \frac{(R_y - R_z) \cdot c}{2h}$$

式中　R_z, R_y——轴承左右两测力计上的负荷（N）；

　　　q——轴承自重（N）。

校中时如果某轴承垂直负荷过大或过小，超过允许负荷时，可用降低或升高轴承的垂直位置进行调节。如果水平负荷过大，可将轴承向垂直负荷 R_z 和 R_y 中大的一侧移动，水平负荷即可下降，一般水平方向的允许负荷为最大允许的垂直负荷的 1/4。

（2）艉管内有两个轴承时的轴承负荷。

艉管轴承上实际负荷尚不能用测力计直接测出，为确保艉管轴承负荷不超出允许范围，对于艉管内有两个轴承时，其实际负荷可用下列公式近似地计算确定（图 2-40），艉管前轴承的实际负荷 R_2 值为

$$R_2 = \frac{(Q \cdot C_2 - W \cdot C_1)}{C_3}$$

式中　W——螺旋桨的重力（N）；

　　　Q——艉管的重力（N）。

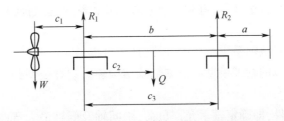

图 2-40　艉管内有两个轴承时的轴承负荷

上述计算是十分粗略的,忽略了艉轴前端法兰处断开时的剪力和弯矩,也没有考虑到安装因素对艉管前轴承处负荷 R_2 的影响。

为了精确地求出艉管首部轴承的负荷 R_2 值,可在艉轴首部法兰上安装测力计测出该处的轴向和垂向负荷,测力计的安装如图 2-41(a) 所示。测力时应当使两端法兰上的偏移和曲折均为零,简化后的受力图,如图 2-41(b) 所示,则艉管首部轴承的负荷 R_2 值可由下式计算:

$$R_2 = \frac{Q \cdot C_2 - W \cdot C_1 + T \cdot (C_3 + a) + F \cdot h}{C_3}$$

式中　T——艉轴法兰处垂向负荷 (N);
　　　F——艉轴法兰处轴向负荷 (N);
　　　h——轴向负荷测力点到轴中心的距离(mm)。

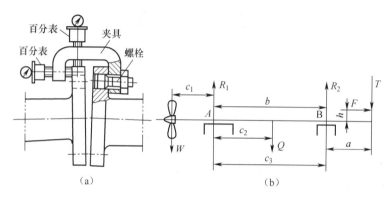

图 2-41　艉轴首部法兰负荷测试
(a) 测力计的安装; (b) 简化后的受力图。

4. 轴系合理校中

1) 原理

为了提高大型单桨艉机型船舶轴系的校中安装质量,国外自 20 世纪 60 年代中期开始研究轴系校中的新技术。在众多的研究中,轴系合理校中（或称最佳校中）技术已有效地应用于造船生产中,我国船厂也采用此技术。

轴系合理校中的实质是按照规定的轴承负荷、应力和转角等要求,通过校中计算确定轴系各轴承的合理位置,即计算出轴系各轴承的位移量和各连接法兰上的偏移值和曲折值。将轴系安装成规定的曲线状态,从而达到各轴承负荷合理分配的目的。

轴系合理校中具有使轴系各轴承负荷合理分布和安装工艺简便的优点,尤其是在船舶设计阶段就可进行轴系校中计算,有利于改善轴承负荷状况,提高轴系质量。

2) 计算过程

应用合理校中法对该轴系进行校中计算,计算过程,如下:

(1) 建立校中计算的物理模型。根据轴系结构建立物理模型,并对轴系有关结构要素进行处理。

(2) 确定约束条件,即确定轴承允许负荷,中间轴及艉轴最大弯曲应力,轴系弯曲时最大转角等限制条件。

(3) 编制计算机程序。按校中计算方法编制轴系校中计算程序,并用程序方框图表示出。

(4) 输入轴系的结构数据。

(5) 输出计算结果。

计算的各项结果由计算机列表打印输出,如其中的偏移和曲折计算用表示出,轴承位置的计算由图表示出等。根据计算结果绘出轴系校中状态图。

按轴系合理校中轴系后,常采用液压千斤顶举法检验轴承的实际负荷,从而保证轴系校中的质量。

5. 动态校中

以上三种校中原理均为静态轴系校中,虽各具特点,但共同缺点是忽略了船舶航行时动态因素的影响。因为静态校中好的轴系不能保证动态时也处于良好状态,所以轴系动态校中是现在和未来的研究工作。

由于动态因素多而复杂,如船舶装载、环境温度、海水状况等环境因素及螺旋桨负荷、油膜压力、振动等动力因素,各种因素之间还存在相互影响,因而使动态轴系校中研究更为困难。目前只能分别研究各个影响因素,并在静态轴系校中计算的基础上分别计入各种因素的影响。例如:考虑主机机座的温度影响时,校中计算时就可提供冷热状态下的轴系校中安装数据。

2.3.2 轴系安装

1. 法兰螺栓孔的铰制与螺栓的安装

当校中达到要求后,为了保持校中时各轴段的相对位置关系,就必须进行轴系的安装工作。首先要把各对法兰用螺栓连接起来,此时必须注意:轴段配对时法兰上的定位标记应保持原配对的相对位置;如果未经配对的轴段,把轴段配对与轴系校中结合在一起时,要在法兰上作好相对位置的标记,并铰好两轴段相配对法兰上的螺栓孔,以便安装铰制孔用螺栓。

表2-5 铰制孔用螺栓的冷却时间

冷却介质	螺栓温度/℃	冷却时间/(min/mm)
干冰	-50	0.5~0.6
	-70	1.0~1.2
液氮	-100	0.08
	-190	0.2

法兰铰制孔用螺栓的安装方法可以采用压入的方法,也可以采用冷过盈的办法进行装配。压入的方法可以采用液压千斤顶等专用工具,对于小船可以用手锤打入。冷过盈的安装方法多用液态氮作为冷却剂,在常压下液态氮的沸点为-196℃,装配时把螺栓放入液氮槽中,放入时注意不要使液氮溅出。最初由于螺栓的放入液氮大量蒸发,液面处于沸腾状态,几分钟后即逐渐稳定,其浸泡时间与工件大小、过盈量大小和气温有关。夏季安装时,一般10~15min即可安装,冬季时间稍长些,如果气温低于零度时一般要20min左右,第一次冷过盈装配时可以依据表2-5计算确定,也可以进行测量确定冷却时间。为今后拆装方

便,法兰螺栓孔内常涂以清洁的二硫化钼与机油的混合剂。装配时应当用钳子把螺栓从液氮槽中夹出,用戴棉手套的手将螺栓迅速塞入螺栓孔中,同时上紧螺母,人力扭紧即可,要防止螺柱头底部与法兰端面有缝隙。

液氮安装时要注意安全。液氮与工件接触后易飞溅,触及皮肤时易引起冻伤,操作者身体不可裸露,特别是夏季不可穿短衫、短裤。舱内要进行必要的通风,以防止蒸发的氮气滞留舱内造成人员窒息。

不管采用什么方法安装法兰螺栓都要松一个螺栓,安装一个铰孔螺栓。因为铰孔螺栓是单配的,所以安装时要注意螺栓与铰孔的编号是否相符。

2. 轴承垫片的刮削与固定

当法兰铰孔螺栓装好后,就可以刮削研配各轴承下面的活动垫片了。活动垫片的毛坯厚度在轴系拉线时即可以确定,并根据该尺寸放一定的机械加工余量作为毛坯的下料厚度。机械加工后的尺寸要根据对中后轴承的实际位置来测得,但要放厚度为 0.10~0.20mm 的刮削研配余量,活动垫片的单配要求详见第 1 章单配技术。

刮削研配活动垫以后,就要钻螺栓孔。对于非紧配螺栓,根据图纸规定的尺寸钻出,孔总是大于螺栓的,钻孔后即可装配;对于紧配螺栓钻孔时要留有铰孔余量,余量的大小与钻孔质量有关,钻孔质量较差,孔内较毛时可留 0.5mm 余量,内孔较光时余量可以少些,一般 0.3mm 左右,铰孔后要量出铰到的实际尺寸,并标记好铰孔的位置编号,以便单配螺栓,螺栓也要标记上编号。

为了保证紧配螺栓的受力均匀、紧固可靠,必须使螺栓孔中心与上下端面垂直,为此,在铰孔后须用专用工具将螺栓孔上下端面刮平。

2.4 实例 53000T 散货船推进装置安装工艺

2.4.1 前期工作

1. 找中前的准备工作

1) 条件

(1) 船体的主体分段(除主机进舱吊装工艺孔外)的所有分段,艉部、艏部结构主要焊接工作完成。火工矫正工作结束,龙骨墩应铺设平整,艉部的一切影响船体变形的拉攀支撑应拆除。

(2) 主机座、发电机、主空压机等大型基座焊接工作完成。交验结束。

(3) 在照光、拉线镗孔前,船体基线应由船体检验确认后移交轮机检验。

(4) 主甲板以下、机舱前壁以后船休结构报验合格。机舱前壁前的第一个分段缝报验合格。震动性以及火工矫正的工作必须停止。

(5) 舵系、轴系定位找中,如图 2-42 所示。找中不应在受阳光曝晒及温度急剧变化的情况下进行,应选择温差变化较小的时间进行(左、右舷温差小于等于 3℃)。

2) 拉线、照光的准备工作

(1) 艉管座、挂舵臂均已焊接完毕,并经检验合格。

(2) 准备好拉线拖板及架子,拉线钢丝 $\Phi=0.5$mm,活络扳手等。

(3) 艉管装置按图纸要求预安装到位,并适当调整其外圆环氧间隙。

(4) 准备好照光仪及配照光仪的基座,光靶若干个。

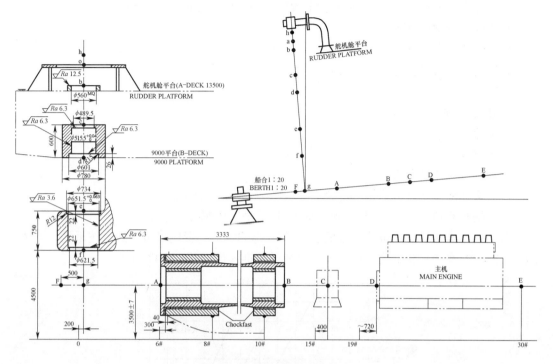

图 2-42 舵系、轴系定位找中

2. 螺旋桨和尾轴拂配预装安装工艺

1) 参考数据和资料

(1) 旋桨轴:$\phi 472/\phi 469\times 5974$mm;重量:7440kg。

(2) 螺旋桨:直径 5900mm;重量:15228kg。

(3) 螺旋桨叶数:4;高度:950mm。

(4)《螺旋桨无键装配计算书》。

(5)《无键螺旋桨拆装说明书》。

2) 注意事项

(1) 螺旋桨与尾轴的拂配方式为立式,液压拆装方式为卧式或立式。

(2) 尾轴应进行涂油保养,工作面应包橡皮。

(3) 螺旋桨平放应牢固可靠并用水平尺找平,桨叶保护不应拆除。

(4) 吊车吊钩应有安全装置,尾轴应有卡箍以备转动。

(5) 卧式液压拆卸时,尾轴平放搁置应合理,牢固可靠。操作人员液压施工时应注意防护,穿戴眼睛保护罩和手套。

(6) 运输及施工中应防止螺旋桨和尾轴撞损。

3) 拂配

(1) 拂配前检查螺旋桨和尾轴,加工质量应符合图纸要求,并验收合格。用样板检查螺旋桨锥孔的拂配余量,来货径向留 0.15~0.25mm 拂配余量,即轴向距离 3~5mm。

(2) 拂配应进行色油检查,接触均匀,接触面积不小于75%,每25×25mm²,应不少于3个着色点,在锥孔两端不得有间断。

(3) 拂配经报验合格,并在桨和轴上做好方向和位置标记。

4) 内场预装和拆卸

(1) 准备下列工量具:

手摇泵及连接软管、接头、压力表:2套。

油箱:1只。

百分表(带磁座):3只。

点温计:1只。

液压螺母:1只。

计量器具应计量合格有效。

(2) 桨孔液压螺母与尾轴的配合面上应清洁,应涂上液压油。

(3) 按桨和轴的标记,把桨吊到尾轴上,然后把液压螺母拧上尾轴。

(4) 确定推入量。测量桨和轴的表面温度 T_P 和 T_S,二者应尽量一致。按平均温度 $T = (T_P + T_S)/2$,在 $T-D$ 上确定最小推入量和最大推入量,如图2-43所示。

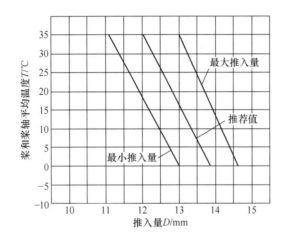

图2-43 确定桨推入量

(5) 确定推入距离的起始点,如下:

① 按图2-44所示,连接液压系统。

② 百分表 G_3 用于测量尾轴是否移动,示值应调到"0"位。

③ 向系统注油,放尽系统空气,并打开液压螺母和螺旋桨的放气螺塞,放尽空气,然后拧上各自的螺塞并拧紧。

④ 用轴向手摇泵向液压螺母泵油,使油压上升到5MPa时,将百分表 G_1 和百分表 G_2 示值调到"0"位。继续泵油,使推入量达到2mm,分别记录0.5mm,1mm,1.5mm和2mm时的压力 P_1,P_2,P_3 和 P_4。

⑤ 在坐标纸上作出 $P-D$ 图,经过上述点的近似直线 CD 与 D 轴的交点 DS 为推入距离的起始点。此图标应提交厂检、船检和船东,如图2-45所示。

(6) 预装和拆落,如下:

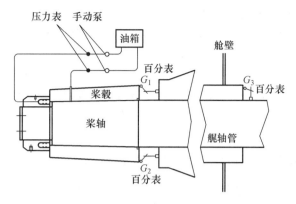

图 2-44 液压方式安装螺旋桨

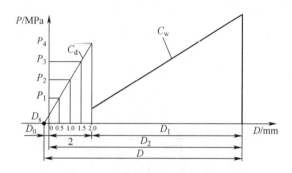

图 2-45 压力与推入量关系图（P-D 图）

① 用轴向和径向手摇泵同步缓慢地向螺母和螺旋桨压油，每压入 1mm 记录轴向和径向油压，一次压到所需的推入量。压入时，尾轴和支架应无移动。轴向油压不超过 60MPa；

② 卸掉桨内油压，保持液压螺母油压 20min，百分表 G_1 和百分表 G_2 示值应不变；

③ 卸掉液压螺母内油压。靠一人之力上紧螺母。然后测出液压螺母后端面距尾轴末端距离 L，作好记录 ($L+5$)mm 作为保安帽配制尺寸；

④ 将液压螺母拉开距离 50~70mm，在此间隙内左右两侧垫入 40~60mm 的厚木板；径向油泵加压，油压超过推入量到位油压时，螺旋桨能砰然跳开，记录跳开油压；

⑤ 上述预装和拆落应各做二次。在施工过程中，螺旋桨的吊钩不能脱开，防止跌落。

3. 螺旋桨轴中间轴内场配对加工工艺

1）找中要求

（1）螺旋桨轴和中间轴按图加工结束，并检验合格。

（2）各轴滚轴架支撑要牢固，位置合理。对中时，两轴法兰外圆偏移和平面曲折值小于等于 0.03mm。

（3）二轴法兰接触紧密，用塞尺检查 0.03mm 塞尺插不进。

（4）校中合格后，用临时螺栓紧固，法兰外圆打上配对的标记。

2）法兰连接孔加工要求

（1）圆度和圆柱度小于等于 0.008mm 顺装方向一致。

（2）表面粗糙度 $\sqrt{0.8}$。

(3) 连接孔端铰平 $\phi 110$,与孔垂直成 $90°$。

(4) 第一批孔(最多6个)孔加工后,先用两只临时螺栓上紧定位,再松换其他孔铰孔,如图2-46所示。

3) 单配法兰螺栓

法兰铰制螺栓与孔单配,安装采用冷装,外径过盈量为 $0.005\sim0.015\mathrm{mm}$。螺栓与孔分别打上序号标记。

4) 检验

加工完毕,应经报检。合格后,法兰孔应清洁涂油保养。

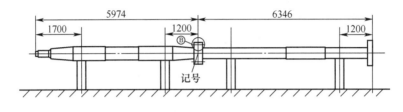

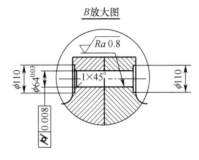

图 2-46 法兰连接孔加工

2.4.2 安装轴系

1. 准备工作

1) 安全措施

主机轴系安装所涉及的工作必须按照工厂的综合管理体系,进行职业、健康、环境和安全的保护。车间应编制相应的作业指导书,控制下列环境因素和危险源,如表2-6所列。

表 2-6 安 全 措 施

序号	危险源名称	可能发生的事故	作业活动	控制措施
1	高空作业无安全防护措施	高空坠落	高处作业	按"四个必有""六不准""十不登高"执行,进行作业过程的监控和检查
2	物件坠落	物体打击	螺旋桨、轴等吊运作业	按安全生产操作规程操作。注意周围环境,进行作业过程的监控和检查
3	起重伤害	物体打击	起重吊运作业	按起重工安全操作规程操作

2) 主要图纸

轴系布置图、轴系艉管装配图、主机安装图、螺旋桨图、中间轴承安装图。

3) 工艺阶段

（1）船台部分包括尾轴、螺旋桨、密封装置的安装等艉部工程及机舱内工程。

（2）下水后工程包括轴系校中和主机安装。

4) 编制作业指导书

本工艺规定的主机、轴系安装的原则和技术要求，施工单位应编制作业指导书，准备工量夹具和必要的工装。

2. 艉轴安装

1) 安装前完成工作

（1）艉管环氧树脂浇注固化完工，试样报验合格。

（2）艉管附件安装完工。安装后密封 2 号/3 号腔的注油管和回油管，安装后密封 3 号/3 号 S 腔的注油管和回油管。安装温度传感器 2 只。

（3）艉管轴承内径和尾轴轴径复测并记录，同时计算间隙应符合要求，如下：

① 后轴承和尾轴间隙：0.7~0.95mm；

② 前轴承和尾轴间隙：0.7~0.95mm。

（4）用清洁干燥的气体吹净油管，检查油路的畅通性、密性和清洁度。

（5）清洁艉管内腔和尾轴，并涂抹滑油。

（6）在舱内和艉部合适位置安装吊耳。

2) 穿尾轴

穿尾轴由机舱向艉穿入，穿轴前依次将艉密封装置及垫片穿在尾轴艉端，对艉轴螺纹、艉管轴承做好保护，防止损伤。

3) 检查轴承间隙

尾轴到位后，用塞尺检查轴与前后艉管轴承间隙，底部为 0，用 0.05mm 塞尺检查应插不进，左右大致相等，上部为 0.7~0.95mm。

3. 螺旋桨安装

1) 安装前完成工作

（1）固定尾轴防止轴向前后窜动和转动。

（2）螺旋桨与密封装置不锈钢衬套内场配钻攻 M12~M20，攻深 30mm。

（3）检查艉密封装置外观完整。按顺序将垫片、艉密封装置、垫片套装在艉轴上。

（4）检查螺旋桨锥孔及端面后，先清洁，再安装时内孔涂滑油。

（5）检查液压螺母后，先清洁，再安装时螺纹涂滑油。

（6）螺旋桨吊耳吊具应安全可靠。

（7）操作人员要阅读《无键螺旋桨拆装说明书》，并按照说明书准备好工装。

2) 吊装螺旋桨

将螺旋桨吊上船艉，按《无键螺旋桨拆装说明书》的要求，参阅《螺旋桨和尾轴拂配预装安装工艺》，安装螺旋桨。

（1）现场测量桨和轴的温度，确定推入量。

（2）确定推入距离的起始点。

（3）液压法将螺旋桨一次压到已确定的推入量，允许偏差 0.5mm，每压入 1mm，记录轴向和径向油压，压入时尾轴应无轴向窜动，轴向油压一般不超过 60MPa。

(4) 卸掉桨内油压,保持螺母液压20min,《无键螺旋桨拆装说明书》中百分表 G_1 和百分表 G_2 的示值应不变。

(5) 卸掉液压螺母内油压,靠一人之力上紧螺母,再旋转10°~15°。

(6) 螺旋桨安装报验合格,经厂检、船检和船东验收后,在螺旋桨、液压螺母和尾轴上,打上相应装配硬标记。

(7) 安装保安帽,上紧螺栓M30×2,穿保险丝(ϕ3不锈钢丝),安装前保安帽内应充填润滑脂。

(8) 安装将军帽,安装前在将军帽内充填适当的润滑脂。安装固紧螺钉后,应充填水泥并光顺。

4. 密封装置安装和油密试验

1) 螺旋桨轴向定位

按轴系布置图的要求,使螺旋桨前端面距艉管后端面的距离为294±3mm。

2) 安装艉密封装置

安装时磨损测量孔应垂直向上,橡皮环腔室的4个进油孔和回油孔应对应,并保证油管畅通。

3) 安装艏密封装置

安装时装置的夹紧环前端面与艉管端面距离应为230±3mm,回油管应垂直向上。

4) 供油系统

按艉管滑油日用系统的要求,首先接通重力油箱,艏艉密封油箱对艉管的供油管接通,管道安装应正确、完整、清洁,并报验合格。然后向系统注油应放尽艉管内的空气,油箱注入规定的滑油到规定的液位,艉管装置密性试验应无泄漏现象。

5. 下水前的安装工程

1) 尾轴固定

首先将螺旋桨一车叶放置在垂直上下位置,然后使艉轴法兰面前端面距离艉管前轴毂前端面为1230mm,做好尺寸记录,并在法兰外圆顶部打上硬标记"0",下水前应在尾轴前端安装止推和止转的尾轴下水固定装置。

2) 中间轴承座死垫块的定位

中间轴承座死垫块的定位,焊接和上平面拂磨,安装要求如下:

(1) 死垫块与中间轴承座面板焊接前,应用塞尺检查,0.05mm塞尺应插不进。

(2) 死垫块上平面应向左右倾斜。斜度为1:50。厚度不小于12mm,用平板拂磨,着色检查,着色点每25mm×25mm上不少于3点。

3) 主机基座划线、钻孔

(1) 划线,如下:

① 中间轴应在轴系照光前加工结束,并报验合格,测出中间轴长度 L_i;

② 根据轴系照光拉线的结果,在主机基座面板上画出主机艉部最后一排螺栓孔的精确位置。该中心线连线应与轴系中心线垂直,且距离艉管前轴承轴毂前端面的水平距离为(L_i+1804)mm。孔中心左右对称,距艏1415±1mm。合格后,打上样冲眼。

(2) 钻孔,如下:

根据主机安装图,随后划出其他主机地脚螺栓孔的中心的分布,经报验合格后,钻孔ϕ46,共56个。检查螺孔是否与船体结构相碰。

4）顶推装置定位

划出主机找中左右前后千斤顶顶推装置的定位位置并装焊完。

5）环氧树脂拦阻板安装

划出环氧树脂拦阻板安装定位,并进行间断焊。

6）中间轴吊装

中间轴进舱后,做好固定工作。

6. 主机吊装（见第3章）

7. 轴系对接

1）轴系校中（略）

2）中间轴首法兰与主机曲轴输出法兰配对铰孔

（1）盘动主机,使主机最后一缸活塞在上死点,保持与螺旋桨桨叶向上相一致。

（2）配对加工要求见《螺旋桨轴和中间轴内场配对加工工艺》,与之相同。

3）用冷装法安装法兰铰孔螺栓

（1）冷媒采用干冰。

（2）螺栓一头螺母应拧紧到位,以保证螺栓的紧配部分不露出法兰端面而影响安装。

（3）待螺栓升温与环境温度一致后,先清洁螺栓,在螺纹上涂抹二硫化钼润滑剂,然后上紧螺母,用开口扳手上紧。扭紧扭矩4000N·m。法兰螺栓安装全部结束后,拆除中间轴临时滚轮支架。

4）轴承负荷测量。

8. 主机安装（见第3章）

9. 安装中间轴承

（1）将中间轴承缓慢升高,使其底部刚好接触中间轴,即底部间隙为0,左右间隙大致相等。

（2）拂配活动垫片,使其与死垫块及与中间轴承底面接触均匀。着色检查,每25mm×25mm上色点不少于3点,四周用0.05mm塞尺应插不进。

（3）垫块报验合格后,将中间轴承座、死活垫块和机座面板夹紧,并配钻地脚螺孔,配钻孔为$\phi 39$。

（4）安装定位销,钻二个底孔$\phi 15.5$,铰孔$\phi 16$,并打入定位销。

复 习 题

1. 轴系安装包括哪些内容？
2. 什么是轴系理论中心线？如何测定？
3. 艉轴管的安装过程是什么？
4. 螺旋桨轴的装配和安装是什么？
5. 艉管密封装置有哪些形式？各有什么特点？
6. 螺旋桨安装有哪些方法？
7. 轴系校中有哪些方法？各有什么特点？
8. 轴系合理校中的原理是什么？其实质是什么？

第 3 章 船舶柴油主机的安装

3.1 概　　述

3.1.1 安装方式与安装内容

柴油机是当前应用最广泛的船舶主机,其功率、转速、重量和尺寸差异较大。其安装质量的优劣将直接关系到船舶动力装置的正常运行和航行性能。对于重量较轻、体积较小的主机或主机与减速箱构成的主机组,一般都采用整机吊装的安装工艺。

随着船舶的大型化和快速性要求的提高,柴油机的功率不断增大,因而柴油机的单机重量和尺寸增加较快。庞大而笨重的柴油机整机吊运上船并进行安装是困难的,因此往往采取将柴油机按船厂的吊运能力分解成部件后吊运上船安装的工艺,这就是柴油机的分组吊装工艺。

主机或减速器在船上安装时与轴系的安装顺序有两种:一种是先装轴系,船舶下水后依据轴系找正主机的位置安装主机。这种方法容易使主机的输出轴回转中心与轴系回转中心同轴,可以自由地找正主机位置。由于在下水后安装主机,避免了下水后船体变形对安装质量的影响,这种工艺长期以来被采用。另一种是主机依据轴系实际中心线定位安装。这种工艺可以使主机与轴系平行地进行安装,或者先于轴系安装,扩大了安装工作面,在主机定位后其可以与主机相接的各种管系、附属设备等进行安装工作,缩短生产周期。但是此工艺往往难以避免船舶下水后船体变形带来的影响,而在轴系安装时因为主机位置固定,艉管艉轴也固定了。这两个固定后相对偏差必须由轴系来"消化",从而使约束条件增加,安装难度要大一些。当批量较大的小型船舶,并且掌握变形情况时可以预先实施反变形,采用这种工艺是有益的。

主机安装必须保证主机与传动轴系的相对位置正确,并且在工作时保持这种相对关系。因此,就必须保证主机及轴系通过区域内船舶结构,上层建筑等重量较大的设备吊运安装等工作基本完成,以便形成一个稳定的基础。

所以,主机在安装前必须完成下列工作:

(1) 轴系主机工作区域内船体结构的装配,主机座的装配及焊接等项工作应全部结束并经火工矫正。

(2) 机舱及邻近的部位双重底、艉尖舱、油舱、水舱等密性试验全部结束,并经稳定 24 小时后方可施工。

(3) 轴系区域主要的辅机座已装配焊接完毕。

(4) 船体垫墩、侧支撑合理并牢固可靠,船体基线符合规定的技术要求,并提供船体基线的测量数据,而且还要在工作中定期检查基线变化。

主机安装的工作内容包括以下几个方面:

(1) 主机基座的检验与加工。
(2) 主机或者部件吊装后的校中定位。
(3) 主机的固定。
(4) 安装质量的检查。

低速重型柴油机的尺寸和质量都很大,安装工作有一定的难度。在柴油机的安装方面,考虑到各厂起重设备不同的情况,柴油机吊船安装一般分为整体吊装和分组吊装两种。柴油机的整体安装可以节约劳动力,加快进度,提高生产效率。

3.1.2 对中工艺

在船舶动力装置安装中,主要有船舶主机(或减速器)的对中及轴系的对中。对于不同的应用,有不同的工艺过程,具体如下:

1. 用光学投射法校中主机或减速器

用光学投射法校中主机或减速器之前,必须先将准直仪安装在柴油机曲轴的法兰上或减速器输出轴上,然后通过位置调节使仪器主光轴与减速器输出轴或柴油机曲轴轴线重合。用仪器主光轴的光线代表主机或减速器的回转中心线,校中时只要主光轴通过轴系中心线上的两个点,即主机或减速器就校中到轴系中心线上,如图3-1所示。

其具体调节方法如下:

1) 调整准直仪主光轴与曲轴回转中心重合的方法

(1) 在准直仪光路中设两个光屏1,并贴有白纸,将准直仪光线投射到白纸上,画下十字线及中心A。

(2) 将主机曲轴盘车旋转180°,如仪器主光轴的十字线中心不在曲轴轴线的延长线上,则投射的第二个十字线的中心肯定与第一个十字线的中心不重合,记下第二个十字线及中心B。

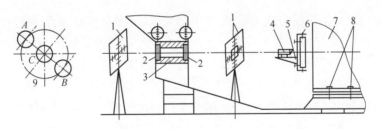

1—光屏;2—可调光靶;3—艉轴毂;4—准直仪;5—夹具;6—调节螺钉;
7—主机;8—调位装置;9—光屏上光束投影。
图 3-1 用光学投射法校中主机

(3) 连接A、B两点,并平分得中点C,调节夹具5上的调节螺钉6,使投射仪投射的十字线中心与C点重合。

(4) 将主机曲轴旋转180°,投射仪的十字线中心如又离开C点,则用上述方法再次调节仪器夹具,直至曲轴旋转180°,投射仪十字线中心重合在一点上不再变动为止,该点必然在主机曲轴轴线的延长线上,然后用夹具上的固定螺栓将仪器位置固定下来,再转动曲轴检查夹具位置有无走动。经过上述调整后准直仪的主光轴就是曲轴的回转中心线。

2) 将主机或减速器校中到轴系中心线上

（1）在轴系实际中心线上设立两个可调光靶2，使其十字线中心与轴系实际中心线准确地重合。

（2）调节主机或减速器调位装置8，使准直仪主光轴同时通过轴系中心线上的两个可调光靶2。

由于准直仪主光轴已调整到与主机或减速器回转轴中心线重合，而两基准光靶中心已准确地代表轴系的实际中心线，因此说明经上述调整主机或减速器已校中到轴系实际中心线上了。

2. 用拉线法校中主机

对于某些大型主柴油机，受条件限制只能将其拆装后上船总装时，可在机座轴向位置确定后，采用拉钢丝线的方法校中机座高低及左右位置，然后以机座为基准总装柴油机。

拉线对中的方法，如下：

在机座的前、后竖放两个拉线架，然后拉出一根钢丝线，根据轴系中心线调整钢丝位置，使钢丝与轴系中心线重合。此钢丝线既代表轴系中心线，又代表安装的柴油机曲轴轴线，所以它作为机座对中的基准。考虑到钢丝线的下垂量，对中时首先要计算出钢丝在机座前、后主轴承处的下垂值，此后沿垂直和水平方向测量轴承座孔与钢丝间的距离。利用调位工具调整机座位置，使水平方向距离相等；垂直方向的距离等于水平方向的距离减去下垂量，机座位置就得以校准了，此后可在机座上安装机身等其他部件直至装完。

3. 胎架定位校中主机

对于安装成批生产的小艇主机，可采用按主机结构特征特制的胎架来定位，胎架两端焊有带法兰的管子，后端法兰平面为主机功率输出端之法兰平面，经机械加工后的管孔中心线与底平面之高度以及螺孔之相对尺寸，与主机中心高和机座螺孔位置等的相应尺寸完全相等。

胎架的定位也可用拉线法或光学法，对中结束以后，固定胎架，依胎架进行划线，钻孔和研配垫片，最后把胎架换成主机并用螺栓紧固。由于胎架结构简单、轻便，改善了操作条件，且不受轴系安装工作的限制，所以在成批生产的小艇中加以采用。

4. 用光学仪器校中人字架

在车间里完全加工好的人字架，若利用光学仪器进行校中安装，则可免除在现场用专门镗孔设备进行人字架的镗孔。这种工艺在建造小吨位船舶时常被采用，施工过程如下：

将在车间里最后镗过孔的人字架利用专门的安装夹具支撑在船艉安装的部位，如图3-2所示。在人字架孔中用两个定位圆盘3，其内装入一根空心样轴2，并在空心样轴2的两端各装一个光靶4，光靶的中心经调节应与样轴的轴心线重合。空心样轴用座子5支承，座子安放在底板7上，并用调节螺栓6调节到合适的位置。底板用支架临时连接在船体上。

校中时，按基准光学仪器所投射的十字线调节样轴的位置，直到样轴两端光靶的十字线与仪器的十字线同时重合为止，则此人字架可认为已按轴系中心线校中好了。这时用点焊将人字架与船艉完全焊牢，在焊接时应采取措施防止人字架移动和变形。

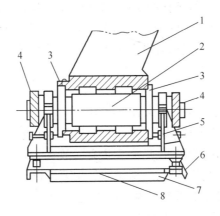

1—人字架；2—空心样轴；3—定位圆盘；4—光靶；5—座子；6—调节螺栓；7—底板；8—滑板。

图 3-2 人字架的校中

表 3-1 轴系法兰校中偏差

分类	要求校中部位	修理船舶		新造船舶	
		偏移 δ/mm	曲折度 φ	偏移 δ/mm	曲折度 φ
长轴系	推力轴与相邻中间轴法兰	≤0.15	≤0.20	≤0.10	≤0.15
	艉轴与相邻中间轴法兰	艉轴安装间隙25%	$\delta=0$ 时 上开口≤0.15 下开口≤0.50	艉轴安装间隙25%	$\delta=0$ 时 上开口≤0.15 下开口≤0.20
	中间轴相邻法兰	按表后说明的原则进行合理分配 φ 和 δ			
离合器	牙嵌式离合器 气胎式离合器 齿形离合器	≤0.20 ≤0.60 ≤0.40	≤0.30 ≤0.20 ≤1.00		≤0.30	≤0.60
短轴系	推力轴后各法兰	≤0.25	≤0.25	≤0.20	≤0.20
主机曲轴与推力轴（或齿轮轴）法兰		按曲轴最后一道曲拐臂距差的允许范围调整偏移 δ，使曲轴轴心偏高 0.05~0.10			

注：1. 长轴系，一般指具有两根或两根以上中间轴的轴系。短轴系，一般指具有一根中间轴或无中间轴的轴系。
2. 中轴相邻法兰的偏移与曲折值，均可照艉轴与相邻中间轴法的要求稍许降低。各中间轴法兰的 φ_{max} ≤ 0.60（mm/m）。
3. 当轴颈 d>400mm 时，要求各法兰的曲折值按表 3-1 规定增加25%。
4. 对修理船舶轴系，其质量指标略有超过上述规定者，如运转正常（包括轴承温度、轴系振动等），允许继续使用。

　　小吨位单轴系船舶的艉柱，在车间内最后镗好安装艉轴管的孔后，也可采用光学仪器在船体上定位焊接。其工艺与上述安装人字架的工艺大体相同，故不赘述。

　　大吨位的船舶的人字架及尾柱上安装艉轴管的孔，通常是先在车间内进行粗镗，留下的精加工余量待在船体上装配焊接好之后，再用专门的镗孔机（镗排）在现场进行镗孔。这时可按基准光学仪的主光轴进行镗杆的定位,或在所加工孔的端面上画出镗孔线(加工圆)和检验圆线,再按镗孔线进行镗杆的定位。当人字架、艉柱等部件的孔的中心线与轴系中线重合的情况下,则可保证装入其后的艉轴管或轴承孔的轴心线与轴系中心线重合。

3.1.3 对中的技术标准

1. 按法兰上严格规定的偏移值及曲折值校中

在很长一段时间内,在校中轴系时,为使轴系装成一直线,对连接法兰上的偏移值及曲折值作了严格的限制。最初限制极严,后来逐步有所放宽,大量实践证明,可以进一步放宽,各种不同用途的船舶和不同结构的轴系,对轴系校中要求也不一样,应予以区别。

轴系各法兰校中偏差安装要求参照表3-1的规定。

2. 按法兰上计算的偏移值及曲折值校中

由于轴系法兰的偏移和曲折的存在,在轴承上引起附加负荷,但附加负荷的大小不仅与偏移、曲折值的大小有关,还与轴系结构尺寸有很大关系。考虑到轴承的允许负荷及轴系的结构,校中中间轴时其法兰上允许的偏移和曲折的计算公式,如下:

当每根轴上设置一个轴承时,

$$|\varphi| + \frac{2000}{3b}|\delta| \leqslant \frac{1}{3}k \tag{3-1}$$

当每根轴上设置两个轴承时,

$$|\varphi| + \frac{2000}{3b}|\delta| \leqslant \frac{2}{3}k \tag{3-2}$$

式中 k——轴系的韧性系数,$k = 3.75 \times \frac{b^3}{10^5 d^2}$;

b——轴系4个毗邻轴承的最小平均跨距(cm);

d——轴颈直径(cm)。

显然,k值越大,表示轴的韧性越好,则此轴系在校中时偏移及曲折的允许范围就可宽些。式(3-1)、式(3-2)分别适用于每根中间轴用一个中间轴承或用2个中间轴承支撑的轴系,由此可知,φ与δ呈线性关系,在直角坐标上可用一斜线表示,可得

令$\varphi = 0$,求得最大偏移值δ_{max};令$\delta = 0$,求得最大曲折φ_{max},用一定比例将φ_{max}标在纵坐标上得A点,同样的比例将δ_{max}标在横坐标上得B点,连AB,则△ABO所包括的面积就是该轴系的偏移和曲折的允许范围,如图3-3所示。当在船台上找中安装轴系时,应将公差允许值缩小1/2,如图3-3所示虚线。

按以上计算的允许偏差校中方法,由于有校中简便易行的优点,并考虑了不同轴系的结构特点和轴承允许负荷所确定的偏移曲折允许范围,故较前述按规定偏移曲折校中方法合理。它的主要缺点:偏移曲折允许范围的计算是近似和不严格;各个连接法兰上偏移曲折的允许范围都一样,使校中后的轴系各轴承上的负荷不能合理分配,尤其是对尾管后轴承上的负荷无法确定和控制。应注意:用计算法得出的标准不适用于中间轴与曲轴或推力轴或减速器之间的法兰找中,因为较大偏移和曲折将使曲轴或推力轴或减速器轴上产生较大的附加力矩,使曲轴最后一拐的臂距差增大,使推力轴的工况或减速器齿轮的啮合状况变差,并在曲轴或减速器轴上造成过大的弯曲应力(这是不允许的),所以中间轴与曲轴或推力轴或

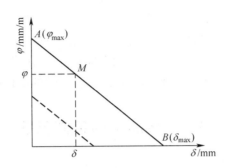

图 3-3 偏移及曲折值的允许范围

减速器轴法兰间的偏移和曲折值仍应按表 3-1 选取。一般可控制在 $\delta \leqslant \pm 0.10$ mm，$\varphi \leqslant \pm 0.15$ mm/m。

3.1.4 主机吊装的安全措施

主机吊装所涉及的工作必须按照工厂的综合管理体系进行职业、健康、环境和安全的保护。车间应编制相应的作业指导书，控制表 3-2 所列环境因素和危险源。

表 3-2 安 全 措 施

序号	危险源名称	可能发生的事故	作业活动	控制措施
1	高空作业无安全防护措施	高空坠落	高处作业	按"四个必有""六不准""十不登高"执行和作业过程的监控及检查
2	物件坠落	物体打击	起重吊运作业	按安全生产操作规程操作。注意周围环境，进行作业过程的监控及检查
3	起重伤害	物体打击	起重吊运作业	按起重工安全操作规程操作
4	船舶移挡	物体打击/淹溺/滑跌	船舶移挡	穿妥救生衣，穿好防滑工作鞋

吊装一般要求如下：

（1）主机在发运前，主机厂已经对油封进行全面的检查和维护；主机发运后，请车间按照主机厂《船厂存放防锈保护要求》的要求保养主机。

（2）核实机舱开口尺寸，主机回油口的位置尺寸，拆去碰撞物，必要时可拆去部分附件（应注意钢丝绳夹角不能超过要求）。吊入主机前应彻底清洁基座面板，并涂好防锈油。吊装时，必须采取防碰防撞措施。

（3）吊装前，主机安装范围内应进行油漆报验（垫片位置除外）。

（4）专用工具清单中的专用起吊工具由主机厂提供，主机厂已经安装在发运大件上。在进行主机起吊时，所有通用起吊工具由车间准备，而且所选用的通用起吊工具必须满足通用工具清单中的要求。同一主机大件，因起吊设备不同，在主机厂和船厂的起吊状态可能不相同，应加以注意。

（5）起吊工艺中，部件外形尺寸为图纸设计尺寸。部件的重量以及重心是基于设计重量根据实际情况增加相应余量计算而得。

（6）在起吊主机大件时，如有必要，车间可以根据吊件的平衡状态增加辅助吊点。

（7）主机吊入机舱后，在4角拧入顶升调节螺栓，根据照光拉线确定的主机环氧垫片高度，调整主机顶升螺栓高度，其他顶升螺栓拧在机座上，但伸出机座法兰面。

3.2 柴油机的整体安装

3.2.1 准备工作

1. 吊装核算

（1）外形尺寸核算。机舱口的长、宽必须大于柴油机的实际尺寸，其余量不得小于0.3m（每边0.15m）。若舱口尺寸不够大时，则必须扩大到需要的尺寸。

（2）吊运能力的核算。应根据柴油机实际净重合理选择吊运设备，拖运设备必须具有一定的过载能力。核算时须要考虑浮吊吊臂角度以及跨距大小对起吊能力带来的影响。在柴油机质量及外形尺寸过大的情况下，允许拆除增压器、柴油机两侧的路台支架以及部分动力管路。

（3）高度核算。为了使主机吊装时受力均匀且平稳地就位于基座上，应将船体临时压载，使主机机座尽量处于水平位置。根据临时压载水线至机舱口的高度和主机实际高度尺寸，核算浮吊的起吊高度，应满足在不影响起吊的情况下，还留有1m的活动余量，以便决定采用相应的挂钩形式和起吊工具。此时还应核算跨距，即根据机舱舱口中心到船舷的距离，选择浮吊最佳吊臂角度和跨距（用大型船坞造船，可不考虑压载和浮吊问题）。

（4）钢丝绳的负重核算。必须采用抗拉强度不低于1600MPa，直径不小于60mm的钢丝绳，总的安全系数不得小于5.5倍起吊重量。其长度是根据浮吊最大吊钩高、主机高度、吊装工具高度和机舱高度等因素来考虑，在有充分高度余量的情况下，钢丝绳越长越好，角度越小越安全。

（5）主机重心核算。精确计算主机重心位置，便于在主机拖运过程中控制其最大允许倾斜角，也便于正确选择钢丝套的受力部位，使吊钩垂直通过主机重心，从而使吊装时钢丝绳受力均匀，吊装平稳。

（6）起吊工具的准备。起吊设备以使主机在吊运时受力均匀、平稳为原则，一般多数采用箱式横梁结构，如图3-4所示。它是利用主机的贯穿螺栓作为负荷支承点，将横梁用特制螺栓与贯穿螺栓头部的剩余螺纹相连接，钢丝绳套挂在横梁的四个销轴上。四个销轴的位置必须根据主机重心位置来选择，使主机贯穿螺栓只受垂直拉力，吊运时的弯曲及扭曲力矩均由吊梁承受，以防止主机变形。

2. 机舱内的准备工作

1）柴油机基座的检验与加工

柴油机的基座是与船体直接相连的支承座，由基座纵桁、面板、肘板等构成。在面板上为了减少加工面而焊有固定垫，固定垫与柴油机座之间配有活动垫片，用螺栓将主机与基座固定在一起，其螺栓固定的结构已列在基础工艺中。

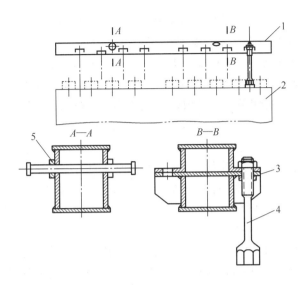

1—横梁吊架；2—主机；3—圆螺母；4—螺栓；5—调整垫片。

图 3-4　箱式横梁吊

柴油机基座有时在分段制造时就已经根据船体基准线进行安装，但一般是在尾部与机舱部合拢后，以尾管位置拉线定位装配焊接的，总的来说定位是比较粗糙的。当船体建造到一定程度，轮机外场进行施工时为了检查基座装配的正确性和划出固定垫装焊时的正确位置，确保柴油机正确地落在基座上，必须对基座进行检验。

基座的检验与轴系中心线的测定往往是结合在一起进行工作。这样是因为船体装配时有误差，而这些误差是依改变轴系中心线位置，用尾管孔留有加工余量来调整的，所以当检查基座时先把尾管的加工余量考虑进去后，再观察柴油机能否正确落到基座上。因为尾管加工余量有限，柴油机座与基座间的空隙有限，必须控制基座位置的公差，如图 3-5 所示。

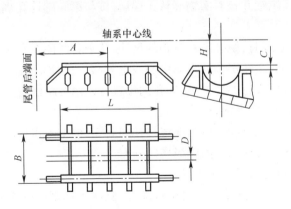

图 3-5　机座位置的检验

其公差范围如下：

轴向位置 A 的误差，可以用轴的长度来找正，一般偏差小于等于 $\pm 10\,\mathrm{mm}$。

基座宽度 B 的上偏差小于 $+10\,\mathrm{mm}$，下偏差小于 $-5\,\mathrm{mm}$。

基座两侧面板高度 C 的偏差小于 $3\,\mathrm{mm}$。

基座中心线与轴系中心线投影线之偏移的偏差小于±5mm。

基座支承表面至轴系中心线之高度 H 的偏差可以用垫片厚度来调整，偏差小于±3mm。

基座总长度 L 的上偏差小于+10mm，下偏差小于-5mm。

检查上述各尺寸时依据的基准是轴系的理论中心线，为测量方便应将其投影到基座面板上。测出轴向位置 A 的长度后，应当根据该尺寸核对轴系长度和决定轴的下料长度。

基座加工的主要工作是面板的加工，固定垫的焊接和平面的加工，以及螺栓孔的加工等项工作。

为了减少基座上表面加工工作量，基座面板上焊有固定垫片。在固定垫片焊接前，为了使基座面板与固定垫片贴合紧密，间隙应小于 0.10mm，在放置固定垫片处的基座面板要进行加工修平。固定垫一般在四周焊牢即可，垫片尺寸较大时，为了增加垫片与面板间贴合，可采用开孔塞焊的办法增加焊接面。

无固定垫片的基座面板要求表面全部加工，加工后应当进行刮削，用平板检查刮削的质量，一般要求每 25mm×25mm 内有 2~3 个油点，且与平板间间隙以 0.05mm 塞尺不能插入。

固定垫一般加工成 1∶100 的斜度向外倾斜，以利于研配活动垫时将活动垫片推入。

2）主机底脚螺栓孔的确定

当检查基座位置合格后，就可以在基座面板上画螺钉孔的位置了。划线时首先要确定主机输出端，即最后部底脚螺钉孔（第一螺钉孔）的位置，其他螺钉的位置以此孔为基准量出。第一螺孔轴向位置的具体尺寸从轴系布置中得到，但是不能直接用该尺寸作为划线的依据。因为船舶制造时的误差往往会造成实物与图纸规定尺寸间的差异，且当确定主机第一螺孔位置时尾管后部尚未加工，必须先选定加工后的后端面位置作为测量的起点。如果此时轴没有加工可以用改变轴的长度来补偿；如果此时轴已加工完毕，则必须用调整第一螺钉孔的位置来迁就轴的长度。此外，当确定第一螺孔的位置后，其他螺钉孔与第一孔相对位置尺寸，应当依据机座图纸并核对实物确认无误后，按与第一螺栓孔规定的距离尺寸划线和加工。

当画其他螺孔中心线时，螺孔左右分档的尺寸，从中分线向左右量出。在求出螺孔的纵向中心线后，以螺孔的间距在螺孔的纵向中心线上划线。这样就确定了其他各底脚螺钉孔的中心位置，找到中心后应打上样冲坑，螺孔的位置可以用等距法检查其准确性。对于预钻孔，钻孔后要求打磨上、下两平面，修除毛刺。

基座面板上焊有固定垫片时，应当在螺钉孔的周围，根据固定垫的尺寸划出放置固定垫片的位置，螺栓孔到垫片边缘的距离应当均匀分配。

3）主机端部、侧向支撑基座的确定

通过主机安装图上标出的柴油机自由端端部、侧向支撑基座的位置来定位。烧焊完毕后，要用小平板来研拂其表面，要求平整，用色油检查接触面均匀，接触面不小于 70%。

4）中间轴承底座及校中用临时支架的定位

由于整机吊装前，中间轴要预先放入指定位置，中间轴承可以设法与中间轴承轴颈紧固后一并吊入，所以要将中间轴承底座及校中用的临时支架，根据望光拉线中所得的数据，先做对其高低尺寸，前、后位置根据主机安装图定位烧焊。各加强支撑、临时油泵架烧焊完毕，记录尾轴法兰前平面到尾管平面的长度尺寸。

5）浇注环氧树脂准备

在主机地坑的两侧 6mm×30mm 的扁铁烧焊,用于主机环氧树脂的浇注。整个主机地坑需浇注环氧树脂的表面要进行打磨除漆、去锈斑。完成后,用防锈油或牛油脂涂抹防锈。

3.2.2 柴油机的吊装、调整、定位

1. 吊装

装好柴油机的吊装工具后,用起重设备缓慢提升至离地面 100mm,稳定 10min,检查吊装工具和钢索等均无异常现象后,再继续吊起。在吊运主机时,必须保持整机与船体倾斜度一致。

2. 调整

利用机座上的螺栓孔,用四根导向杆作引导对准主机底脚螺栓孔,使主机既平稳又准确地位于主机地坑上的临时木垫上面。

首先检查飞轮法兰与中间轴法兰的间隙、偏差。然后用油泵调整前、后、左、右、高、低位置;用专用的锲铁进行调节,使主机飞轮法兰与中间轴法兰的间隙为 2mm 左右,中间轴法兰与尾轴法兰的间隙也为 2mm 左右。先用自锁式油泵使螺旋桨轴有一定的向下附加力,使螺旋桨轴与前轴承轴瓦完全接触,记录油泵压力并锁住油泵。然后按照轴系校中工艺检查各法兰的偏移、曲折值,使主机飞轮法兰到尾轴法兰的整根轴系的偏移、曲折值都在规定的范围内,并向船东、船检进行交验。

3. 定位

当主机与整根轴系的偏移、曲折值都在范围内后,在临时油泵架的位置用油泵把主机固定（主机的高、低位置由于主机的自重不会发生变动）,并用普通螺栓将整根轴系连接起来。为不让其位置产生变动,配制临时定位销放进紧配螺孔内,尾轴法兰与中间轴法兰、中间轴法兰与主机飞轮法兰各配置两个定位销。

船舶轴系法兰的连接方法一般分两种:一种是紧配螺栓连接;另一种是锥套式液压紧配螺栓连接。目前,在船舶建造中,锥套式液压紧配螺栓连接已基本替代了紧配螺栓连接方式。

锥套式液压紧配螺栓的安装方法,如下:

安放液压相配螺栓,相配螺栓与法兰孔表面要涂抹二硫化钼（图 3-6）,旋上液压拉伸器泵到预紧力（图 3-7）,用液压拉伸器泵到规定压力并旋紧螺母（图 3-8）。

整根轴系连接好以后,向船东及船检交验。

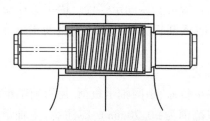

图 3-6　锥套式液压紧配螺栓的安装

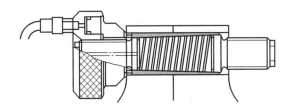

图 3-7 锥套式液压紧配螺栓的预紧

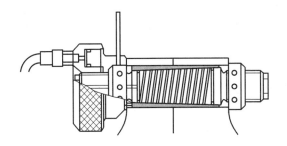

图 3-8 锥套式液压紧配螺栓安装完毕

3.2.3 柴油机的固定

1. 单配垫片固定

柴油机固定前,要根据对中后柴油机的位置刮削研配垫片,来填满柴油机机座下面与基座间的空隙。垫片的材料一般为低碳钢或者铸铁,铸铁比碳钢容易刮削和铰孔,使用较多。从连接螺栓的受力状态和钻孔铰孔方便考虑,垫片厚度不宜太厚,一般在 20~50mm,最小厚度规定铸铁的垫片不小于 15mm,低碳钢的垫片不小于 10mm。垫片面积的大小可按垫片上的压力来确定,由机器重量和固定螺栓而引起的总载荷应以不大于 $2000N/cm^2$ 为宜。

垫片研配刮削符合规定后,应进行垫片及基座的钻孔并上紧固定螺栓。为了使发动机和基座的相对位置固定,应当有一定比例的铰孔螺栓,对于铰孔螺栓的钻孔应留有铰孔余量。为了保证螺母与固定件无间隙,还须将螺栓孔的上、下两个平面刮平。当螺栓孔直径较小时,垫片和基座可以一起钻。为了钻孔的方便,可先在机脚中放一套筒,以套筒定位钻孔,然后取下套筒再行扩大钻孔,直到规定的尺寸。当螺栓孔直径较大时,垫片可在车间先行钻孔,但螺栓孔的位置必须正确,否则如果再须铰孔,则会形成单边。

螺栓孔钻孔,铰孔完毕后,即可安装固定螺栓。固定螺栓安装时应当从中间开始向前后方向扩展,且应依对角线方向逐渐扳紧,以防止机座变形。底脚螺栓紧固顺序如图 3-9 所示。

2. 浇注环氧树脂垫片固定

首先将主机后三道主轴承负荷、中间轴承负荷、尾管前轴承负荷与主机各缸曲柄臂差值调整到规定的范围内(容许范围为 ±0.20mm),应注意:主轴承测力时,切勿超过主轴承与曲轴的间隙值。

若上述各项相关数据在范围之内,并得到船东、船检认可之后,就可以准备浇注主机机

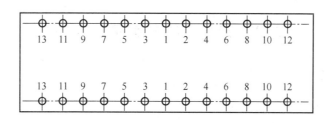

图 3-9 底脚螺栓紧固顺序

座环氧树脂垫片(或配制楔形垫片)。检测主机每块环氧树脂垫片的高度(允许厚度误差为±5mm)。

浇注环氧树脂垫片的准备工作,如下:

(1) 环氧树脂垫片的浇注处应做好清洁工作,无杂质、无水、无油污。

(2) 工具准备:40mm×40mm×600mm 木棒 4 根、木塞或橡皮塞、小刀 2 把、搅拌机 4 套、小镜子 2 面、油灰填料、四氯化碳清洁剂、导流漏斗 4 只、带闸刀开关电源线板、防黏喷剂、试样样框架 2 只、海条、清洁布、临时调节铁皮、钢质填充板、油脂、浇注用环氧树脂原料。

底脚螺栓一般是用液压拉伸器来紧固的。为避免机座因紧固不当而引起变形,紧固应由中间部位向两端依次进行。

安装主机的底脚螺栓时,应按要求分两次对主机底脚螺栓泵紧,紧固方法和连接螺栓类同。完成后,向船东、船检交验。

主机底脚螺栓泵紧后,复测中间轴承与尾管前轴承的负荷,将其尽可能调整到接近主机环氧树脂垫片浇注前的负荷记录。用三脚卡板测量主机自由端部、主机左右侧向支撑块的尺寸,经机加工后,拂配自由端部、侧向支撑块。安装主机自由端部支撑块连接螺栓并按要求分两次泵紧(第一次:600bar;第二次:900bar),泵紧后向船东、船检交验认可。

拆除主机固定用油泵,同时测出主机三道回油孔高度并加工调节环,测定实际回油孔位置,焊接安装完整,检查中间轴承和尾管前轴承处的负荷是否符合轴系校中的要求(如不满足要进行调整)。根据轴系校中的要求调整中间轴承垫片的实际高度。

浇注中间轴承底座环氧树脂垫片(或配制楔形垫片)。待环氧树脂垫片硬度符合要求后,安装 4 只中间轴承的底脚螺栓(其中两只拂螺栓用螺纹绞刀配制到规定标准),按要求泵紧,并向船东、船检交验。测出中间轴承、尾管前轴承、主机后三道主轴承的负荷和主机曲柄臂差值,并向船东、船检交验认可。拆除中间轴两个临时支撑架及尾轴的临时油泵,安装 4 套液压式主机横撑,并泵紧。

由于整机安装定位结束后,到定位进行系泊试验还有一定的时间,所以必须定时对柴油机进行维护,为了防止柴油机的运动部件锈蚀,还要加润滑油用转车机转车。

柴油机校中后,应当保持与轴系等相连接部件间的相对位置。柴油机运动部件不平衡的惯性力和惯性力矩较大,加上船舶在飘浮摇摆时发动机的侧倾力以及转弯时发动机的惯性力等要求,所以柴油机必须与基座牢固地固定(除了特殊用途的船舶要求柴油机下面安装减振器进行隔音减振外,绝大部分船舶都是与基座刚性连接)。为了定位,常设置铰孔紧配螺栓,有些大型柴油机侧面用楔块定位。

3.3 柴油机的分组吊船组装

3.3.1 准备工作

1. 机座组件吊装前的准备工作

1) 机座组件到厂后准备工作

(1) 机座两侧路台支架面板安装(两面从首向尾各装3块)。

(2) 机座调整锲铁的位置按图纸划出,并在机座两面作出记号。

(3) 机座下平面可清洁的部位清洁后涂防锈油。

(4) 机座上的机带除湿机开启,飞轮法兰封板拆除以备镗孔。

(5) 清洁机座上平面、主轴颈,涂油并用牛皮纸或橡皮封盖。机座内部曲轴、曲柄、曲柄销清洁保养,涂抹轴瓦专用防锈油并用牛皮纸包好。使用除湿机保持机座内部干燥。

(6) 曲轴输出端法兰镗孔前平面清洁,转车机临时电源接通并能正常运转。

(7) 曲轴输出端法兰与中间轴连接后镗拂螺丝孔。

(8) 镗孔后清除铁屑。

(9) 主轴承盖、主轴承油孔应放置油杯,并且经常检查,加注润滑油。

2) 机座吊船前准备工作

(1) 预先松妥机座支架螺母。

(2) 拆除转车机临时电源。

(3) 拆除转车机(本机因为吊装时受舱口尺寸限制,故拆除。一般情况下柴油机分组吊装不拆除转车机)。

(4) 拆除机座支架,机座支架移位固定后,清洁剩余部分并涂防锈油。

3) 吊机前在机舱内准备工作

(1) 清洁机座的水舱面,机座垫片安装面涂防锈油。

(2) 木垫块(上、下摆放铁皮)按要求摆放到位。

(3) 锲铁、电动泵、高压软管、100T扁形双柱塞、100T柱塞、手压泵、200T柱塞、各类锲铁配调节铁板(5~10mm)和铁皮(1~2mm),外形与锲铁一样,长短为锲铁的1/2,摆放在两面空当处。

(4) 端部木垫和侧向木垫待主机吊装前摆放到位,侧向木垫块摆放在单面,前后各一块,机座落地前尽量靠拢侧向木垫。

(5) 主机飞轮法兰与中间轴法兰进挡前安排人员摆放铜皮。

(6) 吊机座前,机舱内所有影响机座吊装的管子、风管等全部拆除。

(7) 配合工作人员预先安排准备到位,工作位置和安全警示落实到位。

2. 机架组件吊装准备工作

1) 机架组装到厂后准备工作

(1) 清洁机架上平面,清洁后木板重新盖妥。

(2) 拆除有碰撞的路台部件,包括自由端路台、飞轮指针、测速传感器支架及有碰撞的管子。

(3) 将油拉杆和填料函预先摆放至机架内并固定扎牢。

2) 机架组件吊船前准备工作

(1) 预先松妥搁墩支架螺栓。

(2) 检查吊装工装件螺栓（65mm 扳手两把）。

(3) 拆除支架螺栓,在预定位置固定后清洁机座下平面（不须涂防锈油）。

(4) 清洁机座上平面。

(5) 机座机架引销（2 只 $\Phi 67.5 \times 300$mm）、清洁拂螺栓孔,作出记号。

(6) 机座机架连接螺栓、螺母预先吊船,摆放到位。

(7) 链条胀紧螺栓预先吊船。

(8) 连杆大端拉伸器（M95×6mm×2 组）预先吊船,泵压工具准备到位。

3. 汽缸体组件吊装准备工作

1) 汽缸体组件到厂后准备工作

(1) 清洁汽缸体下平面。

(2) 清洁汽缸套、填料函。

(3) 扫气箱内放置除湿机。

(4) 预先拆除影响吊装路台支架的附件,包括首尾下平台及上平台四周栏杆、汽缸体排气侧第 9 根、第 9 根路台支架上面的花铁板开孔（$\Phi 100 \sim 120$mm）4 只,支架前、后各一个,便于吊运时采取平衡措施。

2) 汽缸体组件吊舱前准备工作

(1) 旋松搁墩支架螺栓。

(2) 汽缸体吊装工装件的螺母检查。

(3) 拆除搁墩支架螺栓,汽缸体吊到预定位置固定后,清洁未清洁部位,安装滑油管,并用螺栓固定。

(4) 清洁所有连接螺栓孔,并对其中用作引销孔的螺栓孔做出记号。

(5) 汽缸体与机架连接法兰、卡套、闷板、闷头全部拆除。

(6) 拆除盖板、三防布,清洁机架上平面。

(7) 拆除除湿机电源。

(8) 拆除机架上露台支撑杆螺栓。

(9) 汽缸体吊装前,在汽缸体上固定好增压器滑油管。

4. 机座吊装前机舱内的准备工作

柴油机分组吊装和柴油机整机吊装在主机机座吊入机舱前,机舱内的准备工作是基本一致的。

3.3.2 大件组装

1. 机座安装

(1) 根据所划出的基座中心线和螺栓孔中心线,将主机的机座位置初步落在预先布置的临时位置上。

(2) 主机自由端油泵临时支架定位烧焊,输出端油泵临时支架按实际情况落料拼装定位烧焊。

(3) 用液压千斤顶抬高主机,将木垫块抽出,把调整锲铁放到机座的指定位置,同时调整锲铁,按轴系校中工艺的要求调整机座高度,调整值比校中工艺要求值高 2mm 左右,因为 A 架、缸体安装好以后机座还会下沉。

(4) 用液压千斤顶调整柴油机的前后左右位置。检查飞轮法兰与中间轴法兰的间隙、偏差,将法兰的间隙调整到 2mm 左右。记录螺旋桨轴平面与尾轴管平面的距离。

(5) 安装转车机,电源接通正常运转。

(6) 机座初平,同时检查主机底脚螺栓孔位置偏差。

(7) 根据服务商技术要求平整机座,使机座的平面度、扭曲度、平行度达到技术要求(误差±0.1mm)。

(8) 将用两只框式水平仪测量机座上平面纵向和横向的平行度。

(9) 将贯穿螺栓下螺母吊到各缸处,待装。

应注意以下几点:

(1) 左右临时油泵架位置不要与锲铁副位置相重复,以免影响机底的调整。

(2) 路台支架的装复工作不要影响柴油机的安装。

(3) 操作者在主机内工作必须穿鞋套,保持清洁。

(4) 工作结束后,盖妥主机的三防布,防止杂物进入。

2. 机架组装到位后工作

(1) 在船上安装时,先在机架与机座的接合面之间涂一层硝基清漆,以增强密封性。然后,按标记将机架与机座的紧配螺栓孔对准,用引销引入,并将机座与机架的连接螺栓装妥并预紧。最后在贯穿螺栓泵紧后,机座与机架的连接螺栓预紧,要求预紧力矩为 100N·m 并多扳 50°。

(2) 取出引销,装入紧配螺栓并预紧。拆卸吊装工装件螺栓。

(3) 清洁十字头连杆大小导板并涂润滑油,每缸前端旋松一块小导板,便于连杆安装。十字头连杆吊装前应做好清洁工作,并罩好帆布。安装吊装吊环和起吊时的平衡工具。当十字头连杆安装进挡时,在前滑块、导板、曲柄销轴颈上涂润滑油(904#滑油)。十字头连杆安装接拢。

(4) 十字头连杆根据汽缸的发火顺序来安装。为便于安装,先将曲柄销转至上死点前或后 90°位置,吊进连杆大端轴承轴瓦,再将曲柄销转至上死点,然后与连杆下轴瓦连接,旋紧螺母。

(5) 每组十字头连杆按工艺要求安装到位后,清洁十字头连杆并套好白帆布。装好进回油装置并封口。拆除主轴承进油管闷板,填料函、泄放管吊船安装,油杯移位摆放。安装机架与汽缸体的连接螺栓。

注意:进油装置螺栓旋紧力矩为 600N·m,螺母旋紧力矩为 100N·m 并多扳 50°,回油装置螺母旋紧力矩为 100N·m 并多扳 50°。十字头连杆装配前必须修整毛刺,做好清洁工作,安装后用塞尺检查,要求侧面不大于 0.05mm、正面为 0。

3. 缸体组件到位后工作

柴油机汽缸体安装时,汽缸体与机架接触面也要涂一层硝基清漆,机架与汽缸体以引销来对准紧配螺栓孔,装入连接螺栓并预紧。

(1) 取出引销,装入紧配螺栓并预紧。旋松吊装工装的螺母,拆除吊装工装。

（2）贯穿螺母拉伸器（M160×6mm×2组）吊船前做好清洁工作,拆除铁皮保护帽,安装吊装吊环和尼龙保护帽。安装贯穿螺栓下螺母（螺母与机座平面间隙留余量0.4mm,如不平正,则保证最小点留间隙0.4mm）。贯穿螺栓按工艺要求逐个安装到位。

贯穿螺栓是承受拉应力的,安装时必须保证每一个螺栓的受力均匀。贯穿螺栓的紧固顺序应从柴油机的当中开始,按规定顺序向两端推行。采用双拉伸器紧固时,可以同时紧固两个螺栓,这就要求两个拉伸器的油压和活塞截面积必须相等,这些连接部件的变形将会在曲轴臂距差上反映出来,因此贯穿螺栓的紧固质量可以用测量曲轴臂距差来检验。

贯穿螺母按要求应分两次泵紧,使螺栓变形缓增（第一次:400bar,第二次:900bar）,并分别记录原始数据和两次泵紧数据,紧固力应均匀。

（3）贯穿螺栓泵紧后,将贯穿螺栓保护帽安装好,并将机架与机座、机架与汽缸体的连接螺栓全部泵紧。

（4）链条的安装。预先拆除链轮箱上盖,打开机左侧刀门,并准备好链条导向木板或铁皮板。安装链条和张紧架时,先将飞轮指针装复,然后转车将飞轮读数调至零位,用样棒校测曲轴定时,凸轮轴转车调至零位,用样棒校测凸轮轴定时,并将凸轮轴传动齿轮两面固定。为了使链条连接方便,转车将飞轮读数调至358°。将张紧架拉起,至张紧螺栓齐平,连接链条并要求张紧到720°。

（5）活塞连杆装置的安装。由于柴油机主要在正车工况下运转,因此正车滑板的磨损大于倒车滑板的磨损。固定式十字头式柴油机应考虑使正车滑板一侧间隙要大于倒车一侧间隙0.10~0.15mm,活塞与汽缸的间隙大于0.10mm。

安装活塞连杆装置的专用吊装工具,清洁活塞上平面,安装减震垫片和连接双头螺栓,清洁填料函接触面,活塞导向环预先按要求摆放妥。安装时,在活塞连杆、刮油环、填料函、"O"形圈上涂润滑油或牛油脂,活塞连杆和填料函方向位置要正确,其连接螺栓按照规定旋紧力旋紧。

（6）汽缸盖的安装,应严格按照主机说明书来操作。预先放入汽缸盖挡尘圈和汽缸盖垫片,清洁汽缸盖泵压螺母的平面。紧固汽缸盖螺栓时,采用成套的液压拉伸器可一次拧紧所有汽缸盖螺栓,不会造成汽缸盖漏气现象。

（7）主排气管安装。拆除主排气管支架弹簧销和螺栓,检查所有排气管接头处的石棉床,同时拆除排气管接头处的闷板。先后安装排气管变形接头、高压驱动油管、高压油管、启动空气管和冷却水管等附件。高压驱动油管旋紧力矩为240N·m,高压油管旋紧力矩为300N·m。

（8）安装所有的主机附件。

（9）装复各层路台栏杆。

（10）主机安装结束后盖好三防布,整理现场环境。

3.3.3 安装质量检查

1. 检查内容

柴油机安装质量的检查贯穿在整个安装过程之中,应当随时检查,发现安装过程中出现的问题,予以纠正。

在柴油机定位后,研配垫片,如果质量达不到要求,则会改变柴油机与轴系的对中,所以当基座四角处安装了垫片后就要复查对中质量,发现偏了,及时纠正。

在所有垫片都已研配后,底脚螺栓固紧前,必须检查对中情况有否变化,而在固紧后还要再一次进行对中的检查。

当柴油机安装好后,还要进行下列检查,以确定安装后柴油机是否发生变形。

(1) 机座上平面的平面度(解体安装)。

(2) 曲轴的臂距差。

(3) 用塞尺或压铝检查主轴承间隙的变化。

(4) 用塞尺检查各零部件贴合的紧密度。

(5) 用压铅法检查齿轮的啮合间隙。

(6) 检查活塞与气缸套的间隙。

(7) 当所有检查合格后,在曲轴输出端与轴系连接法兰处同时铰孔,并安装铰孔螺栓。

上述各项检查中曲轴的臂距差在安装过程中要进行测量,其数值应当与试验台上装配时测得的数值接近,在试航后还要进行测量。

2. 曲轴臂距差

曲柄销在上、下死点(或左、右水平位置)时,两个曲柄臂之间距离的差值称为臂距差(俗称为拐挡差)。曲轴臂距差的大小反映曲轴的轴线状态。曲轴臂距差值过大,表明曲轴变形严重,在运转中就会使曲柄臂与曲柄销连接的过渡圆角处产生交变的拉、压应力。这种交变应力的反复长时间作用,使此处的金属发生疲劳、产生疲劳裂纹,最后导致曲轴断裂。曲轴臂距差值越大,这种破坏速度越快,各轴承的磨损也越快。所以,为了保证曲轴的安全可靠运转,在安装柴油机时要测量曲轴的臂距差,并严格控制在规定的范围内。

若曲轴臂距差越大,则表明曲轴的应变及所受的应力越大,对各轴承的磨损也越快。为了保证曲轴运转时的安全可靠和耐久,在安装时对曲轴的臂距差必须严格控制在柴油机使用说明书规定的范围内。

1) 柴油机说明书

曲轴臂距差随柴油机机型、结构、尺寸和计算方法不同而异。各类柴油机说明书中均对其曲轴臂距差测量方法、安装值和极限值有明确规定。MAN-B&W型柴油机测量点在$((s+d)/2-10)$mm处,表3-3为柴油机冷态时的标准。

表3-3 MAN-B&W型柴油机曲轴臂距差标准　　　　单位:mm

机型	新机或刚修理		须重新对中的推荐值		最大的允许值	
	1*	2	1	2	1	2
L50MC/MCE	0.17	0.34	0.45	0.51	0.68	0.68
S50MC/MCE	0.23	0.46	0.61	0.69	0.92	0.92
L60MC/MCE	0.20	0.40	0.54	0.61	0.81	0.81
S60MC/MCE	0.27	0.55	0.73	0.82	1.10	1.10
L70MC/MCE	0.24	0.48	0.63	0.71	0.95	0.95
S70MC/MCE	0.32	0.64	0.85	0.96	1.28	1.28
L80MC/MCE	0.27	0.54	0.72	0.81	1.08	1.08

续表

机型	新机或刚修理		须重新对中的推荐值		最大的允许值	
	1*	2	1	2	1	2
S80MC/MCE	0.36	0.73	0.97	1.10	1.46	1.46
K80MC/MCE	0.24	0.48	0.64	0.72	0.96	0.96
L90MC/MCE	0.30	0.60	0.81	0.92	1.22	1.22
K90MC/MCE	0.27	0.54	0.72	0.81	1.08	1.08

注：1——正常值；

2——曲轴上装有扭振减振器、调频轮、弹性联轴节等时，首尾两个曲柄的允许值；

1*——用于判断曲轴变形测量的正确性。

2) 中国船级社规定

在《海上营运船舶检验规程》(1984)中规定曲轴臂距差测量点在 $(s+d)/2$ 处。曲轴与轴系连接后冷态下的臂距差 Δ，经修理试车后 $\Delta \leqslant 0.125s$，营运中允许范围 $(0.125 \sim 0.25)s$，最大极限为 $0.30s$。

3) 中国修船标准

《中华人民共和国船舶行业标准》(CB3364—1991、CB/T3544—1994)分别对船舶柴油机发电机原动机和船舶主柴油机曲轴臂距差的规定，如下：

《船舶柴油发电机组原动机修理技术要求》(CB3364—1991)规定曲轴臂距差测量点为 $(s+d)/2$ 处，曲轴与发电机连接后冷态臂距差标准为，正常值不大于 0.000125s，修理中不大于 0.00015s，飞轮端如为弹性联轴节，则可适当放宽至不大于 0.000175s。

《船用柴油机曲轴修理技术要求》(CB/T 3544—1994)规定船用主柴油机整体式和组合式曲轴臂距差值应符合如图 3-10 所示要求，测量点在 $(s+d)/2$ 处。

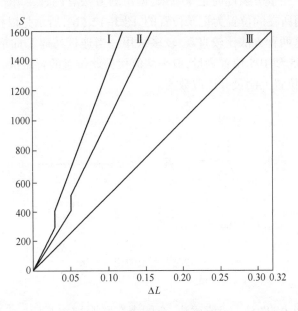

图 3-10　曲轴臂距差标准范围

图 3-10 中Ⅰ线左上方为在车床或平台上最佳值；在Ⅰ、Ⅱ线之间为优良值；在Ⅱ、Ⅲ线之间为合格值，Ⅲ线为最大允许值。

3. 曲轴臂距差的测量

1）测量位置

臂距差是用专用千分表（俗称为拐档表）或采用特制的支架上装一个普通百分表，放置在曲柄臂之间来测量的。

由于曲柄臂上各点之臂距变化不相同，因此测量臂距差应规定在一定的位置上进行，通常是将拐档表放置在距曲柄轴颈中心线$(S+D)/2$的位置上，S为活塞行程（mm），D为主轴颈直径（mm），如图 3-11 所示。

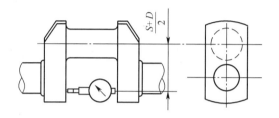

图 3-11 臂距差测量

一般在柴油机出厂的技术文件中，除了注明臂距差的规定数值外，还标明测量点的位置，或在柴油机的曲柄臂上画出测量点的位置记号。

对每一组曲柄臂应测出上、下、左、右四个位置的臂距值，即得到上下和左右两个臂距差。通过相对位置臂距差的比较分析，就可得曲轴轴线在垂直面和水平面的挠曲变形情况。

2）记录方法

测量所得到的臂距值 L 要随时记录下来，记录的方法有两种，如图 3-9 所示。图 3-12 (a) 所示是以曲柄销所在的位置为记录位置的，图 3-12 (b) 所示是以拐档表所在的测量位置为记录位置的。这两种方法比较直观，较多采用。当连杆妨碍了曲柄销在下死点位置的测量时，可分别在 165 和 195 位置测量，取平均值代替此位置的臂距值。若运动部件尚未连接，则可直接在 180 位置上测量并读取数值。

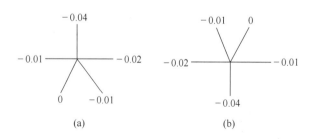

图 3-12 臂距值的记录方法

3）臂距差的计算

首先要熟悉拐档表的"+""-"值读法，有的表在臂距增大时读"+"，而有的表此时却读"-"，所以必须注意，以免造成测量后的判断错误。

计算时应将 L 值的正、负号一起带入下式计算：

垂直平面的臂距差：$\Delta_{垂直} = L_{上} - L_{下}$；

水平平面的臂距差：$\Delta_{水平} = L_{左} - L_{右}$。

测量结果按图 3-12（b）记录代入上式计算时

$$\Delta_{垂直} = L_{上} - L_{下} = 1/2 \times (-0.01 + 0) - (-0.04) = 0.035 \text{（mm）}$$

$$\Delta_{水平} = L_{左} - L_{右} = -0.02 - (-0.01) = -0.01 \text{（mm）}$$

计算结果 $\Delta_{垂直}$ 为（+）值，表明曲柄销在下死点位置时曲柄臂张开而成"上开口"的拱腰形，若为（一）值则表明此时曲柄臂收缩而成"下开口"的塌腰形；$\Delta_{水平}$ 为（+）值表明曲柄销在右平位置时曲柄臂张开而呈"左开口"，反之为"右开口"。

注意：在上述计算过程中的 $L_{上}$、$L_{下}$、$L_{左}$、$L_{右}$ 等都是以拐挡表所在位置的测量值代入的，而不是曲柄销处的位置，如 $L_{上}$ 是指拐挡表在上死点 0°，而曲柄销在下死点 180°位置的测量值。$L_{下}$ 指拐挡表在下死点 180°，而曲柄销在上死点 0°位置的测量值。若按图 3-9（a）的记录来计算时要注意区别，但判断结果应相同。

4）臂距差的调整

臂距差测量后的计算结果，可以记录成表格的形式，如表 3-4 所列。

表 3-4 臂距差测量的计算结果　　　　　　　　　　　　　单位：mm

曲柄位置	Ⅰ	Ⅱ	Ⅲ	Ⅳ	Ⅴ	Ⅵ	Ⅶ	Ⅷ
上下下臂距差	-0.01	0	+0.02	+0.03	+0.06	0	+0.02	+0.04
左右臂距差	+0.01	-0.01	-0.01	-0.01	-0.04	-0.03	-0.01	-0.01

必须说明的是，测量臂距差的结果，只能反映出曲轴轴线的挠曲状态和各轴承的高低趋向，而不能说明各主轴承的高低绝对值，也无法判断造成轴线挠曲的原因是主轴承磨损或安装误差，还是由于机座产生了变形。所以，在测量出各臂距差的同时，必须用桥规测量各主轴承的下沉量。用塞尺将测量所得的桥规与主轴颈的间隙值与出厂时的数值对照，如不一致，说明该道主轴承下沉。

若测得的臂距差和桥规测量所得的主轴承下沉量一致，则说明轴线的挠曲是由于主轴承本身中心线不同轴所致。若两者有矛盾，则说明机座变形。因为当机座变形时，各轴颈的桥规值是不变的，所以在主机定位安装时首先要检查机座的平直度，以及与基座的结合是否紧密。

机座产生变形呈凹形状态时，应该将主轴承及其邻近基座下垫片的厚度抬高来进行调整，使臂距差达到规定的范围。在主机安装过程中调整时，只需调整该处的液压千斤顶及其相邻的楔形可调垫块的高低。

4. 产生臂距差的原因

影响柴油机曲轴臂距差的因素很多，主要有以下几个方面：

（1）主轴承的不均匀磨损，使主轴承中心不同轴。

（2）机座垫片高度的误差等，使机座产生变形。

（3）机架贯穿螺栓预紧力的影响。

（4）校中及输出轴与轴系连接的误差。

（5）各缸最大燃烧压力的差异。
（6）因船舶装载或风浪影响,使船体变形,引起机座的变形。
（7）活塞运动部件的质量影响。
（8）飞轮部件的质量影响。

在安装阶段造成曲轴臂距差,主要是轴承和垫片高度误差,从测量臂距差的结果,只能反映出曲轴轴线的挠曲状态和各主轴承的高低趋向。特别是,经过系泊试验等运行后,常无法判断造成轴线挠曲的原因是由于主轴承磨损或安装误差,还是由于机座产生变形。

所以,在测出各臂距差的同时,必须用桥规测量各主轴颈的下沉量,测量方法如图3-13所示。将桥规紧压在主轴承的检验平面上,用塞尺测量桥规与主轴颈的间隙口,将所得数值与前一次测量记录（或出厂的数值）加以比较,即可得知该轴颈的下沉量。测量时,应在轴颈前后各测量一次,取其平均值。如果只测一个数值,则应把桥规放在轴颈中部。

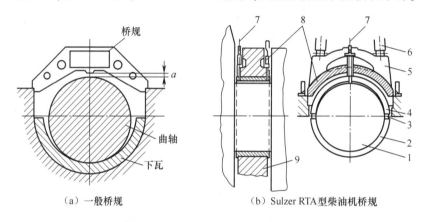

（a）一般桥规　　　　（b）Sulzer RTA型柴油机桥规

1—曲轴;2—下瓦;3—垫片;4—上瓦;5—轴承盖;6—撑杆螺栓;7—测深尺;8—桥规。

图3-13　桥规测量轴承下沉量

若测得的臂距差和桥规测量所得主轴承下沉量的变化趋向一致,则说明轴线的挠曲是由于主轴承、主轴颈或轴瓦等因素所致。若两者有矛盾,则说明机座发生变形。因为当机座变形时,各轴颈的桥规值是不变的。所以,在测量臂距差之前应首先检查机座的平面度。若曲轴的臂距差是由于各主轴承中心线不在一条直线上时,可能是轴瓦磨损,则应当更换轴瓦。而当主轴承中心在一条直线上时,臂距差可能是主轴颈磨损,此时可以更换加厚的轴瓦,或者修补主轴颈来加以解决。

3.4　主机安装实例

实例机型:HHM-MAN-B&W 6S50MC-C,两冲程单作用,可逆转,带有废气透平增压器的十字头式船用柴油机。

3.4.1　浇注主机环氧树脂垫块

1. 材料和工具

（1）足够用量的环氧树脂（包括10%余量）。

(2) 按船级社认可的垫块模框所需的材料,如下:
① 泡沫条、泡沫管条;
② 密封胶泥;
③ 3mm 厚钢板条(6100mm×100mm;3150mm×100mm 各两根)。
(3) 脱膜剂 PR-225。
(4) 牛油。
(5) 手提钻、搅拌叶轮(转速 200~500 转/min)。
(6) 便携式温度计。
(7) 巴氏硬度计。
(8) 手套、尺、割刀或剪刀。
(9) 配 20 盏碘钨灯(冬天使用)。

2. 准备工作

(1) 环氧树脂垫块的材质应取得船检认可。
(2) 在验船师和船东代表在场时校正主机,并按正常调高 0.001X（X 为实测垫块厚度）。
(3) 浇注前应将基座上的侧向支撑等的焊接及其他焊接工作全部完工。
(4) 浇注前须进一步将主机底平面及基座上平面全部清洁干净,在环氧树脂接触的表面应无任何油脂、油漆、锈斑、斑驳的油漆和任何应力集中点。
(5) 将柔性的泡沫条切割成相应尺寸,根据 DNV 所批准的图纸尺寸塞入主机与基座平面之间,并紧密贴合上下平面,形成液密的垫块模壳。
(6) 在定位螺栓的表面(仅在主机及基座之间)包覆一层薄薄的泡沫条,以便在环氧树脂固化后能将定位螺钉取出和防止应力集中点。
(7) 将泡沫管条插入底脚螺栓孔内,完全插入后检查泡沫管条是否有凹陷不平处(在主机及基座之间)并纠正,以防泄漏环氧树脂,当环氧树脂固化后,螺孔内光顺整齐,便于塞入底脚螺栓。
(8) 两块垫块之间,机座板边缘处设置测量销,顶点距机座下平面约为 1mm,主机处设置 4 个。
(9) 将脱模剂 PR-225 喷入已形成的垫块模壳内,并在扁钢挡板与环氧树脂接触的一面喷两层脱膜剂,环氧树脂固化后便于移去挡板,防止黏结。
(10) 根据垫块制造厂要求,将扁钢挡板点焊基座表面,沿主机机座边缘要求挡板宽出主机、挡板高度比环氧树脂垫块厚度一般高出约为 50mm,本船主机机处高约为 100mm。
(11) 在扁钢挡板的底边,用牛油脂混合的密封填料,填密缝隙,以防止环氧树脂渗漏。
(12) 按照验船师和船东的要求浇注前、后核对压缩量。
(13) 在浇注前重新对中读数是否满足要求。
(14) 浇注环氧树脂垫块须经专门培训,持有操作证书,根据垫块制造厂的要求进行。

3. 搅拌和浇注

在混合环氧树脂及浇注过程中,应保持周围环境无打磨、电焊气割等工作的进行。
(1) 先打开桶盖,然后根据图 3-14 所示的温度-厚度关系曲线图相应的固化剂用量,将固化剂倒入桶内。注意:必须按图 3-14 所示的要求准确倒入固化剂用量,不可将剩余固化剂累积在一起使用,这样将会引起混合比例的错误,导致质量事故。当垫块厚度和环境温度达到曲线图所示分层浇注处,须在现场服务工程师的指导下进行分层浇注。

(2) 将搅拌桨叶装在低速电钻上(200~500r/min),准备搅拌环氧树脂。将已倒入固化剂的桶用两腿紧紧夹住,然后开始用电钻搅拌环氧树脂,搅拌时桨叶必须全部埋入环氧树脂里面,以防止将空气混入环氧树脂,用力搅拌2~3min,直到桶内的环氧树脂全部均匀混合,倒入到垫块模壳内。

(3) 混合后的环氧树脂应立即进行浇注,倒入时应选择在浇注槽口的最低点,缓缓倒入,直到液面升至浇口高度为止。浇口高度一般高出实际垫块厚度20mm。同时,做两只40mm×40mm×40mm的试样。

(4) 在浇注完成后,应确保所有的垫块模壳内充满环氧树脂,并仔细检查是否有泄漏。若有泄漏应及时迅速地补救,并重新填满已泄漏的部分,同时可适当沿泡沫管圆周用手释放空气,避免由于空气释放不够而产生的空泡和间隙。

(5) 环氧树脂完全固化取决于当时的环境温度,时间为24~48h。当冬天环境温度低于15℃时,为了加速固化时间,需要使用加热器以提高周围的温度,使用碘钨灯在垫块处产生的温度在20~25℃,保温48h。夏季气温接近或超过30℃时,在主机四角用风对着吹,使之尽快散热降温。

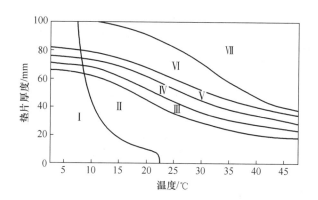

Ⅰ—需加热;Ⅱ—最佳区;Ⅲ—硬度降低1/4;Ⅳ—硬度降低1/2;
Ⅴ—硬度降低3/4;Ⅵ—硬度全失区;Ⅶ—需重新浇注。

图3-14 环氧树脂垫块温度-厚度关系曲线图

4. 浇注后的工作

环氧树脂垫块浇注后固化前,在主机上停止一切工作。

(1) 将泡沫条从螺孔中取出,以便放入底脚螺栓。

(2) 将定位螺栓放松,主机重量完全由环氧树脂来承受,将底脚螺栓塞入螺孔并准备上紧。

(3) 主机底脚螺栓采用专用液压拉器,上紧油压为150MPa。

(4) 底脚螺栓紧固后复测主机曲臂距差,应符合要求。拆除挡板并修正垫块边缘。

(5) 用试样进行硬度试验并向船东、船检报验。巴氏硬度大于35、抗压强度大于93N/mm^2。

3.4.2 安装主机地脚螺栓

1. 穿入地脚螺栓

(1) 环氧垫块浇注,环氧垫块固化经报验合格后,清除密封挡条、地脚螺栓孔木塞,并将螺栓内孔及上下、平面清洁平整。

(2) 将地脚螺栓穿入螺栓孔内,同时放松主机顶升调节螺栓,主机前后左右顶推调节装置不得松动。

2. 上紧地脚螺栓

将机座分为三个部分:前部、中部和后部,按照图 3-15 所示编号和箭头的方向顺序上紧主机地脚螺栓(使用专用液压拉器(随主机带),上紧油压为 150MPa)。

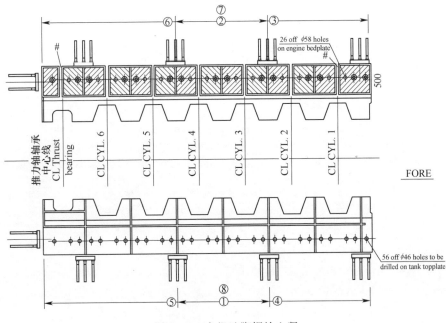

图 3-15 主机地脚螺栓上紧

3. 测量

(1) 在上紧主机地脚螺栓前后,分别测出测量销与主机机座下平面的间隙,做好记录,计算出环氧垫块的压缩量,应不超过规定值。

(2) 松开主机左右、前后移动调节装置螺栓;尾轴加固装置松开并拆除。

(3) 测量主机各缸曲轴臂距差,并记录。

4. 安装侧推装置和止推装置

(1) 画出左右侧推支撑板的位置,注意安装方向。保证活动衬板由艉部插入,支撑板与活动衬板内场应经拂配,接触面不少于80%,着色检查,色点每25mm×25mm上不少于4点。

(2) 划出端部止推块安装位置,注意安装方向,保证活动衬板由上向下插入,止推块和活动衬板内场应经拂配,接触面不少于80%,着色检查,色点每25mm×25mm上不少于4点。

(3) 侧推支撑板和端部止推块在主机基座面板上定位应报验合格,然后进行烧焊。

5. 安装横撑装置

按图3-15所示安装主机右侧顶部横撑装置(共五套),螺栓预紧力,主机一侧为470N·m,船体结构侧为120N·m。

复 习 题

1. 主机安装的工作内容包括哪几个方面?
2. 光学投射法校中主机的步骤是什么?
3. 吊装核算包括哪些内容?
4. 什么是曲轴臂距差?如何测量和记录?

第4章 船舶辅机的安装

4.1 概　　述

4.1.1 辅机分类及安装方式

随着现代造船技术的不断发展,各大船厂都把提高工作效率、缩短造船周期作为工厂追求的目标。工厂大力推行以中间产品为导向,实行壳、舾、涂一体化的生产模式,船舶分段的划分越来越大,造船进度也越来越快。在造船过程中,船舶辅机的安装工作必须与船体分段的建造相适应,实行同步施工,即在船体分段制造的同时,在分段上就进行船舶辅机的安装。有时船舶辅机也会被制成单元,与船体的分段的施工同时完工。

根据辅机结构和工作时要求条件可分三类,如下:

第一类辅机,包括动力传动中原动机和从动机的对中及安装,大型设备的解体安装等。常见的有柴油机与发电机之间的对中和安装;大型锚机以船体上的基座为基础,把各部件运到船上后装配成一个整体;受到甲板上布置的限制而布置在上、下两层甲板上的绞缆机等部件的组装。

这类辅机的用途有动力和运动传递之分,设备或部件间要求相对位置准确并且在工作中要保持相对位置关系,因此安装时要求严格对中,对中后机座下面要研配垫片,机座的紧固螺栓中设有紧配铰制孔用螺栓或以定位销定位。

第二类辅机:这类辅机的原动机和拖带的设备已安装在公共底座上,或者是具有较强底座的设备。此类的辅机有柴油发电机组、中小型的锚机、起艇机、直联泵、风机等。

这类辅机的安装是将设备通过机座与船上基座的连接固定下来,以便能正常工作。因为无机械或部件间相对位置的找正和固定工作,所以安装要求较低,如果公共底座或机座强度足够,则公共底座或机座与基座间可采用钢质单配垫片、减振器等进行安装。

第三类辅机,包括无动力的设备、箱柜、容器、滤器、热交换器等。这类设备要求安装牢固可靠,基座平面平整即可,垫片可以采用厚薄不等的金属板凑成,不需要研磨刮削。对于有热胀伸长的热交换器,底脚结构上应当有不限制热胀的措施。

由于现代船舶辅机的种类很多。随着预舾装工艺的发展,其结构的特点和在船上布置的情况,各类辅机上船安装的方式可归纳为以下几种。

(1) 单台辅机直接进行安装。例如:焚烧炉、各类泵、热交换器、滤器、空气瓶、压力柜、辅锅炉热水井等。

(2) 把原动机和从动机械组装成一个机组,装在同一机壳或共用机座上(或称为机组单元)进行安装。

(3) 把辅机机组与功能性附属设备及管路在车间内组装成一体的功能性单元(因其体

积一般较大,而且刚性较低,常需加装临时支撑或支架),如分油机功能单元、淡水制造单元等。

4.1.2 安装要求

1. 对中要求

各类辅机均有各自的安装特点和工艺技术要求,在安装时都要区别对待,认真操作。对于使用联轴节连接的辅机在安装时,常将比较重且大的机械先装,小巧且轻便的后装,以便于校中对合。例如:发电机机组,先安装原动机(柴油机),而发电机按柴油机输出端进行校中;分油机、驳运离心泵类,先定泵体,而电动机根据泵轴对中连接。

原动机与从动机两轴中心线对中的允许位移和曲折值,根据两轴连接的性质不同而异。在没有具体规定要求的情况下,可考虑采用下列范围的数值。

1)采用刚性连接时(法兰或刚性联轴节)

偏移值: $\delta \leqslant 0.05(mm)$;

曲折值: $\varphi \leqslant 0.05(mm/m)$。

2)采用活动联轴节连接时(爪式或齿式联轴节)

偏移值: $\delta \leqslant 0.10(mm)$;

曲折值: $\varphi \leqslant 0.10(mm/m)$。

3)采用弹性离合器连接时(液力式、摩擦式、电磁式等)

偏移值: $\delta \leqslant 0.10(mm)$;

曲折值: $\varphi \leqslant 0.15(mm/m)$。

4)套筒销子连接(橡胶栓、橡胶块或橡胶盘等)

偏移值: $\delta \leqslant 0.15(mm)$;

曲折值: $\varphi \leqslant 0.10(mm/m)$。

2. 安装前的准备

各类辅机在上船安装前均须按规定验收,并检查有关出厂文件资料和产品合格证书。要检查设备的齐全性和完好性,根据装箱单查收附件和备件,对于重要的附件应当有合格证书,安全阀等应有校验铅封。

辅机吊装前对易损坏附件及妨碍安装的仪表应预先拆下,写好标志,妥善保管,待吊装后或试验试车时再行装配。对于一些不便于拆下的易损件,也可以采取加保护罩等措施加以保护,待安装后按记录拆除封口物,以免造成故障。

3. 基座的加工要求

辅机的基座有的以甲板为支承,但绝大多数都具有独立焊在船体构件上的基座,基座的尺寸及位置的偏差应符合表4-1所列的要求。

表4-1 基座尺寸及位置偏差

项 目		允许偏差
支承面板的长度	≤2(m)	±5
	>2(m)	+10,-5

续表

项 目		允 许 偏 差
支承面板的宽度		+5
支承面的高度	研配垫片	±3
	薄金属板组合垫片或减振器	±5
基座中心位置		±10
支承面对于水线面的平行度垂直度	每米长	±3
	全长	±5

对于直接安装设备的第一类辅机的基座，表面粗糙度 $R_a \leqslant 3.2\mu m$；用平板或直尺检验平面度时，厚度为 0.05mm 的塞尺不得通过，在 20mm 局部范围内，插入深度不大于 15mm，并用涂色油法检验，在每 25mm×25mm 面积上，色油斑点为 2~3 点，且沾色均匀。

面板上焊有固定垫片的基座，在固定垫片焊接以前用塞尺检查垫片与基座面板的间隙，要求厚度为 0.10mm 塞尺不得通过。焊接后固定垫片的上表面应当按直接安装第一类辅机的要求进行加工。为了安装时修配垫片方便，对采用钢质活垫片的基座，支承面可做成 1:100 的外倾斜度。

对于安装第二类辅机的基座，安装用的上表面粗糙度 $R_a \leqslant 12.5\mu m$，平面的平面度应小于 0.1mm。基座面板的加工可以在车间进行，然后焊于船上，以便提高加工质量，改善工作条件和减少加工工时。

对于安装第三类辅机及设备，往往采用木质垫片、铅垫、帆布垫，其基座的上表面一般可不需加工，但应当平整，不得有焊渣、飞溅物等缺陷(表 4-2)。

基座加工后，如不立即进行设备安装，则其支承表面应加以油封保护。非加工表面涂以油漆，边缘应修钝。

4. 垫片加工

垫片材质的选择、加工的精度对安装质量有重要的影响。选料必须恰当，加工应当符合要求。

1) 垫片材质的选择

各种材质垫片的厚度及应用范围列于表 4-2 中，供选用时参考。

表 4-2 各种材质垫片的厚度及应用范围

名 称	材 料	厚度	应用辅机类别
钢质	Q235A	10~50mm	第一类
铸铁	HT200	25~50mm	第一类
木质	水曲柳、榉木、栎木、核桃揪	≥25mm	第二、三类
帆布	亚麻帆布、棉织帆布	1~3层	第三类
铅皮	铅板	3~12mm	第三类
金属薄板	钢或黄铜	0.2~3mm	第二、三类

2) 钢质和铸铁垫片的研配要求

钢质和铸铁垫片的研配要求如表 4-3 所列。

表4-3 垫片的研配要求

要求级别	表面粗糙度 $R_a \leq$	平板涂色油检查		塞尺检查（mm）				锤击法检验	应用安装辅机类别
		25mm×25mm 点数	黏色油情况	塞尺厚度	插入深度	插入范围	插入数不多于		
1	3.2	≥3	黏色油均匀	0.05	15	≤25	2	黏合	一
2	12.5			0.10	垫片尺寸的5%			紧密	二
3	25			0.30	<面积的20%			良好	三

3）木质垫片的加工和处理

木质垫片应当用硬质木料制作,湿度应当小于12%～15%。在潮湿环境使用的木垫应当进行浸油处理以增强防腐能力,浸油前应当留有一定的尺寸余量以备修制。可用桐油等干性油加热到70℃以上并浸泡2～3h,待自然冷却后取出,也可以用涂沥青防腐。木垫按实际厚度加工后,表面平面度应小于0.5mm,与基座的间隙应当满足0.5mm塞尺插不进,局部20%范围插入深度小于20mm。垫片检查合格后,在木垫表面涂一层白漆,并放一层浸白漆的帆布,以增加贴合紧密性。

4）薄金属板垫片

对于振动较小的第二类辅机和第三类辅机的安装,其机座与基座间的垫片可以采用不同厚度的金属板试凑而成,金属板厚度一般最小为0.2mm,其他厚度的板材视情况备料,要求薄板平整,周边无卷边、毛刺。因为垫片凑成后不钻孔,而把垫片做成凹字形,试凑时装上固定螺栓,但不上紧,垫片凹挡宽度以放入时不受螺栓限制为度,垫片的层数应尽量少。对于有相对位置要求的小型第二类辅机,如无公共底座小型齿轮油泵与电动机的对中安装,也可以采用薄金属板垫片,安装固紧螺栓后,转动灵活即可。

4.1.3 辅机的固定方式

船舶辅机固定的安装形式分为以下几类。

1. 各种钢质垫块的安装

A 型——采用楔块调节。

B 型——采用螺栓把基座调准,垫块与辅机座脚连接。

C 型——采用固定垫片钻孔攻丝后焊于基座,用双头螺栓或螺栓固定。

D 型——在基座和辅机座脚不平处加装适当薄垫块。

2. 浇注环氧树脂垫块的安装

根据船舶辅机的结构和工作特征,船舶辅机可采用图4-1所示的各种形式垫片,将已定位的辅机位置固定下来。

图4-1(a)所示固定方式,常用于动力类辅机,例如：发电机组、锚机、舵机;绞缆机及大功率的空压机、驳油泵等。

图4-1(b)所示固定方式,常用于旋转式辅机,如透平驱动不带减速箱的机械、电动机传动的离心泵、齿轮泵、螺杆泵、功率不大的往复泵及单缸柴油机等。

图4-1(c)所示固定方式,常用于挂装在舱壁上的辅机。固定螺栓位于加强筋板上以及一些装在有水密、气密性要求的舱、柜上的辅机。一般这类辅机多数是轻而小、功率不大,或

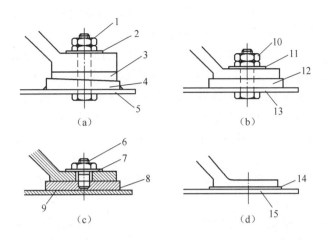

1—底座螺栓和螺母；2、11—垫圈；3—调整垫片；4—固定垫片；5、13、15—基座或甲板；6—双头螺柱（或螺栓）；
7—弹簧垫圈；8、12—固定垫片；9—基座或甲板舱壁；10—基座螺栓、螺母；14—薄铜皮垫片。

图 4-1 辅机固定方式

者是热交换设备容器、箱柜、滤器等。机座与垫片接合面在螺母不松的条件下，用 0.05mm 塞尺应插不进。

图 4-1(d) 所示固定方式，常用于机座或基座等面板不予加工的辅机，如各类水箱、油柜、油盘、小型滤器以及箱型减震器的垫片。这种固定方式加装的垫片不能太多，应在 3 张以内，而且不准用半张；垫片加装处应在螺孔附近，螺母的圆度范围内必须有着硬点，不可完全脱空。

3. 固定螺栓

辅机固定用螺栓分为普通螺栓和紧配螺栓两种。

普通螺栓包括双头螺栓和螺钉。除特殊要求以外，一般均选用标准零件，在市场上购置。普通螺栓安装时，应当螺纹端在上，可以采用双并螺母或弹簧垫圈防松，当安装座面上有螺纹时，最好采用双头螺栓。因为螺纹孔不通，往往会出现还没上紧螺纹就已到底面，而误认为拧紧，影响紧度。对于安装在易于腐蚀的潮湿场合，往往在螺栓杆上绕有沾有油漆的麻丝，以防腐蚀，但在螺纹部位往往涂有润滑脂，以利于今后拆卸。

紧配螺栓是按铰孔尺寸单配制作的，其过盈量应当按 H6/h6 配合性质选定，紧配螺栓及铰制孔配合面的圆度和圆柱度误差小于 0.01mm。螺孔用铰刀铰出。螺栓配合面常采用磨床磨出，它们的粗糙度应达到 $R_a \leqslant 1.25\mu m$ 的要求。

4.1.4 辅机在减振器上的安装

1. 减振器的种类

通过减振器来固定设备属于弹性连接。这种连接方式具有减振和隔音作用，既可以减轻机械振动和噪声通过基座传到船体，又能防止外界冲击、振动影响需要保护的设备。当今在舰艇上已广泛采用减振器来固定主机、辅机及设备。

减振器可以分为两大类：一类是金属弹簧式减振器，由螺旋弹簧或片状弹簧等组成。弹簧式减振器只能吸收振动，不能隔音，主要用于保护设备免受外来振动的影响的场合。另一类是橡胶减振器。它的主要弹性元件是橡胶,由于橡胶具有优异的弹性,不需要很复杂的结构就能获得良好的减振、消音和防护冲击的效果。

图4-1所示为舰船中的高速柴油机安装时常用的151-B型平板式减振器。这种减振器的最大优点是承受载荷大,故广泛应用于潜艇柴油机的固定。

图4-2所示是一种E型有阻板橡胶减振器,属于目前在辅机安装中应用最为广泛的一种减振器。它的特点是当壳体突然受到强力撞击使橡胶与壳体产生脱离时,橡胶也不会从壳体和套筒之间脱出来,所以又称为保护式减振器。

2. 减振器的安装

安装减振器的基座支承表面必须进行加工,其平面度应当小于0.1mm,且不允许有倾斜度(安装特殊减振器时除外)。

将减振器按辅机减振器安装图放在基座上后,必须检查减振器与基座支承面的贴合情况,要求0.1mm的塞尺插不进,个别地方允许插入小于0.2mm的塞尺,但插入范围不得超过减振器底面周长的35%,其深度不得超过20mm。

为了满足各减振器受力均匀的要求,必须用测力计测定减振器的刚度,以得到各减振器在额定负荷时的实际变形值,安装时按变形值的大小顺序布置,使相邻及相对的减振器工作时的变形值尽量接近。

基座支承面上固定减振器的螺栓是普通螺栓,其螺栓孔的划线和钻孔可按样板进行。

设备安装时,先将减振器固定在基座上,并在基座上设置调位装置,再将辅机吊置于调位装置上,调整辅机的位置至规定的位置。此时减振器是自由状态,测量出减振器上平面与公共底座的间隙,并按此厚度配置单配垫圈。这样,当将辅机放在减振器上后,就会得到各减振器在变形值相近的情况下,受力均匀的结果。减振器上单配垫圈的厚度,是不一定相等的,但变化范围应在2~15mm。当设备较重时,应取较大的厚度值。单配垫圈一般做成圆形,其外径应不小于螺栓直径的2倍。在各调整垫圈制作好后,应打上记号,将配制的垫圈插入相应位置,用0.1mm塞尺检查减振器支承套筒上平面与调整垫圈之间间隙,插入范围不得超过调整垫圈周长的2/3,此后方可拧紧底座与减振器的紧固螺栓(图4-2、图4-3)。

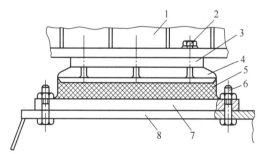

1—机座;2—螺钉;3—调整垫板;4—上板;5—橡胶;
6—螺栓;7—底板;8—基座面板。

图4-2 151-B型平板式减振器

当螺栓紧固以后,尚需检查减振器底板支承面与底座支承面,调整垫圈的上下平面和与之接触平面之间的接触情况,要求0.05mm的塞尺插不进,局部地方允许插入0.05mm,但插入范围总和不得超过其接触面周长的2/3。

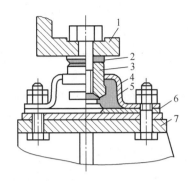

1—机座;2—调整垫圈;3—套筒;4—壳体;5—橡胶;6—底板;7—基座。

图 4-3 E型有阻板减振器

3. 应注意的问题

(1) 装在减振器上的辅机与周围物体的允许间隙及辅机的允许间隙应满足相应要求。

(2) 减振器的全部紧固螺栓,都应有防松装置。

(3) 电力的组合机组,装在减振器上时,机身应接地。

(4) 与被减振设备相接的管路及电缆应采用挠性连接。

(5) 在安装和使用期间,要防止油质、易燃物或其他有害于橡胶及损伤减振器的物质污染;清洗减振器表面时,不得使用汽油和柴油,应使用酒精擦洗。

4.2 船舶舵系的安装

4.2.1 车间内场的预安装

1. 舵杆轴套的热套

由于舵杆的结构种类多样化,所以轴套的材料、数量、安装位置各不相同,但安装工艺是基本相同的。

轴套的热套:舵杆上的轴套一般用加热的方法进行套合。轴套套合的加热温度一般控制在200℃左右(用温度计从工艺孔伸进点插入检查),加热时间一般根据轴套的壁厚而定(壁厚为30mm,时间约为30min)。

轴套热套前应做好舵杆的外圆和轴套内孔的尺寸、套合过盈量的检查和清洁工作。

因为轴套在套合过程中会冷却收缩,所以套合时动作要轻、快,避免轴套在套合过程中的套合时间过长而咬住舵杆。

2. 舵杆外圆与舵叶圆锥内孔的拂配

(1) 舵叶垂直吊放于地坑内,舵叶下端放调整垫块(也可用楔形铁调整,但调整后一定要固定好)。在舵叶锥孔的端面上放一个平尺,在平尺上放水平仪,通过调整垫块来调整舵叶锥孔轴线的垂直度。调整工作结束后将舵叶用专用夹具压紧,四周用绳缆拉紧(在地坑有专用锚点)。为了拂磨方便应搭好相关的脚手架和操作平台,确保安全。

(2) 检查和清洁舵叶圆锥内孔。

(3) 以舵杆外圆为基准,拂磨舵叶圆锥内孔。拂磨时,以蓝油或红粉(蓝油或红粉厚度为 5μm) 涂于舵杆外圆表面,将舵杆吊入舵叶圆锥内孔检查接触面的接触色斑是否符合要求,经多次反复,直到检验合格(舵叶圆锥内孔和舵杆外圆的接触面用蓝油或红粉检查时,其接触面积应均匀,且大于等于 60%,用 0.03mm 塞尺检查插不进,个别部位插入深度不超 10mm)。

由于舵叶的圆锥内孔虽然留有拂磨余量,但也要控制拂磨不要过度,造成轴向间隙不够。对锥度为 1:15 的舵叶内孔长度 150mm。拂磨内孔 0.1mm 舵杆就会伸进 5mm。由此,可以推算允许拂磨的次数。

(4) 拂磨结束后,先根据舵叶上的"0"位引到舵杆上(以备安装时用),再通过平板划线把舵杆下端的"0"位引到上端(与舵机执行结构的配合端),做出明显的"0"位标识,以备舵杆与舵机执行结构内孔的拂磨时用。

3. 舵杆与舵机执行结构内孔的拂磨

舵杆与舵机执行结构内孔的拂磨方法和检验方法、检验标准基本与舵杆与舵叶内孔的拂配相似,此处不再赘述。拂磨结束时,舵杆的"0"位标识也应引到舵机执行结构上,以备安装时用。

有些船舶的舵杆与舵是采用有键连接,其拂磨方法也与上述方法基本相同。两者安装上的区别主要是键槽的拂配。

舵杆与舵叶拂磨结束后,在舵杆上划出键槽的尺寸。

因为舵叶的键槽侧边与轴线平行度有一定误差,但舵杆与舵叶的键槽配合基本无间隙,所以必须要求舵叶键槽与舵杆键槽平行,否则不能安装。

拂配舵杆的键槽时,舵杆的键槽宽度应比舵叶键槽宽度小(留有拂配余量)。先拂配舵叶的键槽,拂配结束后,再以舵叶键槽的宽度引到舵杆上,测量、检查舵叶孔键槽与舵叶中心同心度的偏差量,如偏差量在舵杆预留的余量内,则可将舵杆吊入舵叶孔内,用块规测量舵杆键槽与舵叶键槽侧向和两槽底的总间隙及偏差,拂妥舵杆的键槽。

4. 上舵杆与舵叶的组装

上舵杆与舵叶在车间组装的目的是校准上舵杆轴心线与舵叶销轴轴心线的不同轴度。校准工作一般在平板上进行,如舵杆、舵叶较长,也可用拉线法进行。校准之前,须先将上舵杆与舵叶的连接法兰端面预先用小平板拂磨,要求每 25mm×25mm 内有 1 或 2 个油点。

将上舵杆与舵叶放置于平台上,用临时固定螺栓固紧。先将上舵杆轴心线校准与平台的平面平行,用划针求出轴心高度后,再用划针求舵叶销轴的轴心高,要求相差在 0.5mm 之内。将舵杆与舵叶一起绕舵杆轴心线转 90°,再测量舵叶轴的轴心高,要求与未转动前相差也不得大于 0.5mm。如检查出舵叶销轴与舵杆轴心线之间曲折过大,则可刮磨连接法兰端面进行修正;如两者的平行偏移超差,则可松动临时固紧螺丝予以校正。

连接法兰端面拂配后,要求结合面周长的 85% 以上插不进 0.05mm 的塞尺,局部允许塞尺插入深度应小于外缘至螺孔缘距离的一半。

对于有键的连接法兰,在组装前,舵叶上的键槽先加工出来,在宽度方向预留 0.10mm 左右的拂配余量。当组装至舵叶与舵杆轴心线同轴后,根据舵叶上键槽的实际位置,在舵杆连接法兰上划键槽的加工线。铰完紧配螺栓孔后再加工并拂配舵杆上的键槽。键与键槽两侧面的 85% 以上部位,用 0.05mm 塞尺插入深度应小于 1/5 键槽深,键与键槽顶面间隙为 0.20~0.40mm。

4.2.2 舵柱轴承孔加工工艺

1. 舵系中心线的确定

（1）准备。在确定舵系中心线之前，船体尾部结构焊接工程和大矫正工作必须结束，尾部隔舱的水压试验应交验完毕，船体基线已进行复查调整，轴系中心线已经确定。舵系中心线的确定大多采用拉线法，因为舵系中心线是垂直方向的，不存在因钢丝自重而产生挠度问题，精度容易保证。另外，舵系比轴系短得多，而且支承的数量也少，所以简单方便的拉线法被普遍采用。

（2）粗定舵系中心线位置。按图纸的要求粗定舵系中心线位置。一般来说，舵的上基准点在舵机舱甲板的船中线上，下基准点在下舵承端面（如无下舵承则在船台）的船中线上。在船上可用尺现场量取。

（3）上舵承座按粗定舵系中心线点焊初定位。

（4）舵系预开孔。由于钢丝线要通过舵机舱的上、下甲板，没有中舵承时还要通过船体尾部的船壳板，故拉舵线之前必须先在相应的位置预先开孔，孔的位置按设计位置大致确定，孔的直径约为设计孔径的 1/3～1/2。

（5）用拉钢丝线法确定舵系中心线。

图 4-4 所示为在上舵承座的上方和下舵承下方分别安装钢丝线拉线架，调整舵系钢丝线使钢丝线已经确定的轴系中心线的钢丝线相交并保持垂直。

舵系中心线与轴系中心线的垂直度小于 1mm/m，相交度小于 4mm。

对于多舵系中心线，各舵系中心线前后定位偏差小于 5～10mm；各舵系中心线对船纵中剖面偏差一般不允许有同侧位移。

舵系中心线确定以后，检查各孔是否有镗加工余量，如余量不够，可在允许的范围内进行调整，直到满足为止（允许偏差小于 2mm/m）。

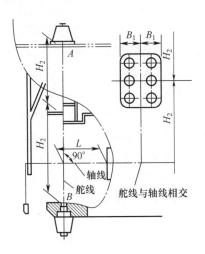

图 4-4　拉线法确定舵系中心线

2. 舵柱孔加工

（1）划镗孔加工圆和检查圆。在所有的舵系需要镗加工的位置上，分别以舵系中心钢丝线为圆心,用卡钳在舵系各孔的端面上,划出镗孔加工圆线和检查圆线,前、后、左、右用洋冲敲出洋冲眼,并做△记号,其方法同确定轴系理论中心线一样。

(2) 调整上舵承座。以舵系中心钢丝线为圆心,调整上舵承座前后、左右、高低的位置。调整时同时调整上舵承座上平面与舵系中心线的不垂直度以及上舵承座孔的加工余量(图4-5)。

(3) 焊接固定上舵承座。

(4) 上舵承座划出镗加工孔的圆线和检查圆线,前、后、左、右用洋冲敲出洋冲眼,并做△记号。

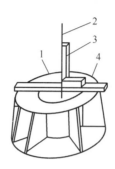

1—上舵承座;2—舵中心线(钢丝线);3—角尺;4—水平尺。
图4-5 上舵承座定位示意图

(5) 舵柱轴承中心孔镗削。在大型船舶上,舵系各中心孔均采用垂直安装的镗排进行镗削,以达到各轴承孔同心度的要求,其镗孔方法与轴系尾轴孔镗孔方法相似。镗排以舵系上下基准圆线找正。粗镗时留余量1~1.5mm,复校中心之后精镗到规定尺寸(各孔的椭圆度不大于0.05mm,锥度不大于0.10mm/m,粗糙度不低于3.2μm)。

4.2.3 舵系的安装

由于舵的结构形式各异,所以舵系的安装方法随结构的不同而不同。下面,以普通三支点舵的安装为例,介绍舵系的安装工艺。

1. 轴销衬套和舵杆衬套的安装

由于舵系的结构多种,所以衬套材料也不同,安装方法有些区别,但安装过程基本大同小异。目前衬套较多采用赛龙(SXL、THORDOW等)。

(1) 测量衬套实物与图纸尺寸是否符合,清洁衬套。

(2) 轴销衬套、舵杆衬套清洁后分别放在圆圈吊装具上,先放入隔热圆筒里,再放入干冰进行冷冻,冷冻温度一般在-60~-70℃,冷冻时间根据材料而定,一般是60~90min。有条件的也可采用液氮冷冻,既方便,效果也好。

(3) 清洁轴销座与下舵承座内孔,安装轴销座下挡板(下挡板有的用螺丝,也有的焊接,也有的不用下挡板),准备上挡板及下舵承座。

(4) 用样棒测量内孔(样棒测量比较方便),若样棒放不进,则说明收缩已经到位(也可用时间进行控制)。

(5) 安装舵杆衬套(有的从下向上装),安装轴销衬套,等到基本膨胀到赛龙上端面作出记号（以便检查衬套是否转动，有些在上挡板上有测量开口）。

（6）安装上挡板（有的用螺丝或焊接，但在焊接时须注意保护赛龙）。

2. 上舵杆与舵叶的安装

1）舵杆吊装

上舵杆运到船台后，将中舵系的压盖及密封橡胶圈套到舵杆上。在上舵杆上端拧入起吊螺栓，从上、中舵承孔内放下一根钢丝绳与起吊螺栓连接后，扶正上舵杆，即可将舵杆吊进中、上舵承。要求将上舵杆尽量往上吊，使下面让出尽可能高的空间位置供吊装舵叶用。

2）舵叶吊装

如经测量得知舵叶仍不能到位，则在舵叶销轴进入下舵承孔时，须将上舵杆的法兰转位90°（相对舵的0°位置），使舵叶能再吊高，让舵叶销轴能插入下舵承的轴套内。

舵叶到位后，转正上舵杆，放下传动键，落下上舵杆，使两法兰端面靠住，打入紧配螺栓与固定螺栓并固紧。将上舵杆连同舵叶一起吊起一定距离，在下舵承端面垫以一定厚度的垫片。解除上舵杆上的钢丝绳，将上舵承体、滚动轴承、垫板等整体套入上舵杆，将舵承体及轴承都安装到位，然后装两半承压环、套环等。装上钢丝绳，将整个舵吊起，取出下舵承的垫片后，把舵放下，拆除钢丝绳，装上压盖。检查舵与下舵承铜套端面的间隙（应在设计规定的范围之内）。

安装完毕，用手推动舵叶，检查其转动是否灵活。当舵杆直径小于360mm时，舵叶能在少于5个人的推动下转动（如用推力轴承的，则需用辅助机械），要求匀顺、灵活。当舵杆直径大于360mm时，舵叶可用辅助操舵装置予以转动，要求匀顺、灵活。

最后安装下舵承的密封橡胶圈并用压盖压紧。

3）舵叶零位校正

装上舵柄后，即可校正舵叶的零位。对于中小型船舶，可在舵叶的叶尖中线上挂一根重锤线，重锤顶尖对准船台上的船体中心线，即舵叶之零位。此时，应在上轴承处做出零位记号，以作舵机调整定位的依据。

对于大型船舶的舵叶零位，可按螺旋桨中心来校正，如图4-6所示。将螺旋桨叶中心线盘车可置于左右水平位置，扳动舵叶并测量舵叶中心线与桨叶尖的距离，使$L_1=L_1'$、$L_2=L_2'$，该位置即为舵叶的零位。也可用吊锤线把舵叶翼中心与船台基准中心线对准方法。

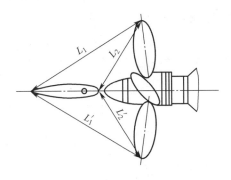

图4-6 舵叶零位的测定

船下水前，应将舵叶连接法兰上、下的螺栓头和螺母处用水泥敷设，并应用钢丝绳及螺旋扣、卸扣连接，将舵柄从两边拉紧后固定，或在舵柄上的十字处装设临时固定支架，防止下水时舵叶转动。

3. 舵系安装作业的主要技术标准

1) 有穿心舵杆孔的舵叶安装

以穿心舵杆孔为基准,保证舵杆的同轴度,舵杆与舵叶安装后中心线偏差应不大于 0.25mm;舵杆与穿心舵杆孔的同轴度小于 1/2 装配间隙。穿心舵叶与舵杆装配间隙,如表 4-4 所列。

表 4-4 穿心舵叶与舵杆装配间隙　　　　　　　　　　　　　单位:mm

舵杆直径	不锈钢、铜轴承	铁梨木、树脂舵承
80~120	0.60~0.70	0.70~0.85
120~180	0.70~0.85	0.85~1.10
180~260	0.85~1.00	1.10~1.35
260~360	1.00~1.20	1.35~1.60
360~500	1.20~1.50	1.60~2.00
近似计算公式	$0.002d+0.40$	$0.003d+0.40$

2) 半悬舵或三支点舵叶安装

以上、下舵销孔中心为基准,保证舵杆的同轴度,舵杆与舵销孔的同轴度小于 1/2 舵销装配间隙。半悬舵舵叶与舵销装配间隙,如表 4-5 所列。非金属材料衬套与舵钮和舵杆的配合过盈量由衬套供应商提供,但与舵杆轴套的间隙在任何情况下都不得小于 1.5mm。

表 4-5 半悬舵舵叶与舵销装配间隙　　　　　　　　　　　　单位:mm

舵销	不锈钢、铜轴承	铁梨木、树脂舵承
<50	0.30~0.45	0.35~0.50
50~70	0.45~0.60	0.50~0.70
70~100	0.60~0.75	0.70~0.90
100~130	0.75~0.90	0.90~1.10
130~180	0.90~1.05	1.10~1.30
180~260	1.05~1.20	1.30~1.50
近似计算公式	$0.002d+0.40$	$0.003d+0.40$

半悬舵的舵杆与舵钮装配间隙,如表 4-6 所列。

表 4-6 半悬舵舵杆与舵钮装配间隙　　　　　　　　　　　　单位:mm

下舵承轴颈	不锈钢、铜轴承	铁梨木、树脂舵承
<80	0.30	0.60
80~120	0.30~0.40	0.60~0.70
120~180	0.40~0.50	0.70~0.85
180~260	0.50~0.60	0.85~1.05
260~360	0.60~0.70	1.05~1.25
360~500	0.75~0.90	1.25~1.50
近似计算公式	$0.001d+0.30$	$0.003d+0.30$

3）穿心舵杆的安装

穿心舵杆与尾柱连接的法兰接合面,键、键槽和连接螺栓的要求与上舵杆法兰的要求相同。

穿心舵杆锥体连接的要求,如下:

在穿心舵杆锥体上涂以蓝油或红粉,要求薄而均匀,检查与它相配的锥孔接触情况。锥孔接触面积按设计图所示的船级社要求,但在任何情况下应大于70%;每25mm×25mm面积上色斑为2~4个;锥体端口90%的周长用0.05mm塞尺检查应插不进。

船在下水前应对舵钮和各支承平面间隙作最后检查,若施工图中支承平面间隙无规定则按表4-7所列选用。

表4-7　上、下平面安装间隙　　　　　　　　　　　　单位:mm

上舵杆直径	上平面安装间隙	下平面安装间隙
<80	0.30	0.60
80~120	0.30~0.40	0.60~0.70
120~180	0.40~0.50	0.70~0.85
180~260	0.50~0.60	0.85~1.05
260~360	0.60~0.70	1.05~1.25
360~500	0.75~0.90	1.25~1.50
近似计算公式	$0.001d+0.30$	$0.003d+0.30$

4）舵杆与舵柄的装配

凡与舵杆套合的舵柄孔是整体式的,其配合标准,如表4-8所列。

表4-8　舵杆与舵柄的配合标准　　　　　　　　　　　单位:mm

舵杆直径	<80	121~360	>360
配合过盈值	0.30	0.06~0.11	0.11~0.16

5）紧配螺栓的配合和加工要求

表4-9为紧配螺栓的配合和加工要求。

表4-9　紧配螺栓的配合和加工要求　　　　　　　　　单位:mm

螺栓直径		<30	30~50	50~70	70~100
配合量值		0~+0.01	+0.005~-0.005	0~-0.015	-0.005~-0.02
螺孔	圆柱度	0.02	0.02	0.03	0.03
	圆度	0.01	0.01	0.02	0.02
螺栓	圆柱度	0.015	0.015	0.02	0.02
	圆度	0.01	0.01	0.015	0.015

6）轴颈要求

表4-10为舵轴工作轴颈的圆度与圆柱度。

表 4-10　舵轴工作轴颈的圆度与圆柱度　　　　　　　　　　单位：mm

轴颈 d	<80	80~120	120~180	180~260	260~360	360~500
配滚动轴承轴颈	0.02	0.025	0.03	0.035	0.04	0.045
配舵柄舵扇轴颈（过盈配合）	0.03	0.035	0.04	0.05	0.06	0.07
配滑动轴承轴颈	0.04	0.05	0.06	0.07	0.08	0.09

表 4-11 为舵轴工作用轴径的同轴度。

表 4-11　舵轴工作用轴径的同轴度　　　　　　　　　　　单位：mm

轴径 d	<80	80~120	120~180	180~260	260~360	360~500
同轴度	0.04	0.05	0.07	0.10	0.14	0.18

7）轴承的间隙

舵轴与舵轴承的间隙与舵系结构有关，对于多支承的普通舵，其装配间隙和磨损极限装配间隙按表 4-12 所列选取

表 4-12　舵轴与舵轴承的间隙　　　　　　　　　　　　　单位：mm

舵杆销直径	舵杆直径		舵销轴承			
	铜及白合金舵轴承		铜及白合金轴承		铁梨木及层压胶木轴承	
	装配间隙	极限间隙	装配间隙	极限间隙	装配间隙	极限间隙
<50	0.25~0.33	1.20	0.50~0.60	4.00	0.55~0.65	4.50
50~75	0.32~0.40	1.50	0.60~0.80	4.50	0.65~0.85	5.00
75~100	0.36~0.44	2.00	0.80~1.00	5.00	0.85~1.10	5.60
100~130	0.42~0.50	2.50	1.00~1.20	6.00	1.10~1.30	6.70
130~180	0.50~0.60	3.00	1.20~1.40	7.00	1.30~1.50	7.80
180~260	0.60~0.70	3.50	1.40~1.60	8.00	1.50~1.75	9.00
260~360	0.70~0.80	4.00	1.60~1.80	9.00	1.75~2.00	10.00
近似公式	$\Delta=0.002d+0.20$	$\Delta_j=0.02d$	$\Delta=0.008d+0.20$	$\Delta_j=0.045d$	$\Delta=0.008d+0.40$	$\Delta_j=0.05d$

注：1. Δ—装配间隙，Δ_j—磨耗极限间隙，指修船时应该更换的间隙值。

2. 合成材料舵销轴承（如尼龙、层压胶布等）安装间隙及更换间隙介于金属与铁梨木材料之间。

对于双支承平衡舵及导管舵等的下舵承和舵底轴承（舵托上的轴承）的装配间隙和磨损的极限间隙，可按表 4-13 所列选取。

表 4-13　舵底轴承的装配间隙和磨损的极限间隙　　　　　单位：mm

舵轴直径	铜及白合金舵轴承		铁梨木及层压胶木舵轴承	
	装配间隙	极限间隙	装配间隙	极限间隙
<80	0.25~0.50	3.00	0.55	3.50
80~120	0.50~0.60	4.00	0.55~0.80	4.50

续表

舵轴直径	铜及白合金舵轴承		铁梨木及层压胶木舵轴承	
	装配间隙	极限间隙	装配间隙	极限间隙
120~180	0.60~0.75	5.00	0.80~1.10	6.00
180~260	0.75~0.90	6.00	1.10~1.30	7.00
260~360	0.90~1.10	7.00	1.30~1.50	8.00
360~500	1.10~1.30	8.00	1.50~1.80	9.00
近似公式	$\Delta = 0.002d+0.40$	$\Delta_j = 0.025d$	$\Delta = 0.003d+0.40$	$\Delta_j = 0.03d$

4.3 液压舵机的安装和调试

4.3.1 液压舵机安装

1. 执行机构安装形式

舵机的执行机构在基座平面上的安装有以下三种形式：

（1）若执行机构直接安装在基座平面上（无垫片），则基座上平面必须机械加工成平面。

（2）若执行机构采用钢质垫片与基座连接，则基座上平面必须经过机械加工，且基座的上平面机械加工时，应加工成从中心向两侧倾斜的斜度，斜度比例为1:100（钢质垫片的厚度不小于20mm）。

（3）若执行机构采用环氧树脂垫片与基座连接，则基座上平面在安装前必须进行清洁工作，保持干燥、清洁、无油污。

2. 舵机的执行机构安装前准备

（1）检验。舵机的执行机构安装前，舵杆与执行机构的圆锥形接触面已经在车间内场拂磨配妥，并向船东、验船师交验结束（检验要求：蓝油检查接触面积70%~80%，蓝油厚度510μm，0.05mm塞尺塞不进，局部允许塞进长度不大于10mm）。执行机构和舵杆的中心和零位做好明显的标记，作为舵机执行机构安装的零位基准。

（2）舵杆与舵叶安装工作结束。

（3）执行机构回转体的舵杆的圆锥面必须做好清洁工作，清洁后，舵杆的圆锥外表面与执行机构回转体的内孔表面不要涂油。

（4）用起重葫芦吊住舵/舵杆（图4-7），必要时可用液压千斤顶在舵下端予以支撑。将舵杆和其余销轴放置到各自的位置并保持正确的间隙，用液压千斤顶或葫芦横向支撑将舵调整到适当的高度，使得舵可以转到规定的最大舵角。当调整舵的高度时，必须考虑到轴向止动块的正确间隙，应注意轴向间隙的压入量和垫块的厚度。

3. 执行机构与舵杆的安装

（1）将整个执行机构的零位标记与舵杆的零位标记对准，最大偏差不大于2mm。将整个执行机构放下，使其与基座的距离至少比压入量大20mm。

（2）舵机以自身的重量放置在舵杆上，用塞尺检查"X"处无间隙（图4-8）。

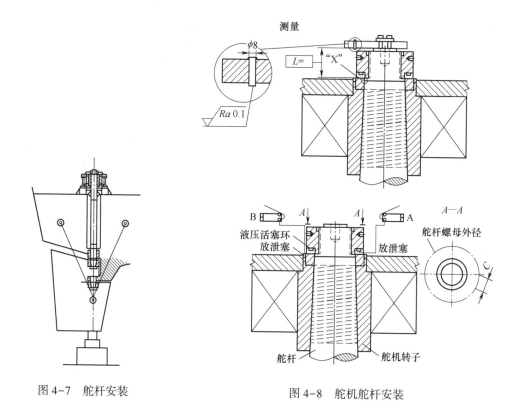

图 4-7 舵杆安装　　　　　图 4-8 舵机舵杆安装

(3) 用泵 A 将液压活塞环泵压调到 50bar,以此点作零点,测量压入长度。

(4) 将一个托架安装在舵杆顶部,用千分尺或千分表测量回转体和舵杆顶部的距离,并用托架上的调整螺栓按前、后、左、右的顺序调整执行机构的位置到中心位置。检查执行机构上端轴承处的间隙,密封填料上端及轴承周围四个方向的间隙是否符合要求。调节螺栓松开后,再次检查间隙,才可确信舵机已不受侧向力的作用。

(5) 先用泵 B 向转体内泵油,直至空气溢出,缓慢地提升压力（用泵 A）,直至液压活塞环泵压达到 200 bar。然后用泵 B 提升回转体内压力,连续交叉使用泵 A 和泵 B,舵杆缓慢地进入回转体。应保持泵 A 的压力始终高于泵 B,连续不断地泵压直至舵杆达到规定的压入量。当达到规定的压入量后,上支撑与转体颈的间隙为 0.15～0.25mm（在直径处）。

(6) 当达到规定的压入时,泵 B 内的压力应慢慢释放,并移去泵。

(7) 约 2h 后,释放液压活塞环的油液和移去泵 A 油管和放泄塞。

(8) 压入量可延长至 0.15mm,用手旋紧舵杆螺母,作个标记,并从此处旋紧至规定距离 C 值,紧固舵杆螺母。

(9) 舵杆螺母旋紧后,执行机构必须在舵杆上处于自由状态,舵杆和基座的间隙至少为 20mm。

(10) 当执行机构和舵杆在中心位置被固定,所有间隙被认可后,做好安装测量记录。如果执行机构是采用钢质垫片与基座连接的,则先配妥四块钢质垫片（垫块的接触面 70%,漏油检查 3～5 点,0.05mm 塞尺塞不进,局部允许塞入长度小于 10mm）,钻、铰制螺栓孔。如果执行机构是采用环氧树脂垫片的,则进行环氧树脂垫片的浇注工作。

(11) 装妥四块垫块/铰制螺栓（环氧树脂垫片浇注工作结束）后,应再一次测量、检查执行机构支承上端的间隙,确认没有变化后,再配妥其余的垫块和铰制螺栓。

(12) 铰制螺栓的配合公差为 H7/m6,并且可以个别调节。分别旋紧螺栓,螺栓的预紧力按照标准力矩,螺栓旋紧后,用塞尺检查垫块的间隙应小于 0.05mm。垫块的接触面接触良好。

(13) 拆去执行机构的侧向固定装置,移去舵/舵杆的固定和提升设备,再一次检查所有的间隙,交船东、船级社认可。

(14) 安装管系和附属装置。所有液压管子必须经内场严格清洗试压,布管时避免弯道过多,高向位置应装放气阀,管法兰对接平面应均匀密封。

(15) 操舵试验。在最大舵角下进行全舵角操舵试验,检查舵的转向是否灵活。在全舵角的两侧及船舯检查舵的左右满舵、零位舵角转向指示是否正确,并测量所有的支承间隙。

4.3.2 液压舵机的调试

1. 检查

(1) 按照制造厂推荐的液压油品种向系统注油,然后分别（也可以同时进行）对油箱、舵机执行机构排除留存在各元件内的空气。舵机执行机构投油时,舵杆不能转动。

(2) 检查各摩擦部件清洁和润滑情况,并向各加油点注入润滑油脂或液压油。检查管系的安装是否完好,有无泄漏,发现泄漏应予消除。

(3) 检查循环系统各截止阀通路、手动油泵等各部件,确认内部无卡阻现象后再启动电动机,并核对是否与泵转向一致。

(4) 检视系统中各阀件是否都处于正确工作位置,特别是遥控件的电信号是否起作用。

(5) 液压系统元件调节。

安全阀:检视油泵出口压力表（或油缸压力表）,调节安全阀起跳压力为额定工作压力的 125%。

溢流阀:检视油泵出口压力表,调节溢流阀压力为系统额定工作压力。

继电器:调节系统工作压力,在规定值时压力继电器起报警作用。调节回油过滤器压力差,在规定值时压力继电器起报警作用。同时,调节自动舵跟踪反馈信号的准确性和自动舵最大舵角限位动作的正确性与可靠性。

2. 液压舵机的操作调试

图 4-9 所示的舵机液压系统有两套泵组,泵组各自独立,每套泵组各有独立的操舵控制系统,泵组可以单独或共同操作舵机,转换过程可在驾驶室进行泵内的启动和停止,A、B、C、D、E、F 阀应处开启位置。

1) 调试

(1) 将开关切换至现场操舵,操舵在舵机舱内可启动/停泵。通过现场（N、F、U）电控开关箱或手动阀 L 和 R 或 M 和 R,分别进行每套泵组的独立操舵,然后共同操作舵机。

(2) 根据泵组工作状态关闭 A-B 或 C-D,舵机必须通过一台泵利用储油系统补油,补油后关阀 K,阀 E-F 常开。

(3) 当操舵时发生液压报警,舵没有反应时,可按下列程序操作。当单泵组独立操舵时,切换开关启动备用泵组,将有故障的泵关闭,根据舵角指示来操控舵从储油箱补油。当两套泵组操舵时,切换开关至 N、F、U(非随动)模式关闭泵 1,根据舵角指示来操控舵,如果无法操舵,则再次启动泵 1,停泵 2 根据舵角指示来操舵。

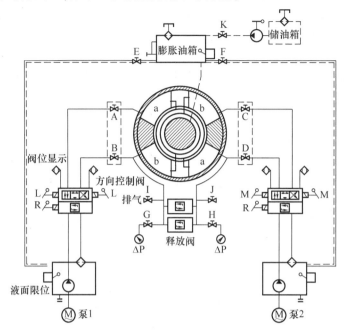

图 4-9　转叶式液压舵机原理

(4) 检查测试舵限位开关、自动舵反馈装置、舵角发送指示、舵角指示等。

(5) 操舵切换至驾驶室,进行泵的启动和停止试验。

2) 操作

(1) 启动液压泵组,先以应急手控机构操纵舵机作左、右满舵运动若干次,然后改换自动舵遥控操纵,校正舵角与舵角指示器的偏差,在运动中继续排除残留在油液中的气体。

(2) 操舵至机械限位角(37°),检视油泵出口压力表。

(3) 校对任一舷 35°舵角至另一舷 30°舵角的转舵时间,单元泵运转工作应小于 28s,双泵运转工作应小于 14s。若不符合要求,应调整油泵的流量。

(4) 测定电动机的启动电流、工作电流、电压、转速和绝缘电阻。

(5) 检查低液位报警。

(6) 连续 0.5h 以上的操舵试验。

4.4　锚机的安装和调试

锚机也称为锚绞机,是锚机和绞机通过离合装置结合的混合装置。这类锚绞机安装时只要通过拂配钢质垫片或浇注环氧树脂垫片,调整好水平间隙即可,平机时比较方便。

4.4.1　锚机安装

1. 安装前的准备工作

(1) 熟悉图纸和工艺文件、掌握技术要求和检验标准。

(2) 检查锚机的产品型号、规格、编号和制造厂的质量证书及船验证。自制基座、油箱等配套产品需按产品检验要求进行制造。

(3) 铸铁锲形垫块粗刨平面待用(采用锲形垫片),或薄钢条及海绵条待用(采用环氧树脂垫片)。

(4) 锚机止推块锻件毛坯应配对,提前按图纸尺寸要求进行机械加工。

(5) 各类锚装置均应按图纸要求加工装配。

(6) 补给油箱、膨胀油箱等各类附件按图纸要求安装。

(7) 锚机安装前还需准备好木垫片、卡板、各种工具等。

2. 锚机的内场组装顺序和工艺要求

(1) 锚机进车间内场,须及时拆下锚机设备上的易损零部件,妥善保管。初步检测各轴承等转动部件的间隙。

(2) 将锚机悬吊在底座上方作参照,固定垫块加工出 1/100～1/50 的斜平面,并在锚机基座上定位焊妥,在垫块上画出螺栓孔位置,找准孔中心,在孔中心和圆周上敲洋冲。

(3) 锚机底座与锚机机座套钻螺孔,清洁后,垫上木垫块与锚机组装后待用。

(4) 上船安装前做好保养工作,对液压管路的接口用闷板或胶带布封口,防止垃圾、杂物从接口进入机内。

3. 锚机在船上的安装

1) 锚机底座位置的确定

图 4-10 所示为船头甲板锚机平面布置图(因图左、右对称仅表示 1/2)。该船左、右各布置 1 台锚绞机,安装可以同时进行,因安装工艺相同,所以只介绍 1 台锚绞机的安装过程。

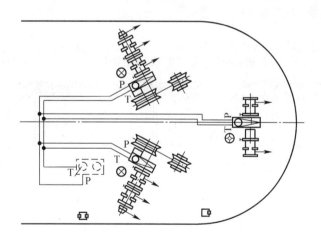

图 4-10 锚机平面布置图

按图纸要求在甲板上以肋骨位置为基准(参照锚链筒的位置)划出正确的锚机底座位置,作好记录。

把锚机底座吊到甲板的正确位置,并用望光或拉线的方法确定锚机的安装高度和前后左右的位置,并调整好底座上平面的水平度。首先在现场根据甲板的实际抛势割去底座余量,修正底座凹势直至与甲板相吻合。然后定位、焊接(整个底座的切割平面不平度控制在2～3mm)。锚机底座在定位、焊接时,焊缝区域的铁锈、氧化皮、油污等应予以清除,并保持清洁和干燥。

底座定位焊的位置应根据不同的底座作合理安排,定位焊缝长度应不小于30mm。定位焊后应吊上锚机复验锚机位置和高低水平尺寸,确保无误后,吊离锚机脱离底座,并严格按焊接规范施焊。

2）垫块平面度

用小平板拂磨甲板面上固定垫块的上平面,色粉检查固定垫块平面度。

3）锚机吊上底座,装妥调节螺钉

用调节螺钉粗调锚机的工作位置,打开轴承盖,塞尺检查锚机轴承间隙,调节螺钉,使同一台锚机的左右两轴承的径向间隙均匀,并符合设备对间隙的要求。轴承的间隙调整后,擦洗干净上油,装妥轴承盖（调整好的锚机,其楔形调整垫片的厚度应控制为25~35mm）。

用三脚卡板测出锚机楔形垫片的实际厚度,根据实测厚度,进行楔形调整垫片的机械加工,供钳工拂磨。

楔形垫片与固定垫片及锚机机座之间的接触,在拂磨后,用0.5mm塞尺检查,应不能插入,接触面油点分布均匀,接触面积应不小于70%,色斑为$25 \times 25 mm^2$内不少于5点,如图4-11（a）所示。

如果是采用浇注环氧树脂作为连接垫片的锚机安装,则在进行锚机调整定位结束后,按要求装上挡板,直接进行环氧树脂浇注工作,如图4-11（b）所示。

对于允许将机带垫块直接焊在底座上的锚机,为保证两者之间的良好接触,在进行上述步骤时,可先在机床上加工底座上平面,然后进行调整和安装。如果锚机轴承的间隙不符合要求,允许在垫块与底座之间垫厚度不大于2mm的薄铁片作调整,但薄铁片大小必须大于90%的机带垫块面积,如图4-11（c）所示。

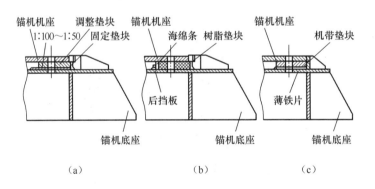

图4-11 锚机底座安装垫片形式

4）垫块加工

对机加工好的垫块进行拂磨后,交验。交验合格后,划出垫块上的螺栓孔位置并编号敲洋冲眼,送机加工钻孔。

5）锚机固定

将垫块对号塞入,装好螺栓固定。检查大齿轮与小齿轮的轴径位置和啮合情况。测量小齿轮的活动连接体与轴瓦的左右间隙。定位锚绞机制动架装置刹车排,其位置尺寸可根据图纸和实际现场情况来确定。

6）止推块安装

安装止推块时,必须将止推块与楔形垫块组合在一起贴紧公共底边。

7）掣链器的安装

掣链器在安装前应满足以下条件:

(1) 锚机定位、安装结束;锚链等安装到位;液压管路畅通,投油结束;通电。

(2) 掣链器初装时应根据现场实况初步调整掣链器位置,在确认满足实际工况要求后,点焊定位。

(3) 待下水后经多次抛锚、起锚后,视实际情况再调整,使锚链位于锚链筒口的中心位置,锚爪与锚台贴合良好,锚链上、下运动时无激烈跳动、翻链等现象产生,才能最后给予焊接固定。

8）弃链器安装

安装弃链器装置,并做功能模拟试验。

4.4.2 锚机的调试

1. 准备

(1) 对锚机机外管系投油,及时清洗或更换滤器滤芯,直至确认油液清洁为止。

(2) 开启压力管道与补油管道各阀门,再次逐一打开放气阀,排尽系统中气体。

(3) 将油马达控制阀操纵手柄锁于零位,点动主油泵电动机,核对转向,然后做系统循环投油。及时清洗或更换滤器滤芯,直至确认油液清洁为止。

(4) 检查冷却水的供应情况是否良好。

(5) 测量电动机冷态绝缘电阻,其值应不小于 $1M\Omega$。

(6) 对手摇泵进行效用试验,手摇泵的供油情况应良好。

(7) 检查各油箱的液位是否正常。

(8) 启动主油泵,保持空载正、反向运转各 15min,并试验离合器脱合的灵活性。

(9) 刹紧锚链轮和绳索滚筒刹车带,合上离合器,操纵控制阀（瞬时）,检查系统压力。先把安全阀压力调至系统额定压力的 125%,再调整溢流阀压力为系统额定压力的 100%。

(10) 系统压力调整结束,再次给膨胀箱注油,当膨胀箱溢油时,储油箱的油位应等于净容积的 1/2~2/3。

(11) 全面检查各阀位、润滑点、仪表、密封件和螺栓的紧固情况,消除不良现象。

2. 调试

(1) 进行起、抛锚及系缆试验,记录起锚速度和油压。

(2) 整机空车试验。低速正反向各运转 20min,中速正反向各运转 15min,高速正反向各运转 10min。

(3) 整机负荷试验。

① 分别以额定起锚拉力和额定系缆拉力的 50%、100%、110% 进行负荷试验。

② 以 85% 的刹车力对刹车进行静负荷试验,检查刹车的可靠性。

③ 检查离合器的离合情况、安全可靠性及操纵是否灵活轻便。

④ 检查抛弃锚效用试验。

⑤ 检查锚链和卸扣通过锚链筒、止链器和链轮的情况,锚链在链轮上应无跳链和扭曲

现象；检查止链器位置是否正确以及锚收上时锚爪与锚唇的贴合情况。

⑥ 检查锚链冲水装置的工作情况（也可在试航时检查）。

复 习 题

1. 辅机分成哪几类？
2. 减振器的种类有哪些？
3. 舵系的拉线照光工艺是什么？
4. 舵叶零位如何校正？
5. 锚机如何调试？

第5章 管系加工工艺

5.1 管系放样

5.1.1 阀件、附件及管系符号

在管系布置施工图中,为了简化绘图,均以实线代表管子、折线代替管子弯头(大直径管子有时也用三线图绘出),用适当的符号表示管系中的附件、阀门等,并与必要的尺寸标注、文字说明相配合来表达管系的几何形状、具体尺寸和安装位置。

管系布置施工图常用的符号有以下四种。

1. 管子弯头符号

管子基本弯头有两种:弯曲成99°的角尺弯和不等于90°的别弯。小于90°别弯用得很少。由于这两种弯头在平面图上有各种不同的布置、位置,因此其弯头符号也有相应的变化,归纳起来有六种基本情况,如表5-1所列。

表5-1 管子弯头符号

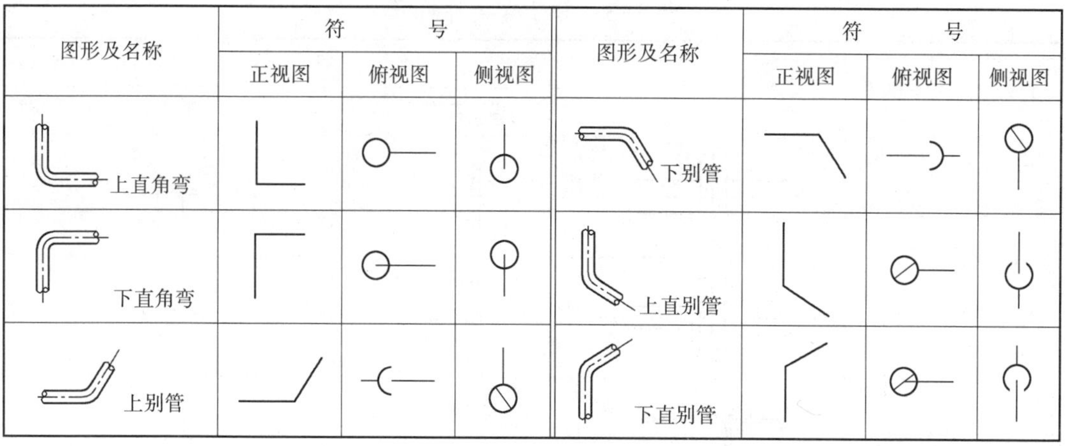

图形及名称	符号			图形及名称	符号		
	正视图	俯视图	侧视图		正视图	俯视图	侧视图
上直角弯				下别管			
下直角弯				上直别管			
上别管				下直别管			

在绘制管子弯头符号时必须注意以下两点:

(1) 符号中的圆、半圆的直径等于所表示管子的外径,应按比例画在管路布置施工图上。

(2) 半圆的开口对着上面的管子,离投影面远的管子画至圆心,离投影面近的管子画至圆周。

2. 支管符号

管路上的支管也须用符号加以规定。一般支管端必有连接件(如法兰螺纹、套管等),这些连接件的画法统一采用管子附件符号表示。管路上的支管类型大致可分为三种:垂直支管(与主管垂直)、平行支管(与主管平行)、斜支管(与主管成一定角度),如表5-2所列。

表 5-2　管子支管符号

图形及符号	符 号	图形及符号	符 号
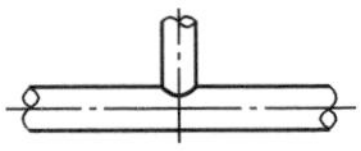 上正支管	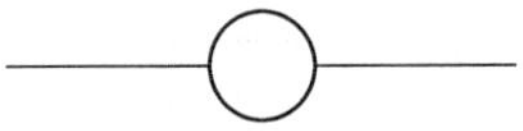 ○	 上直下别弯支管	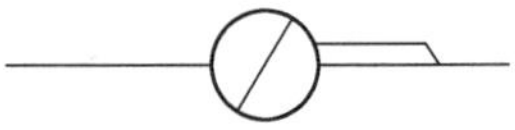 ⊘
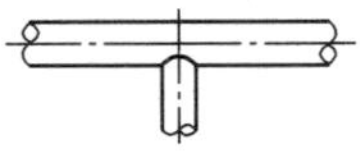 下正支管	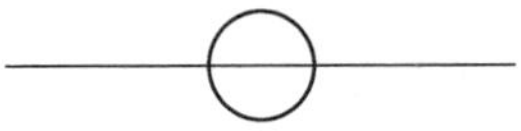 ○	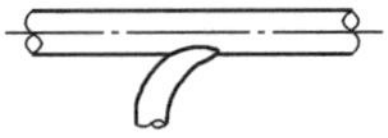 下直上别弯支管	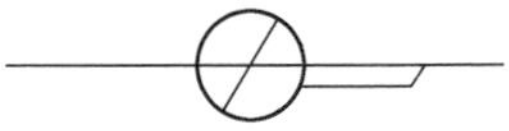 ⊘
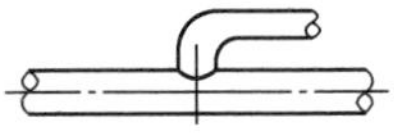 上直角弯支管	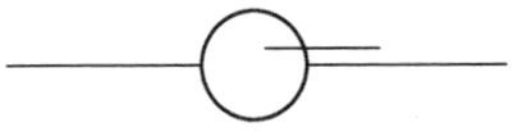 ○	 上斜直支管	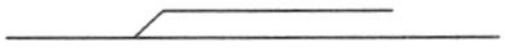
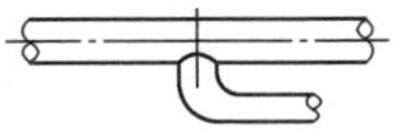 下直角弯支管	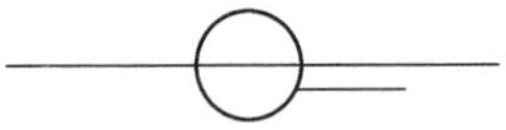 ○	 下斜直支管	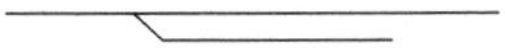

3. 管子连接件符号

常用的管子连接件有法兰连接、螺纹接头、软管接头、套管接头等，此外还有异径管及通舱管件等，这些接头的符号如表 5-3 所列。表 5-3 所列各连接件的大小应根据具体规格按比例画在安装图和零件图上。

表 5-3　管子连接件符号

序号	名　称	图　形	符　号	
			样台安装图	零件图
1	法兰	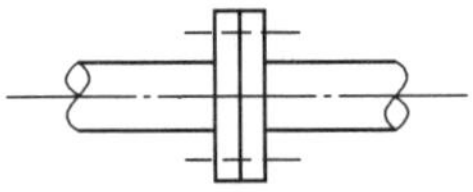	 ┼	 ┤├
2	异径法兰	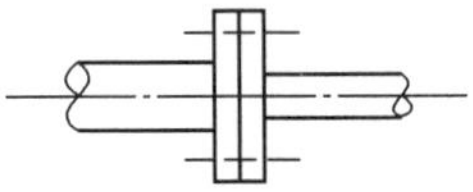	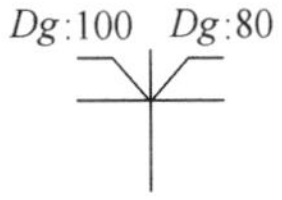 $Dg:100$　$Dg:80$	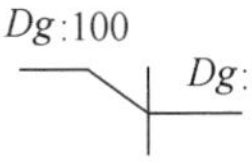 $Dg:100$　$Dg:80$
3	螺纹接头	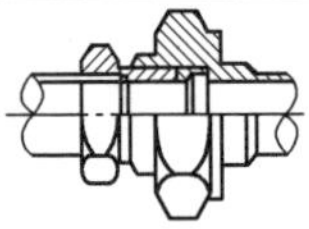	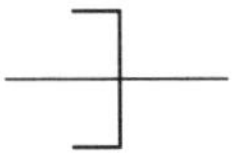 ┤	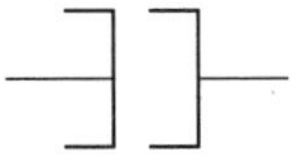 ┤├
4	套管连接	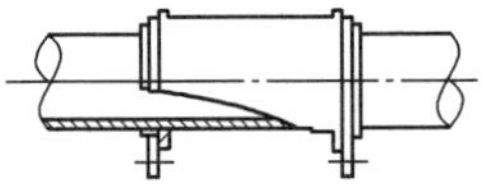	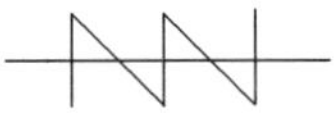 ⋈	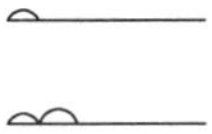
5	焊接套管	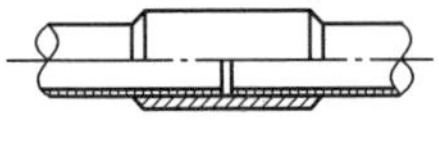	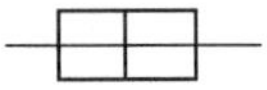 ▭	 ▯
6	异径管连接	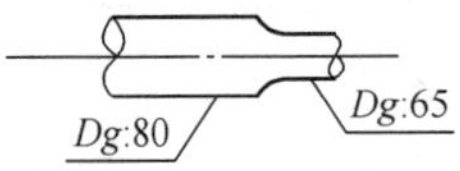 $Dg:80$　$Dg:65$	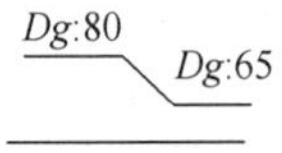 $Dg:80$　$Dg:65$	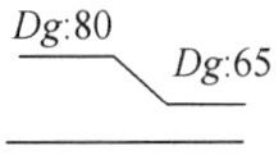 $Dg:80$　$Dg:65$

续表

序号	名 称	图 形	符 号	
			样台安装图	零件图
7	通舱管件			

船舶管子连接件中以普通法兰使用最广,根据螺孔数目法兰可分为两类:一类螺孔数为4的整数倍,另一类螺孔数为4的非整数倍。例如:螺孔数为 $n=6$ 和 $n=8$,如图5-1所示。由图可见,无论是6孔或8孔,它们都对称于0-0,但0-0线转过90°(法兰不动)至 $0'$-$0'$ 位置,8孔法兰的螺孔对 $0'$-$0'$ 线仍是对称的,而6孔法兰则不同,此时有一对螺孔落在 $0'$-$0'$ 线上,因此有必要对法兰螺孔进行标注。这种情况通常是针对螺孔数目是4的非整数倍法兰。

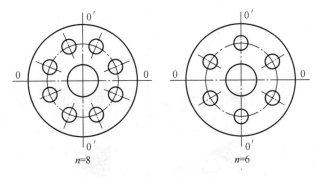

图5-1 法兰螺孔数

法兰螺孔的标注方法:以布置图的管子中心线为基准,当法兰螺孔的投影有一个落在中心线上时,称为"单";当对称分布在中心线两边时,称为"双"。通常无论管子朝什么方向,法兰上注"单"或"双"都遵循这个规定。图纸上没有具体注明时一律按"双"的要求焊接法兰。

螺孔数为4的非整数倍法兰,一般均按"双"孔布置,当管子具有上正或下正管时,无论是"单"或"双",均必须加以标注,以免混淆而造成不必要的差错。法兰螺孔位置符号如表5-4所列。

表5-4 法兰螺孔位置符号

图形及名称	符号	图形及名称	符号
双眼向上		双眼垂直	
单眼向上		单眼垂直	

4. 管子附件符号

管子的附件是指除上述连接件以外的各种阀件、阀箱、器具、旋塞等,在施工安装图上必须把它们按比例绘出,并将主要尺寸标于图中。这些附件的符号如表 5-5 所列。

表 5-5 管子附件符号

序号	名称	符号	备用符号	
			俯视	侧视
1	直通截止阀	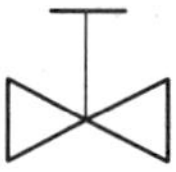		
2	直通截止阀		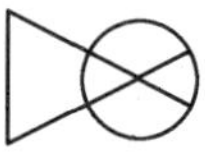	
3	三通截止阀	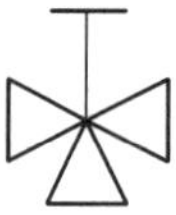	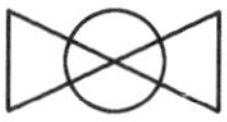	
4	直通截止阀			
5	直角截止阀		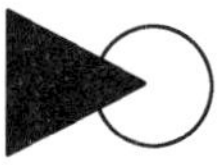	

5.1.2 放样工艺

1. "样棒弯管"法工艺步骤

船舶管系的设计和管子的制造与安装,是船舶生产中的重要内容之一。据统计,管子的加工与安装所耗费的工时,约占轮机舾装工作量的 45%,占造船总工作量的 8%~12%。

"样棒弯管"法工艺步骤如下:

(1) 船上按已定的设备位置弯制样棒;
(2) 在车间按样棒弯制管子;
(3) 弯好的管子在船上试装校正,并点焊法兰;
(4) 车间进行法兰焊接、水压试验、清洗等;
(5) 上船安装管子。

这种方法使管子的制造安装质量差,劳动强度大,船舶建造周期长。

2. 管系放样基本原理

管系原理图没有说明管系的具体位置,因此利用原理图无法进行管系的制造及安装工作。管系的确切走向、管子的制造与安装,一般由生产部门在船体合拢,设备定位后进行。

1) 管系放样

管系放样是在船体与动力装置技术设计完成后进行的,在样台或图纸上(涤纶薄膜)按一定比例画好船体型线和有关结构图,正确地绘制出各种机械设备的安装位置,根据管系的原理图或布置图,用投影法绘出全部管系的实际布置图(放样图)。由放样总图绘制各个管系(或单元)的放样图,根据图中的管子几何形状及具体尺寸绘制管子零件图,按图纸在内场加工管子,最后按图安装管子,步骤如下:

(1) 绘制管系放样图,它是安装管子的基本图纸。

(2) 绘制管子零件图,它是制造管子的基本图纸。

(3) 编制管系明细表,它包括管系放样图中所需的机械设备、阀件、附件及管子等。

2) 管系放样优点

(1) 由于实现了管子的"预制",在船体开工建造的同时(或开工前)可着手进行管子的加工制造。

(2) 大量的船内现场工作移至内场进行,工作条件好,安全可靠。

(3) 一次上船安装,减少了不必要的重复劳动,大大减轻劳动强度。

(4) 能统筹布置管路,做到合理美观,提高设计质量,缩短设计周期。

(5) 可用计算机取代人工计算管子参数、布置管路及放样图和零件图的绘制工作。

由解析几何可知,空间任一点的位置必须由三个坐标才能确定,如图 5-2 中 A 点的位置可用坐标(x,y,z)表示。以此类推,空间一根直线段 AB 也可用端点坐标值表示。

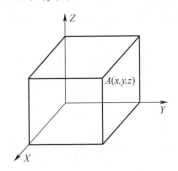

图 5-2 点的空间坐标

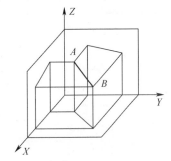

图 5-3 空间线段的投影

若要表示空间任何线段的形状,则必须应用投影的方法,画出三面视图。机械制图中的正投影法是管系放样中采用的基本投影方法。图 5-3 所示为线段 AB 在互成直角的三个坐标面中的投影。把坐标值与投影图结合起来,就可以用一个或两个视图清楚地表达出空间某一管段的几何形状及具体尺寸,这就是管系放样的基本原理。

3. 管系放样基准面

在管系放样中,要想在平面视图中清楚地表达出空间管段的几何形状,还需解决以下几个问题。

管系放样符号解决了用平面图形来表达一个空间管系(管段、弯头、附件、连接件等)的问题,但是要确定该管系在空间的确切位置,还必须知道它的坐标值,要确定坐标值就必须知道原始坐标轴,即确定基准面。

1) 横向基准面

横向基准面用以确定管系在左舷或右舷的坐标,一般以船体的纵舯剖面作为横向基准面。纵艄剖面可用符号 B 表示,"-"表示左舷,"+"表示右舷。例如:B-200mm,即表示左舷距船体纵艄剖面200mm处。有时如用某一纵向舱壁作基准面,对标注放样坐标值较为方便,也可用此纵向舱壁作为横向基准面。在某些沿舷侧布置的管路(如透气管、注入管等)就没有严格规定的横向基准面,因为这些管路往往与船体旁板走向平行,这时用距舷××mm等数字表示。

2) 纵向基准面

纵向基准面确定管系在船舶纵向坐标值,即首尾方向位置,一般以船舶某一肋位作为纵向基准面。标注时应具体标明某一肋位号,"+"表示自该肋位向大号肋位方向,"-"表示自该肋位向小号肋位方向,如"36-200"表示 36 号肋骨向 35 号肋骨 200mm 处。

3) 高度基准面

高度基准面确定管系在高度方向上的坐标值,一般以船体的基线平面作为高度基准面,在管路上标注 H200mm,即表示此管路上某一段或某一点距基线 200mm。对于大型船舶,它具有的甲板层次较多,为了简化尺寸标注和安装时度量方便,也可直接选择某层甲板平面作为高度基准面。例如:"平+200"表示此管段在平台甲板上方200mm处。

机舱花铁板以下的管子均以内底作为高度基准面,若某些船舶内底板厚度不一致,则一律以内底板下边线起算,这点对于机舱采用区域性单元组装工艺特别重要。各层平台符号如表 5-6 所列。

表 5-6 各层平台符号

序号	船体结构名称	符号	序号	船体结构名称	符号
1	船体基线	H	10	起居甲板	起
2	内底板	内	11	遮阳甲板	阳
3	花铁板	花	12	游步甲板	游
4	平台甲板	平	13	露天甲板	天
5	下平台甲板	下平	14	救生艇甲板	艇
6	上平台甲板	上平	15	驾驶甲板	驾
7	下甲板	下甲	16	罗经甲板	罗
8	上甲板	上甲	17	甲板上面	+
9	桥楼甲板(包括首、尾楼)	桥	18	甲板下面	-

4. 管系尺寸标注

在管布置施工图与部件单件图上,必须标注足够的尺寸。由于这两种图纸的用途不同,所以对尺寸标注的要求也不相同。

1) 管路布置施工图尺寸标注

(1) 机械设备的安装定位尺寸。在单个管系统安装工作中,机械设备的定位尺寸通常都标注在机械设备布置图上。在安装管子前,机械设备均已安装就绪,因此有关的定位尺寸在施工图上可以省略,在采用区域性单元组装时这些尺寸在区域性单元组装图上仍应标明。

(2) 船体结构上的开孔定位尺寸是指管子通至双层底舱、舷旁以及附于船体结构上的油水舱进出管的定位尺寸。安装管子前,根据图中算出的定位尺寸预先开孔。同样风道、电缆通过甲板、平台,根据图中算出的定位尺寸预先开孔。

(3) 管路布置的定位尺寸。沿船舶纵向布置的管子,在直段上须注有距船中的尺寸;沿船舶横向布置的管子,在直段上注有距某肋位的尺寸;平行布置的管子须注有彼此的间距;带有弯头的管子须注出弯头两边的高度定位尺寸。

以管子为例,管子单件用于管子的备料、弯制、校管和安装定位,因而图上的尺寸标注必须满足这三个要求。

由于管子在舾装中生产设计的复杂性,因此本小节重点讨论管子的尺寸标注方法。管子零件图上的尺寸标注方法与机械制图的尺寸标注方法有所不同。为便于管子制造,采用封闭尺寸标注法。

2) 无支管的管子尺寸标注方法

图 5-4 为标注完整尺寸的斜角尺别弯零件图。管段 1—2 及管段 3—4 平行于投影面,此二段管子不在一个平面内,所以分别在此二管段上标注 H0 与 H235,表示它们之间的高差为 235mm。根据图中所标注的尺寸及附于零件图下面表格中的所填弯角数值,即可加工这根管子。

图 5-5 所示为角尺上别弯的尺寸标注。这根管子的角尺弯与投影面平行,而管段 3—4 为斜管段,不与投影面平行,因此点 4 的高度坐标必须注在端点 4 上。

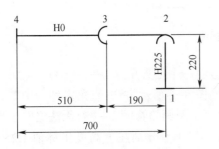 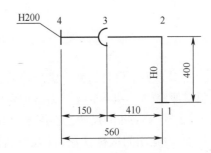

图 5-4 斜角尺别弯尺寸标注　　　　　　图 5-5 角尺上别弯尺寸标注

图 5-6 所示为一根斜定伸弯管子的尺寸标注。零件图上绘制的这根管子,相当于一根平定伸弯与投影面成某一角度后的投影。在校管时必须用这个投影图,在弯制时只能弯制

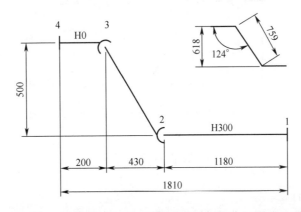

图 5-6 斜定伸弯尺寸标注

平定伸，因此必须在图中绘出平定伸的中心距和管段 2—3 的实长。所以，在零件图上可附注明这两个尺寸的图形，算出中心距为 618mm，实长为 753mm，同时把成形角 α=124°注出，这样绘制后，弯管和支管均很方便。

图 5-7 所示为另一根管子的标注方法。这根管子一共有四段：中间为一个别弯 2—3—(4)，两端为两个直角弯。右端直角弯的一根管段(1)—2 指向图里，左端直角弯的一根管段(4)—5 指向图外，由于均垂直于图面，所以投影均为一个圆。这时无法标注出这两个管段的实尺寸，所以通常采用附加标注符号的方法注出它们的尺寸。

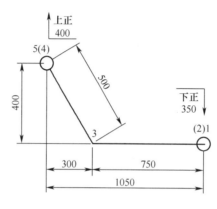

图 5-7 附加标注

图 5-8 为一根带有两个定伸弯的管子。从符号看一个是直角弯 1—2—(3)—4，另一个是斜定伸弯(3)—4—5—6。斜定伸弯的注法往往同图 5-6 所示方法；直角定伸弯中二直管段 1—2 与(3)—4 的尺寸已在图 5-8 中标出，而垂直于图面的管段 2—(3)无法之间注出它的长度，因此用间接标注法，即在直管段 1—2 与(3)—4 上分别注上高度坐标值 H250 与 H600，二者之差 350mm 即为 2—(3)管段的长度。这种方法是比较通用的一种尺寸标注法。

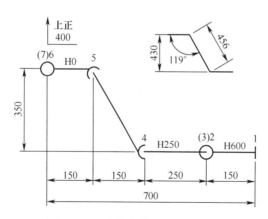

图 5-8 双定伸弯管子的尺寸标注

3）支管尺寸标注法

在管子加工过程中主管已先弯制好，支管一般是在校管或安装时装配上，因此支管的尺寸标注应从校管（装配）方便这一点考虑。现将支管尺寸的标注方法简介如下：

（1）垂直支管。支管与主管垂直，尺寸标注如图5-9所示。在投影图上支管与主管的管段2—3垂直，它装在点6处。从校管方便起见，应注出2—6段的长度为350mm（同时还应注出支管本身的长度为300mm）。当支管管径与主管管径不相同时，应在支管上注出它的管径ϕ，相同时可以不注。在标注支管安装尺寸时，容易只注a的尺寸，这是不正确的，因为点3在管子成形后根本不存在，而距离2—6却可以通过测量二管子的中心距得出。当支管与投影面垂直时，尺寸标注如图5-10所示。

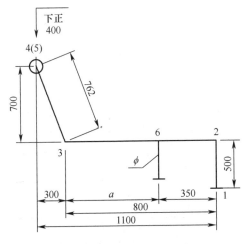

图 5-9　垂直支管尺寸标注（一）

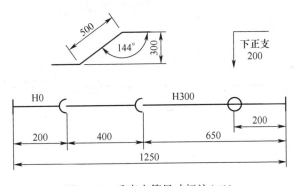

图 5-10　垂直支管尺寸标注（二）

（2）平行支管。支管本身是一个直角弯，与主管可以平行安装。图5-11所示为平行支管的尺寸标注（清楚起见，其他尺寸省略），a、b为表示支管本身的尺寸，c为支管在主管上的安装尺寸。如果左端两法兰平齐，a与c的尺寸相同，可略去a，而把尺寸线拉至两个法兰端。当平行支管垂直于投影面时，可用图5-12所示标注方法。从图形看，在离1点距离为c处安装一个下正直角弯支管，支管的水平长度为a，但支管尺寸b在图中没标注出，因此可采用"支H0"的标注法来间接表示该管段尺寸，由此可见$b = H - H0$。

（3）斜直支管。斜直支管的尺寸标注方法基本上与前面的方法相同。图5-13中的尺寸a_1、b_1、a_2、b_2为支管坐标尺寸，支管的实长由这些尺寸计算确定；c_1与c_2为支管在主管上的定位尺寸。由于直支管与主管重叠，因而需加上标注符号"上b"与"下b"，表示支管端点的高度坐标值。当然,支管的管径与主管不同时也需加以注明。

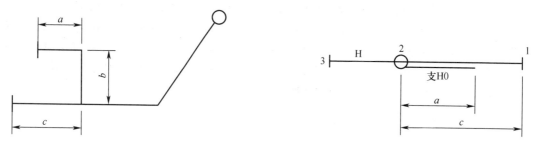

图 5-11 平行支管尺寸标注(一)   图 5-12 平行支管尺寸标注(二)

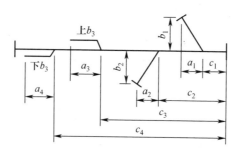

图 5-13 斜支管尺寸标注

(4)圆弧支管。图 5-14 所示为圆弧支管的尺寸标注法,基本上同以上支管尺寸标注法,一般情况下不会误解。

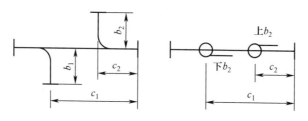

图 5-14 圆弧支管尺寸标注

4)管子余量的尺寸标注

有一些管子必须在现场确定它的长度,如嵌补管。为此,某部分长度适当加放余量,标注方法如图 5-15 所示。图中 550^{+30} 为标注余量的尺寸,550 是放样要求的尺寸,+30 是余量,实际切割长度由现场确定。

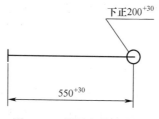

图 5-15 管子余量尺寸标注

5) 管子安装尺寸标注

上述管子单件图尺寸的标注,只解决了管子加工制造问题,尚不能按此直接进行安装,因此还必须标注必要的安装符号,以利于安装。

安装符号由四个方面内容组成,具体如下:

(1) 在船上的艏艉位置;

(2) 距船的中线位置;

(3) 距甲板层高度位置;

(4) 管端方向。

安装符号在前面已讲述,现仅将表示管端方向符号列于表 5-7,供参考。

表 5-7 管子安装符号

安 装 方 向 说 明	符 号	安 装 方 向 说 明	符 号
在船体的左舷,是向上方向	↑	在船体的右舷,是向上方向	↑
在船体的左舷,是向下方向	↓	在船体的右舷,是向下方向	↓
在船体的左舷,是向舯方向	→	在船体的右舷,是向舷方向	→
在船体的左舷,是向舷方向	←	在船体的右舷,是向舯方向	←
在船体的左舷,是向艏方向	⇑	在船体的右舷,是向艏方向	⇑
在船体的左舷,是向艉方向	⇓	在船体的右舷,是向艉方向	⇓

在管子单件图上标注安装符号的方法,有的仅标注管子的一端,也有将所有支管管段都进行标注,一般以管子的两端均标注安装符号为宜。

图 5-16 所示为一根管子的尺寸及安装符号的标注实例,表示各管段的尺寸与管端 A、B 的安装位置。管端 A 安装在左舷向舷侧,纵向位置在 36 号肋骨处,横向距船中 1500mm,高度在内底板上 1500mm 处,管端 B 安装在左舷向下,纵向在 35 号肋骨前 50mm,横向距船中 700mm,高度在内底板上 700mm 处。

有了上述单件图与附注的各参数,就能正确地进行弯管、校管与管子安装工作。

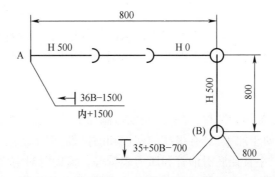

图 5-16 管子安装尺寸标注

5. 管路系统的布置原则

(1) 从下而上。从内底板开始逐步布置到主甲板。

(2) 由大到小。大直径管子(舱底压载、冷却水管系等)应先布置在下层,因为大直径管子不宜多弯曲,尽可能直线布置,中等直径管子(滑油、燃油管路等)布置在中层,小直径管子布置在上层,这样可以降低管系的重心。

(3) 先主后次。空气、测量、注入管路先布置,因为这些管路不宜过分弯曲,其位置又较固定。然后考虑动力系统,最后安排其他管系。

(4) 从纵到横。因为机舱管路与全船管路有联系,全船管路一般通过前后隔舱,即纵向管路多,宜先安排。

(5) 甲板管路一般布置于船舷两侧和走道下面。

(6) 弯头最少,路径最短。

(7) 在有消磁电缆时,则应先安排消磁电缆管路。

(8) 管子的排列形式尽量规则化,管子排列形式常见的有竖向排列、横向排列、交叉排列、斜排列四种。

(9) 一个系统的管路、设备应尽可能集中,各系统之间应分散铺开,不使整个系统的管路、设备过于集中,阀件的位置应考虑操作方便,并且便于维修和管理。

5.2 管系材料的准备

5.2.1 管系材料

管系在船舶上用途繁多,所用材料也各不相同。管子所用材料的选择,主要根据管路中运送的介质、工作压力、温度及工作条件等决定。船舶上使用的管子归纳起来主要有无缝钢管、焊接钢管、铜及铜合金管、铝管、双金属管和塑料管等。

1. 无缝钢管

无缝钢管是由圆坯加热后经过热轧或冷拔制成的没有接缝的钢管,故称为无缝钢管。无缝钢管可由碳钢或合金钢制造,具有良好的延伸率及足够的强度,所以用途较为广泛。无缝钢管常用作高压蒸汽和过热蒸汽管路、高压水和过热水管路、高压气体和液压管路,以及输送燃烧性、爆炸性和有毒性物质的管路等。在造船工业中,应用最广泛的是10号碳钢热轧和冷拔钢管。

2. 焊接钢管

焊接钢管材料一般为优质碳素钢或碳素结构的钢焊接钢管由钢板卷曲后焊接而成。焊接钢管由于焊缝质量很难达到理论上的要求,故机械性能较差,一般用于温度、压力要求不高的管路。

3. 铜及铜合金管

常用的有紫铜管和黄铜管两种,都是拉制或挤制而成的无缝铜管。

紫铜管质地柔软,便于加工,具有很高的塑性和耐蚀性,但不适用于高温、高压。主要用作舷外水管、加热器管、小直径润滑油管和压力表管等。黄铜管对空气及海水有很高的抗蚀能力,且导热率高,常用作热交换器的管束及通话管等,但价格较贵,不宜多采用。

船舶用白铜管具有很高的抗蚀性能和导热性能,但价格高,因此民用船舶上很少使用,但在舰艇热交换器上应用较多。所有铜管在加工时都应进行退火处理。

4. 铝管

铝管是拉制或挤制而成的无缝管,铝管重量轻、耐腐蚀、塑性好、易加工,但机械性能不及铜管,故只适用于低温、低压场合,如燃油管、滑油管、冷却水管等。铝管常为一般轻型快速舰艇所采用,其他船舶使用较少。铝管在弯曲前亦需退火处理。

5. 双金属管

双金属管是一种由10号优质碳素钢轧制而成的管子,内层镀有$0.6 \sim 0.8 mm$厚的T1号紫铜。

双金属管的抗拉强度不小于294MPa,延伸率不小于27%。由于它既具有紫铜的抗蚀性又具有碳钢的高强度,故常用作燃油管、滑油管、高压空气管以及高压液压管路等。双金属管冷弯前,弯曲部位必须进行退火处理。

6. 塑料管

在造船工业中,工程塑料管应用有着广阔的前景。它具有重量轻、耐腐蚀、摩擦阻力小、绝缘、绝热性能好、连接工艺简单、无需油漆等优点,但也存在强度低、防火性能差、膨胀系数大、不耐冲击及易老化等缺陷。

塑料管一般可用于生活用水管、甲板排水管、水舱空气管、测量管、压载管、污水管、粪便管、空调及风管等系统,但不得用在温度高于40℃或低于0℃的管系。目前用于船舶管系的工程塑料管有12%MBS改性聚氯乙烯管、氯化聚乙烯管等。

5.2.2 质量控制

1. 质量检查

1) 无缝钢管

无缝钢管的内、外表面应无裂缝、折叠、分层、结疤、错位、扎折、发纹等缺陷。如有上述缺陷则应清除,并且清除部位的壁厚应不小于设计规定的最小壁厚。

2) 焊接钢管

焊接钢管的内、外表面不允许存在裂缝、结疤、错位、毛刺、烧伤、压痕和深的划道等缺陷。但允许存在深度不超过厚壁允许偏差范围的小压痕、轻微的错位、辊印线、薄的氧化铁皮及打磨与清除毛刺的痕迹等缺陷。

3) 紫铜管

紫铜管的内外表面应光滑、清洁,不应有裂缝、起皮、夹杂、凹坑、分层等缺陷,但局部的、轻微的划伤、斑点、拉痕和轧痕可允许存在。

4) 铝黄铜管、铜镍铁合金管

铝黄铜管、铜镍铁合金管的管子表面应光滑、清洁,不应有针孔、裂缝、气泡、分层和绿锈等缺陷。

2. 表面缺陷修补

1) 打磨

钢管表面的缺陷,如修整后管壁厚度不小于所规定的最小厚度时,则允许用机械方法进行打磨,然后光滑过渡至钢管表面。

紫铜管、铝黄铜管、铜镍铁合金管表面缺陷不允许用焊修的方法修复,但可以用打磨的方法予以消除。经打磨的部位与管子的表面应平滑过渡,且不允许超出允许的尺寸公差。

2) 焊补

当拟用焊补修补钢管表面的小缺陷时,应将补焊工艺规程(包括预热和焊后热处理等资料)提交船级社审核。修补区域应进行磁粉检测。奥氏体钢管在完成补焊、热处理和打磨后,应进行着色检测。

3. 材料管理

管子都须具有材质报告和炉批号证书,Ⅰ、Ⅱ级管还应有船级社证书,法兰、定型弯头、异径接头等都须具有制造厂合格证书。

1) 涂色标

在船级社认可的Ⅰ、Ⅱ级钢管端头,分别涂上相应色标。

2) 分开存放

管子和附件按管子切割日、生产线分开,放于各生产线相应位置,并做好切割日标志。

3) 专用管子单独存放

有特殊用途的专用管子单独存放,并做好特殊用途标志,采取必要的保护措施。

5.3 管子的弯制

5.3.1 管子弯曲原理及技术要求

1. 管子弯曲原理

金属材料所受的外力超过其屈服极限时,将产生塑性变形,这就是管子弯曲成形的基本原理。

管子在弯曲时,其管壁外侧因受拉伸而变薄,内侧受压缩变厚,但中性层 $M-M$ 处不受力,所以长度、厚度都不改变。由于拉伸和压缩的作用,在弯曲时,管子截面由圆变成椭圆,如图5-17所示。这种变形与弯曲半径、弯曲角度、管子材料及管径大小等因素有关。

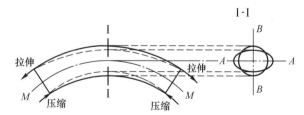

1—弯曲后管子的椭圆截面;2—原来管子的圆形截面。

图5-17 弯曲时管子截面的变化

2. 弯管技术要求

管子的弯曲质量同采用的弯制工艺、管子材料、尺寸参数及弯曲半径等许多因素有关,要获得较高质量的弯头、弯管时,必须满足以下要求。

1) 冷弯、热弯选择

管子的弯曲,尽量采用冷弯。当管径较大、管壁过薄、弯曲半径小于冷弯所规定的弯曲半径、管子形状复杂或弯头间无直线段而不能在弯管机上紧固时,可以采用热弯。但镀锌管一般不宜用热弯,而塑料管只能热弯。

2）弯曲半径

管子的弯曲半径,一般采用 2~3 倍管子外径,只有在个别情况下允许小于 2 倍,但不得小于 1.5 倍。管子的弯曲半径和相对应的紧固长度列于表 5-8 中。

3）有芯弯管

使用有芯弯管机进行弯管时,管子内径与塞芯工作部分应涂适量的润滑油,芯棒的端头圆柱截面位置应超过与其垂直的模具中心线,其超前值一般根据经验决定,新安装和调试的弯管机可参照表 5-9 选取。

表 5-8　管子的弯曲半径与紧固长度

管子公称通径/mm	管子弯曲半径/mm		紧固长度/mm
	常用	备用	
15	50	—	50
20	60	—	50
25	70	—	70
32	110	80	80
40	120	90	80
50	150	120	100
65	200	150	120
80	220	180	150
100	270	230	150
125	280	—	200
150	330	—	250
200	440	—	250
250	550	—	300
300	650	—	300

表 5-9　芯棒超过模具中心线值

弯曲半径 R	超前值	弯曲半径 R	超前值
$2.0D$	$0.25d$	$3.0D$	$0.33d$
$2.5D$	$0.28d$	$3.5D$	$0.38d$
$2.75D$	$0.31d$	$4.0D$	$0.41d$

注:D 为管子的外径;d 为管子的外径。

4）热弯温度

管子热弯时,为了保证弯曲质量和防止过烧,应控制管壁的始弯与终弯温度,管壁的始弯与终弯温度列于表 5-10 中。

表 5-10 始弯与终弯温度

管子材料	开始弯曲温度/℃	弯曲终了温度/℃
碳 钢	1050~1080(淡黄色)	630~660(深红色)
紫 铜	850~860(深橙色)	300
黄 铜	830	300
钼钢、钼铬钢	950~1050(橙黄色)	750~770(樱红色)
双金属	850	580(微红色)
不锈钢	1050(浅黄色)	800(浅红色)

5) 焊缝安置

弯曲焊接钢管,应尽量将焊缝安置在因弯曲而引起的变形最小方位上,如图 5-18 所示。在弯立体弯头时,也应适当考虑焊缝位置。

6) 公差

弯曲后的弯曲角 α、旋转角 φ 之公差均为±0.5°,管段长度的公差为±7mm。

7) 圆度

管子弯曲时,受弯曲力的作用,使其截面变成椭圆,这样就增大了流体的压头损失,弯曲处管子的圆度应符合表 5-11 的规定。

图 5-18 焊缝所处位置

表 5-11 弯管时允许的圆度百分率

弯曲半径 R	圆度/%
R≤2D	≤ 12
2D<R≤3D	≤ 10
3D<R≤4D	≤ 8
R>4D	≤ 6

圆度计算公式:

$$k = \frac{D_{max} - D_{min}}{D} \times 100\% \tag{5-1}$$

式中　D——管子外径(mm);
　　　D_{max}——弯曲处截面最大外径(mm);
　　　D_{min}——弯曲处截面最小外径(mm)。

8) 减薄率

管子弯曲时,外侧管壁由于受拉伸长而减薄,降低了管子的承压强度,因此减薄率应符合表 5-12 的规定。

表 5-12 弯管管壁的允许减薄率

弯曲半径 R	管壁减薄率/%
R≤2D	≤25
2D<R≤3D	≤20
3D<R≤4D	≤15
R>4D	≤10

管壁减薄率计算公式：

$$W = \left(1 - \frac{t_1}{t_2}\right) \times 100\% \tag{5-2}$$

式中　t_1——管子外侧实测厚度(mm)；

　　　t_2——管子弯前实际厚度(mm)。

9) 截面收缩率

由于管子弯曲部分金属变形的影响而使截面收缩，减少了管子的有效面积，增加了管内的流动阻力，因此规定，管子弯曲后截面处的收缩率不得小于95%。截面收缩率 Q 的计算公式：

$$Q = \frac{D_{\max} + D_{\min}}{2D} \times 100\% \tag{5-3}$$

5.3.2　管子下料

1. 管子下料方法

1) 按样棒下料法

样棒是用直径6~16mm的圆钢根据船舶现场状况弯制而成的管子模型，一般用样棒直接在管子的表面中心线进行滚动的方法下料。

样棒是在现场由人工取得，它的弯曲半径与实际弯曲半径略有偏差，因此按样棒下料时应有充分的弯曲余量，保证管子弯曲后符合需要。按样棒制管，效率低、弯曲余量大、制造工艺很不合理，目前造船工业中很少使用。但有的场合只能使用样棒制管，如修理船舶时更换某段管子，在采用单元组装和分段预舾装工艺时各单元之间、各分段之间的连接管也按样棒弯制管子。

2) 按管子零件图下料

根据管系布置图所取得的管子零件图，计算弯管参数和下料长度，在下料时应考虑弯管的前后夹具长度、连接件的型式、热弯管的弯管支撑点等因素，取得合理的下料长度。

按管子零件图可以成批地下料，将各系统相同规格的管子集中进行下料，可减少管子的余量，提高管子的利用率。

3) 无余量下料

无余量下料是根据管子零件图计算实际下料长度进行下料。这个下料长度已考虑各种不同材料的管子弯曲延伸量和回弹角，同时也考虑了弯曲半径、夹具长度等因素的影响。

2. 画线

1）取管

按切割计划表或其他相关资料,取用材料牌号、规格相符的管子。

2）记号

按切割计划表上或其他相关资料上管子长度进行画线,并在管子上写上工程编号、托盘连续号、切割日、加工托盘序号等记号。

3）切割线

切割线可用细石笔画出,在需要画出较长切割线时,可用靠板画线以保证切割线与管子轴线垂直,画线靠板如图 5-19 所示。

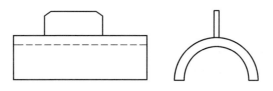

图 5-19　画线靠板示意图

对于有色标的管子,画线从无色标端起始,以便保留余料色标。

3. 切割方法

1）砂轮切割

（1）将管子切割线和砂轮片对准,固定好管子。

（2）接通电动机电源,当转速充分上升稳定后,开始进行切割。

（3）切割精度:±1.5mm。

（4）用砂轮对管子端部进行打磨,去除切割端毛刺,并在装焊法兰处的管子外部进行打磨除锈,长度不小于 50mm。

2）火焰切割

（1）移动切割机,火口到切割线为止。

（2）将火口下降到离管子表面 10~15mm,确定火口位置。

（3）打开燃气、氧气开关,点火,调整火焰。

（4）预热后,打开高压氧气开关,开始切割,接通旋转用的电动机电源,使管子转动,边调整切割速度,边进行切割。

（5）对于厚度大于 6mm 的钢管与标准弯头、异径接头对接的端口,割嘴须与管子端部成 30°夹角,使钢管切割的同时开好坡口。坡口角度如图 5-20 所示。

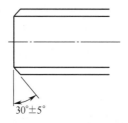

图 5-20　坡口角度示意图

(6) 切割精度：±1.5mm。对于对接管段，每一对接端应减去 2mm 装配间隙。

(7) 用砂轮对管子端部进行打磨，去除切割端毛刺和焊接区域铁锈，法兰端的除锈长度为 50mm，对接端为 30mm。

3) 锯床切割

(1) 将管子的切割位置对准锯刃，固定管子。

(2) 调整切割速度，对管子进行切割。

(3) 供给切割油。

(4) 切割精度：±1.5mm。

4) 手锯切割

(1) 固定管子。

(2) 将手锯锯条对准切割线，进行切割。在切割过程中，锯条与管子轴线保持垂直。

(3) 对于口径较大的管子，在管子部分圆周切割后，先转动管子，再进行另一部分圆周切割，直至全部完成，此时管子切割线应为整个圆周。

(4) 切割精度：±1.5mm。

(5) 用锉刀锉去切割端毛刺。

DN≤100mm 的钢管用砂轮机、锯床切割。DN>100mm 的钢管用火焰（氧乙炔、氧丙烯）切割机切割。紫铜管用手锯切割。不锈钢管用手锯、机械割管机或等离子切割机切割。铝黄铜管、铜镍铁合金管用手锯、机械割管机或等离子切割机切割。

5.4 管子弯曲加工

5.4.1 加工方法及适用场合

1. 钢管的弯曲加工方法

钢管的弯曲加工方法如图 5-21 所示。

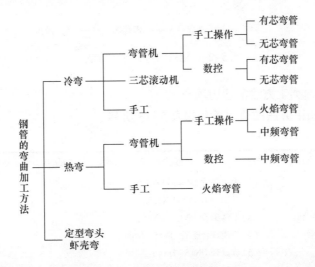

图 5-21 钢管的弯曲加工方法

2. 铜管的弯曲加工方法

铜管的弯曲加工方法如图 5-22 所示。

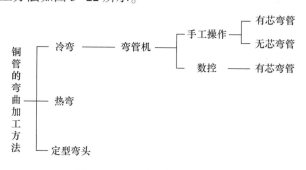

图 5-22　铜管的弯曲加工方法

3. 不锈钢管、铜镍铁合金管的弯曲加工方法

不锈钢管、铜镍铁合金管的弯曲加工方法如图 5-23 所示。

图 5-23　不锈钢管、铜镍铁合金管的弯曲加工方法

4. 铝管的弯曲加工方法

铝管的弯曲加工方法如图 5-24 所示。

图 5-24　铝管的弯曲加工方法

5. 各种管子弯曲加工方法的适用场合

各种管子弯曲加工方法的适用场合如表 5-13 所列。

表 5-13　各种管子弯曲加工方法的适用场合　　单位：mm

序号	弯曲加工方法	通常适用场合（R 为弯曲半径，D 为管子通径）
1	弯管机冷弯 有芯钢管	（1）无缝钢管 DN40~DN200； （2）紫铜管 DN15~DN125； （3）不锈钢管 DN15~DN50； （4）铜镍铁合金管 DN15~DN40； （5）黄铜管 DN15~DN40； （6）铝管 DN40~DN80

续表

序号	弯曲加工方法	通常适用场合（R 为弯曲半径，D 为管子通径）
2	弯管机冷弯无芯钢管	(1) 钢管（无缝或有缝）DN≤32； (2) 紫铜管、不锈钢管、铜镍铁合金管、黄铜管、铝管 DN≤10
3	三芯滚动机冷弯	钢管（无缝或有缝）、不锈钢管
4	手工冷弯	钢管（无缝或有缝）、不锈钢管
5	弯管机热弯	(1) 无缝钢管 DN250～DN400； (2) 无缝钢管 DN65～DN200 厚壁管
6	手工热弯	各种金属管，短管
7	定型弯头	(1) 钢管 DN15～DN800，$R=D$，$1.5D$； (2) 紫铜管 DN25～DN125，$R=D$ 或 R 略大于 D
8	虾壳弯	主辅机排气管，锅炉排烟管

5.4.2 弯管机

1. 弯管机的分类

根据冷弯和热弯两大类弯管方法，有相应的两大类弯管机，即适用于冷弯的弯管机和适用于热弯的弯管机。按其转动部分的动力种类来分类，可分为液压弯管机和电动弯管机。按操作方法来分类，可分为机械弯管机和数控弯管机。冷弯类弯管机按是否采用芯头防皱和保证椭圆度来分类，可分为有芯弯管机和无芯弯管机。有些小型弯管机，针对不同规格的管子，既可做有芯弯管机，也可做无芯弯管机。热弯类弯管机按加热方法来分类，可分为中频弯管机和火焰弯管机。还有一种三芯滚动弯管机，是由电力驱动的，适用于弯制弯曲半径大的管子。

2. 弯管机的性能

弯管机的性能包括弯管方法、传动动力、操作方法、旋转方向等，参数包括弯曲半径、前后夹长度、插芯长度等。表 5-14 和表 5-15 所列为某些常用弯管机的性能和参数，表 5-14 适用于钢管，表 5-15 适用于铜管。

表 5-14 钢管弯管机的性能和参数   单位：mm

设备名称	性能				管子规格		弯管参数				
	弯管方法	传动动力	操作方法	旋转方向	公称直径 DN	外径 D_w	弯曲半径 R	前夹长度 L	后夹长度 C	中心距 A	高度 H	插芯长度 B
Φ14～Φ32 电动弯管机	无芯冷弯	电动	机械	顺时针	10	14	35	80	—	80	150	1000
					15	22	75					
					20	25	75					
						27						
						32	100					
					25	34	75					
							100					

续表

设备名称	性能				管子规格		弯管参数					
	弯管方法	传动动力	操作方法	旋转方向	公称直径DN	外径D_w	弯曲半径R	前夹长度L	后夹长度C	中心距A	高度H	插芯长度B
"60"液压弯管机（冷弯）	无芯	液压	机械	顺时针	15	22	75	80	500	140	1080	
					20	27			80			
					25	34	100					
					32	38						
						42	130		110			
	有芯				40	48	150					3450
"114"液压弯管机（冷弯）	有芯冷弯	液压	机械	顺时针	50	60	180	165	620	570	320	1250	3950
					65	76	230					
					80	89	270	210				
					100	114	350					
					50	60	90					
					65	76	114	200				
					80	89	133.5	240				
					100	114	171					
03B数控管机(冷弯)	无芯	液压	数控	顺时针	15	22	75	55	—	170	270	1100	
					20	27		65		180		
					25	34	100	80		235		
					32	42	130	110		300		
					40	48	150			345		6000

表 5-15 铜管弯管机的性能和参数

单位：mm

设备名称	性能				管子规格		弯管参数					
	弯管方法	传动动力	操作方法	旋转方向	公称直径DN	外径D_w	弯曲半径R	前夹长度L	后夹长度C	中心距A	高度H	插芯长度B
$\Phi14\sim\Phi48$电动弯管机	无芯冷弯	电动	机械	顺时针	10	14	35	80	—	80	150	1000	—
						16	75					
						18						
					15	20	80					
						22	55					
					20	25	70					
							100					
						28	70					
					25	30	100					
						32	90					
					32	38	100					—
						40						
					40	42	120					
						45						

续表

设备名称	性能			管子规格		弯管参数					
	弯管方法	传动动力	操作方法	旋转方向	公称直径 DN	外径 D_w	弯曲半径 R	前夹长度 L	后夹长度 C	中心距 A	高度 H	插芯长度 B
Φ76液压弯管机	有芯冷弯	液压	机械	顺时针	50	55	110	100	—	110	250	1000	3300
					65	70	140						
"114"数控管机	有芯冷弯	液压	机械	顺时针	50	55	150	165	—	110	250	1000	3300
					65	70	200						
					80	85	240	210					
					100	105	300						
					125	129	330	280					
Φ108液压弯管机	有芯冷弯	液压	数控	顺时针	50	55	150	110	130	250	900	5800
					65	70	200						
					80	85	220						
					100	105	290						
					125	129	330						

在图5-25中，L(前夹长度)为从弯模中心到弯盘端面之间的距离，H(高度)为从弯模中心到地平面之间的距离，A(中心距)为从弯模中心到机体边缘之间的距离，B(插芯长度)为从弯模中心到插芯活塞杆连接件的距离，C(后夹长度)为从弯模中心到后夹导条端面之间的距离，对于滚轮式后夹，则为弯模中心到后夹第二个滚轮中心的距离，R为弯管半径。

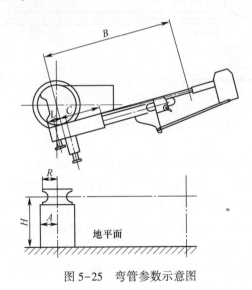

图5-25 弯管参数示意图

3. 常用弯管机简介

1) 电动无芯弯管机

电动无芯弯管机是应用最早的一种弯管机，也是最基本的弯管机，其他形式的弯管机都是由它发展变化而来。

电动无芯弯管机主要由传动部分(机内)和弯曲部分(机外)组成。图5-26为电动无芯弯管机传动部分的示意图。它由电动机1、皮带减速装置2、齿轮减速箱3、蜗轮蜗杆机构4和主轴5组成。电动机通过皮带、齿轮、蜗轮蜗杆等减速装置减速后,使套在蜗轮中心的主轴以1r/min左右的转速顺时针旋转。

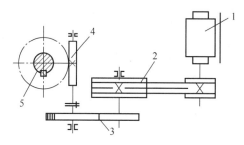

1—电动机；2—皮带减速装置；3—齿轮减速箱；4—蜗轮蜗杆机构；5—主轴。
图 5-26 电动无芯弯管机传动部分

图 5-27 为电动无芯弯管机弯曲部分的示意图。它由弯模1、主轴2、前夹头3、后夹头4和托架5组成。弯模套在弯管机的主轴上,用键与轴配合并随着主轴一起旋转。此外,弯管机台面上配有电源控制盒,用来控制弯模的顺转、停止和倒转等工作状态。

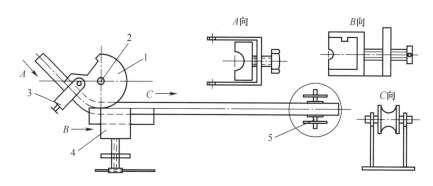

1—弯模；2—主轴；3—前夹头；4—后夹头；5—托架。
图 5-27 电动无芯弯管机弯管部分示意图

弯模的圆周上开有凹槽,凹槽的半径等于被弯管子的外半径。弯模可以做成结构相同而凹槽半径不同的各种规格,以满足不同管径管子的需要。弯模圆周的半径就是弯管时的弯曲半径 R,对同一管径的弯模,弯曲半径可以不同,以适应不同的需要。弯模上还开有固定前夹头的插销孔。前夹头内装有塞块,塞块上开有相应的凹槽,为了防止前夹头夹紧以后,管子仍有滑动现象,塞块凹槽的半径应略小于管子外半径,并在凹槽上开几个三角槽。前夹头用销钉与弯模连接,用螺栓推动塞块将弯头前的直管段紧紧地夹在弯模上,使管子能随着弯模一起转动。后夹头由导条、座架、固定座和螺栓组成,导条镶在座架内,螺栓旋过固定座的螺纹与座架相连,导条内开有凹槽,凹槽的半径和管子外半径相同。通过转动螺栓,使座架连同导条一起移动,导条将管子夹紧或松开。托架的用途是支持管子的一部分重量和保持管子与弯模凹槽中心处于同一水平面。

2）液压塞芯弯管机

液压弯管机的回转机构主要有回转油缸和液压马达两种,即用电动机驱动高压油泵,再由高压油泵带动回转油缸或液压马达使弯模转动。使用回转油缸的液压弯管机的扭矩较大,适用于弯制公称直径100mm以上的大直径管子。使用液压马达的液压弯管机结构简单,但扭矩较小,只适宜弯制小直径管子。图5-28为W27YS-42液压半自动弯管机液压原理图。工作时,由电动机带动齿轮泵向系统供油。系统压力由溢流阀调节控制。压力油通过单向阀进入3只三位六通手动换向阀,3只换向阀分别控制夹紧和助推、主传动、芯杆的油缸的动作。开始弯管时,开动齿轮泵,调整好系统压力,依次操纵控制夹紧和助推、芯杆、主传动的换向阀,使压力油进入油缸无杆腔,使前夹头、后夹头处于夹紧状态,芯杆前移到工作位置,主传动活塞杆通过链条带动主轴作旋转弯管运动。弯管结束后,依次操纵控制芯杆、夹紧和助推、主传动换向阀,使压力油进入油缸有杆腔,前后夹头松开,芯杆后退,主轴作旋转返回运动。为保证夹紧时先夹紧前夹头,后夹紧后夹头,松开时前后夹头能同时松开,在后夹头的油缸无杆腔管路中安装单向节流阀。当换向阀处于中位时,系统处于泄荷状态,液压油直接流回油箱。

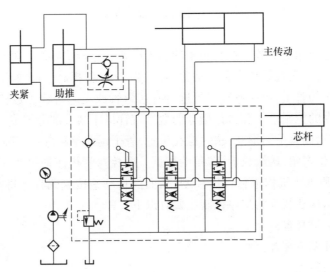

图5-28 W27YS-42液压半自动弯管机液压原理图

塞芯弯管机就是在管子内部增加了一根柱塞式芯棒——塞芯。塞芯由头部和尾部(拉杆)两部分组成。为了保证管子的导向和防止弯管时芯棒的偏斜,芯棒的头部做成圆柱形,长度一般为300~400mm,直径比管子内径小1~2mm。常用的芯棒头部端面为球形,如图5-29所示。球形芯棒的优点是适用性强,可用于同一内径且不同弯曲半径的管子的弯曲,制造和调整方便。芯棒的尾部(拉杆)是一根圆柱体直棒,长度和直径视管子长度和塞芯的刚性而定。拉杆的前端以螺纹或焊接形式与头部固定,后端则用螺纹固定在托架上,转动拉杆后端的连接螺纹就可以调整芯棒头部在管子弯曲处(起弯点)的位置。

弯管时,弯模一面转动另一面带动管子前进,在前后夹头的作用下,管子被弯曲而绕在弯模上。在整个弯曲过程中,塞芯头部始终被拉杆固定在一个位置上。这个固定位置很重要,直接影响到弯管的质量。根据弯管实践,塞芯位置固定在起弯点前面一些,即保持一个正确的前置量K。前置量K就是塞芯位置超过起弯点的距离。正确调节前置量K值大小,就可以控制管子变形的变化。前置量K值大,椭圆度小,管壁薄;前置量K值小,椭圆度大,

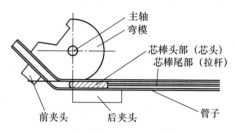

图 5-29 球形芯棒和前置量 K 示意图

管壁厚。因此,当管子椭圆度过大时,则应将塞芯向前伸出一些;当管子管壁过薄甚至破裂时,则应将塞芯向后缩进一些。前置量 K 的大小取决于管子的材料、直径、壁厚、弯曲半径、塞芯外径和管子内径的间隙、塞芯形状及弯管机等因素,确切的数值应根据试验而定。只要保持适当的前置量,就可以保证能获得良好的弯管质量。

3) 数控弯管机

数控弯管机是应用电子数字控制技术的加工设备。它能按照规定的程序和尺寸要求自动进行管子弯制工作,实现管子弯管自动化,减轻劳动强度,提高生产效率和管子弯管精度。

针对不同规格的管子,数控弯管机可进行有芯弯管或无芯弯管。数控弯管机主要由按规定程序发出指令的控制设备和执行指令的数控弯管机床两大部分组成。数控弯管机的弯管程序,根据所需弯制管子的形状、法兰螺孔位置、管子延伸率和弯角回弹率、弯管机工作规则等参数编制,提供弯角、送给长度、转角的数据。数控弯管机床通过程序和电子液压系统分别对弯管指令和机床机构进行程序控制,从而能自动地按编码程序进行协调配合工作。数控弯管机床对机构和装置的程序控制主要有以下几种:

(1) 送进和后退装置;
(2) 法兰螺孔调节装置;
(3) 前后夹头装置;
(4) 弯角传动装置;
(5) 转角装置;
(6) 塞芯装置;
(7) 液压系统。

4) 中频弯管机

中频弯管机是热弯无芯弯管机,传动部分动力种类可以是液压,也可以是电动;操作方式可以是数控,也可以是机械。中频弯管机是利用中频(800~2500Hz)交变电流,通过感应圈对金属管子作用而产生感应电流,由于感应电流的涡流作用,在极短时间内使管子表面产生一条宽 15~25mm、950℃左右的强热带。根据管径和壁厚的具体情况,随时调整输出功率,达到弯曲温度后,就可以开动弯管机床进行弯管工作,同时用冷却水对已弯好的部分进行冷却。中频弯管机具有方便地调节弯曲半径的优点,但由于中频弯管要用冷却水对已弯好部分进行冷却,因而会发生弯曲后产生裂纹的现象,一般仅适用于弯制 10 号无缝钢管,对于 20 号无缝钢管,弯曲后应作退火处理。

4. 管子弯曲质量标准

弯管几何尺寸质量标准如表 5-16 所列，L 适用于有余量弯管、无余量弯管和先焊后弯管。管子弯曲部分质量标准如表 5-17 所列，适用于先焊后弯管和无余量弯管。

5. 弯管工作的通用操作规程

各种弯管机特别是数控弯管机、中频弯管机都有相应的操作规程。因此在操作前，除了掌握下面的通用操作规程外，还要熟练掌握使用的弯管机的操作规程。

表 5-16 弯管几何尺寸质量标准　　　　　　　　　　　　　　单位：mm

项　目		标准范围	允许极限
弯管偏差	ΔL_1	±3	±6
	ΔL_2	±3	±6
	$\Delta \theta$	±0.5°	±1.0°
双向弯管偏差	ΔL_1	±3	±6
	ΔL_2	±3	±6
	ΔL_3	±3	±6
	$\theta_1 - \theta_2$	1°	2°
立体形弯管偏差	ΔL_1	±3	±6
	ΔL_2	±3	±6
	$\Delta \theta$	±0.5°	±1.0°

表 5-17 管子弯曲部分质量标准

项　目				标准范围	允许极限/%	备注
管子圆度率 E　　　$E=(a-b)/D_w \times 100$　式中　a——弯曲处截面最大外径(mm)；　　　b——弯曲处截面最小外径(mm)；　　　D_w——管子实际外径(mm)	钢管、铜管	$R \leq 2D_w$	冷弯	—	—	R 为弯曲半径
			热弯	—	10	
		$2D_w < R \leq 3D_w$	冷弯	—	10	
			热弯	—	8	
		$3D_w < R \leq 4D_w$	冷弯	—	10	
			热弯	—	8	
		$R > 2D_w$	冷弯	—	10	
			热弯	—	5	
	铝黄铜管	$R \leq 2D_w$	冷弯	—	15	
		$2D_w < R \leq 3D_w$	冷弯	—	10	
		$3D_w < R \leq 4D_w$	冷弯	—	10	
		$R > 4D_w$	冷弯	—	8	

续表

项　　目				标准范围	允许极限/%	备注
壁厚减薄率 F 为 $$F=(t-t_1)/t\times 100$$ 式中　t——原管壁厚(mm); 　　　t_1——弯曲后的弯曲部分的最小壁厚(mm)。	钢管	$R\leq 2D_w$	冷弯	—	—	R 为弯曲半径
			热弯	—	20	
		$2D_w<R\leq 3D_w$	冷弯	—	25	
			热弯	—	10	
		$3D_w<R\leq 4D_w$	冷弯	—	20	
			热弯	—	5	
		$R>4D_w$	冷弯	—	15	
			热弯	—	5	
	铜管	$R\leq 2D_w$	冷弯	—	—	
			热弯	—	20	
		$2D_w<R\leq 3D_w$	冷弯	—	30	
			热弯	—	15	
		$3D_w<R\leq 4D_w$	冷弯	—	25	
			热弯	—	10	
		$R>4D_w$	冷弯	—	20	
			热弯	—	10	
	铝黄铜管	$R\leq 2D_w$	冷弯	—	25	
		$2D_w<R\leq 3D_w$	冷弯	—	25	
		$3D_w<R\leq 4D_w$	冷弯	—	20	
		$R>4D_w$	冷弯	—	15	
管子褶皱 h h 为褶皱高度(mm);D_w 为管子外径(mm)				$\leq 3/100\times D_w$	不作规定	

(1) 确认弯管机有"完好"的设备状态标志。

(2) 将管子零件图中弯管程序与弯管机前后夹头长度、弯模半径对比,弯管程序中最后段或第一段直管长度应不小于后夹头长度,其余段直管长度应不小于前夹头长度。弯模半径应一致。

(3) 按弯曲管子的规格、弯曲半径正确选用弯模,检查弯模、前夹头塞块、后夹头导条的凹槽和有芯弯管的塞芯部分是否光洁和顺,对不光洁和顺处应予修理,并注意弯模与前夹头塞块及后夹头导条的同心配合。

(4) 去除黏附于管子内外表面的硬质杂物,如铁屑、砂土等。

(5) 对有芯弯管,在芯头和管子内壁喷涂适量的润滑油,并注意调节塞芯位置。

(6) 液压弯管机工作前,先检查油箱油位,然后开动液压泵,将换向阀推至返回位置。查看压力表所示的压力,并将压力调整到规定范围内。

(7) 弯制有缝金属管时,管子接缝应置于与弯曲截面(水平面)夹角成 45°处。

(8) 紫铜管弯管前后,弯曲部分作退火处理,退火温度为 500~700℃。

(9) Ⅰ级管子中的碳钢和碳锰钢钢管,经冷弯后,若弯曲半径小于其外径的 3 倍时,应进行热处理,20 号钢管经中频弯管后,也要进行热处理,处理时应缓慢加热到 580~620℃,保持温度的时间为每 25mm 壁厚(或不足 25mm)至少 1h,在炉内缓慢冷却到 400℃,然后在静止空气中冷却。

6. 弯管实例介绍

合拢管弯管后都要到现场校管,提供的管子几何尺寸已考虑余量,因此弯管精确度要求相对低一些。管子零件图的计算不考虑延伸率、回弹角和法兰焊接端距。

例 1:弯制管子 1 根,零件图(图 5-30),其外径 $\Phi 34$、壁厚 2.5mm、弯头弯曲半径 R 为 100mm。

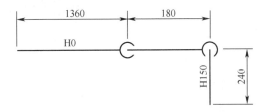

图 5-30 管子零件图

按此管规格,查看表 5-14,可用 $\Phi 14 \sim \Phi 32$ 电动弯管机弯制,方法为无芯冷弯。弯管程序:第一段直线长为 1324mm,最后段直线长为 140mm,考虑弯管方便性,一般先弯直线长短的一端,因此此管应逆弯,即长 140mm、弯 90°、转 -90°、长 98mm、弯 39.8°、长 1324mm。

弯管过程,如下:

(1) 下料,长度为 1789mm。

(2) 在距管子端部距离为 140mm 处用石笔画出细线,并将细线与弯模起弯点对准,夹紧前后夹头,如图 5-31(a)所示。

(3) 按下正车开关,使弯模旋转到管子弯曲 90°为止,如图 5-31(b)所示。由于回弹作用,夹头松开后,管子弯角会减小,因此弯管时弯模转动的角度要略大于弯管程序上的角度,具体数据要凭经验掌握。初弯时,可按弯管程序中的角度弯曲,松开前夹后,用角度尺测量弯角,不足时夹紧前夹再弯。如果松开前夹测量,实际角度已超过所需角度时,只能在平台上矫正。

(4) 松开前、后夹头,在管子弯角弧线终点处向后量取尺寸 98mm,用石笔画出细线。此线为第二个弯头的起点。

(5) 向前拉出管子,按下倒车开关,使弯模回复到初始位置。

(6) 将管子上第二个弯头的起弯点对准弯模上起弯点,用后夹稍微夹紧;然后将管子旋转,使首段管子从弯管平面起逆转 90°至垂直向下位置;最后夹紧前、后夹头,如图 5-31(c)所示。

转角的度数都需用角度尺测量。角度尺检查如图 5-31(d)所示。

(7) 按下正车开关,弯第二弯头,使弯角为 39.8°,如图 5-31(e)所示。

(8) 松开前后夹头,取出管子,按下倒车开关,使弯模复位,本管弯管结束。

例 2:弯制管子 1 根,零件图(图 5-32)。查看表 5-14,此管可用"114"液压弯管机弯

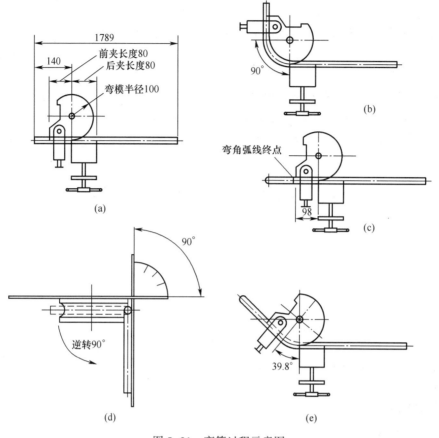

图 5-31 弯管过程示意图

制,为有芯弯管,传动动力为液压。此管顺弯、逆弯均可,以顺弯方式为例,弯管过程如下:

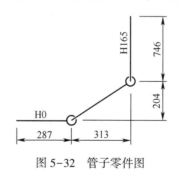

图 5-32 管子零件图

(1) 下料,长度为 1417mm,下料后去除管口毛刺,检查管子内部清洁情况。
(2) 开动液压泵,调整压力到 5.0MPa。
(3) 选用合适的芯头,芯头的直径以 $\Phi 50 \sim 51.5$ 为宜。
(4) 在芯头和管子内部喷涂润滑油。
(5) 在距管子端部为 222mm 处用石笔画出细线,将管子套入芯棒,另一端放入送管小车卡盘内,按动"卡盘紧"按钮,夹住管子。

(6) 按"托架升""托架降"按钮,操纵托架升降换向阀,调整托架高度,使托架托住管子后,管子与弯模处于同一水平面内。

(7) 首先按"送管进""送管停"按钮,将管子上画出的细线与弯模起弯点对准,按"前夹紧""靠轮(后夹)紧"按钮,将前、后夹头换向阀推至夹紧位置,夹紧前、后夹头,如图 5-33(a)所示。然后按"卡盘松"按钮,松开管子。最后按"送管出"按钮,退出小车。

(8) 按"芯棒进""芯棒出"按钮,调整芯头提前量。

(9) 按"弯管"按钮,将主轴旋转换向阀推至弯管位置进行弯管,当管子弯角达到 40°时,按"弯管停"按钮,第一弯头弯制结束,如图 5-33(b)所示。

(10) 按"送管进""送管停"按钮,将小车前移,使管子套入小车卡盘内,按"卡盘紧"按钮,夹住管子。

(11) 按"前夹松""靠轮松"按钮,将前、后夹头换向阀拉到返回位置,松开前、后夹头。在管子弯角弧线终点处向后量取尺寸 239mm,用石笔画出细线,此线为第二个弯头的起弯点。

(12) 按"送管进""送管停"按钮,使管子向前移动约 50mm,然后按"管退"按钮,将主轴旋转换向阀拉至返回位置,使弯模退回到初始位置。

(13) 按"管转+""管转-"按钮,使卡盘带动管子旋转,将管子从第一弯头弯制时的位置开始旋转 46.4°,然后检查转角角度,转角检查的方法如图 5-33(c)所示。

(14) 按"送管进""送管停"按钮,使第二弯头起弯点对准弯模起弯点,然后按"前夹紧""靠轮紧"按钮,夹紧前、后夹头。

(15) 按"卡盘松"按钮,松开管子。按"送管出"按钮,退出小车。

(16) 用弯第一弯角相同的方法,弯制第二弯角(60°),如图 5-33(d)所示。

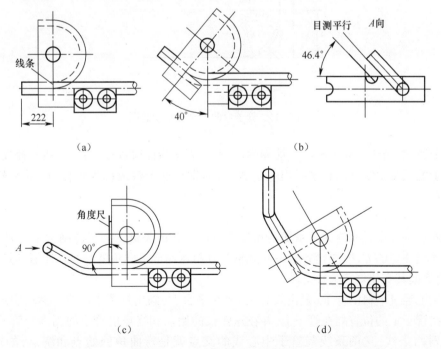

图 5-33 管子弯管过程示意图

(17) 按"前夹松""靠轮松"按钮,将前、后夹头换向阀拉至返回位置,松开前、后夹头,取出管子。按"管退"按钮,操纵主轴旋转换向阀使弯模返回初始位置。

(18) 按"芯棒出"按钮,将芯头换向阀拉至返回位置,使芯头退至原位。按"托架降"按钮,使托架退至原位。

(19) 关闭液压泵。

5.4.3 无余量制管及制管流水线

1. 管子弯曲的延伸量

1) 延伸量的形成

由于金属管材所具有的塑性,因此管子在外力作用下可以弯成各种角度,但管子受到迫使弯曲的拉(推)力后,管子的长度便会沿着弯曲部分的轴心线延长,使弯曲后的管子长于原来的管子,如图5-34所示 δ_1 是管子弯曲后伸长的一段。

另外,影响管子弯曲后长度的另一个因素是金属材料的弹性。当管子受力弯曲时,管子变形的内侧产生压应力,外侧产生拉应力。在管子弯曲的外力消除后,由于管子内侧压应力和外侧拉应力的作用,会使管子弯曲角向外回弹。由于这个回弹的原因,管子弯曲成形角的半径比弯模半径相应增大,所以弯曲后管子两端的长度也随之变长。图5-34中管子原来弯曲半径为 R,弯曲后由于回弹,使管子实际半径变成 R_1,显然 R_1 大于 R,对应的切线 L_1 大于 L,故管子两端各长出 ΔL。

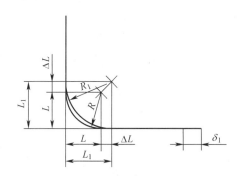

图5-34 管子弯曲的延伸量示意图

综上所述,由于金属管材的塑性和弹性,所以管子弯曲时管段伸长、弯曲半径放大,使弯曲后管子的长度比统计的长度长出一定数值,通常把这个数值称为延伸量,用 δ 表示,$\delta = \delta_1 + 2\Delta L$。

2) 延伸量的测定

延伸量的测定是实施无余量切割和先焊后弯工艺的关键。为了准确地掌握延伸量,一般采用现场测定的方法,测定各种不同规格的管材弯曲成不同角度时的延伸值,通过反复测试,直到掌握其变化规律为止。

首先把经过下料的管子(量出其总长)放在平台上,画出管子中心线。然后将弯角的弧长按其在管子上的位置划在管子上,并在这弧长的始点和终点沿管子的周围与管子中心线相垂直划两条线,这两条线与管子中心线的交点就是弯曲角的始点和终点,如图5-35所示。

图 5-35 管子画线示意图

弯管前,首先要准确地确定弯管机的起弯点,如果起弯点不准确,则会影响延伸量的测定。起弯点确定后,将管子上弧长的起弯点与弯管机的起弯点对准,同时需考虑起弯线的位移值。弯曲时,前夹具要夹紧,后滑板的松紧度要适宜,弯曲的角度应按所要求的角度再增加回弹角度,使管子弯曲夹具松开后,管子弯曲的角度与要求的角度相等。

管子弯曲成所需要的角度,在前夹具和后滑板松开前(图 5-36),管子的延伸量为弯模切点 c 到管子终弯点 b 的距离,即延伸量 $\delta = cb$。当前夹具和后滑板松开后,由于管子的回弹,管子成形角的半径大于弯模的半径,促使管子圆弧切点偏离弯模切点(图 5-37),即延伸量 $\delta = ad + be$ 要测出弯曲成形管子的延伸量,必须找出弯头圆弧的切点。通常把弯好的管子放在平台上,用固定直角尺或活络角尺,先从弯曲角度中心量到起点和终点的长度,即 OM 和 ON,再量出弯曲角的切线长度,即 OG 和 ON,那么延伸量 $\delta = (OM + ON) - (OG - OH)$。也就是说,弯曲角中心距弧线起点的长度与弯曲角中心距弧线终点长度之和,减去弯曲角切线长度之差 2 倍即为弯曲管子的延伸量。

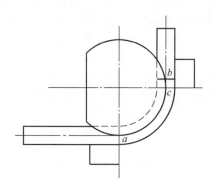

图 5-36 前夹具、后滑板松开前
管子延伸量示意图

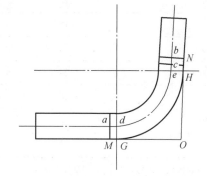

图 5-37 前夹具、后滑板松开后
管子延伸量示意图

为了保证测得延伸量的准确性,可将同时测定的几根管子的延伸量进行比较(一般取 3~5 次数据),取一个较为合理的数据作为这一规格管子在该工况下的延伸量。

3)延伸量的确定

通过试验测定各种不同规格的管子在不同弯曲角度时的延伸量,对所记录的延伸量进行分析,找出其变化的规律性。虽然管子延伸量的变化是错综复杂的,但存在一定的规律性,一般情况下,同一型号、同一规格的管子,在同一型号的弯管机上由同一操作人员弯曲,几次弯曲无法得到相同的延伸量,但其变化在一定的范围内;延伸量的变化与很多因素有关,其中主要因素是弯模半径和弯曲角的大小,其他因素虽然与延伸量有一定的关系,但影响甚小,只要弯管操作者加强责任感,正确地掌握弯管工艺,就可以最大限度地减少对延伸量的影响。延伸量与弯模半径和弯曲角度成正比关系,而管材的外径和壁厚对延伸量没什么影响。延伸量和其相对应的弧长成一定比例关系。另外,各生产厂之间可能存在一定差异,这是正常现象,通过反复试验,每个生产厂都可以找出符合本厂生产状况的延伸量变化规律。各种规格管子的延伸量可以按弧长的比例或延伸系数进行表达。延伸系数的计算公式为

$$延伸系数 = \frac{实际延伸量}{弯曲角度} \times 100\%$$

表 5-18 为几种管子弯曲的延伸系数,延伸量的计算可参照此表进行。由于各厂的生产设备和操作者存在一定差异,因此使用此表时应根据本厂的实验数据加以修正。

表 5-18 管子弯曲的延伸系数表

通 径	延伸系数/%	
	10 号钢	20 号钢
15	4	2
20	4	2
25	6	3
32	8	4
40	10	5
50	12	6
65	15	8
80	18	10
100	24	13
125	26	14
150	34	18
200	42	24

注:本表仅适用于弯模半径 $R=3D$ 冷弯加工。

2. 管子弯曲的回弹角

1) 回弹角的产生

和所有塑性变形一样,管子的塑性弯曲也伴有弹性变形。变形结束,当管子不受外力作用时,由于中性层附近纯弹性变形以及内、外部分总变形中弹性变形部分的恢复,使管子的弯曲中心角及弯曲半径变得与弯模的尺寸不一致,这种现象称为回弹,如图 5-38 所示。回弹后中心角变小($\alpha_1<\alpha$),曲率半径增大($R_1>R$)。实验和生产实践表明,当弯曲半径 $R>t$(t 为管壁厚度)时,管子弯曲的外力消除后,不仅弯曲角发生了变化,而且弯曲半径也发生了很大的变化。因而在实际管子的无余量下料或先焊后弯工艺中,都不能忽视这种变化的影响。

2) 回弹角的计算

管子的回弹过程,实质上就是管子对弯曲力矩产生一个反弯矩的结果。也就是说,管子

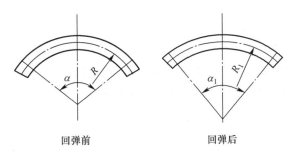

图 5-38 管子回弹示意图

弯曲结束时产生塑性变形,当外力消除后产生的回弹量等于加上一个载荷而产生的弹性变形。反弹力矩的方向和外力矩的方向相反,如果两者的数值相等,则合成力矩为 0,这种情况相当于管子不再受使之产生塑性变形的外力作用,也就是管子经过弯曲、弯模取出以后的自由状态。所以,外力矩和反弹力矩所引起的应力便是卸装后管子在自由状态下断面内的应力,即所谓残余应力。其合成结果如图 5-39 所示,图(a)为外力矩所产生的应力(线性全塑性弯曲),图(b)为回弹应力,图(c)为残余应力。正是这个残余应力,使管子产生回弹。

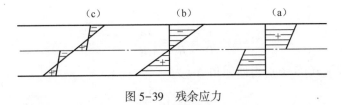

图 5-39 残余应力

管子在完成弯曲时,半径为 R,这时的弯矩即为塑性极限弯矩 M_s,如图 5-40 所示。M_s 可由下列经验公式表示:

$$M_s = 4\int_0^{\frac{\pi}{2}}(\sigma_s \cdot T \cdot r \cdot \mathrm{d}\theta) \cdot r \cdot \sin\theta \cdot \mathrm{d}\theta = 4\sigma_s \cdot T \cdot r^2 \int_0^{\frac{\pi}{2}} \sin\theta \cdot \mathrm{d}\theta$$
$$= \sigma_s \cdot T \cdot (D - T)^2 \tag{5-4}$$

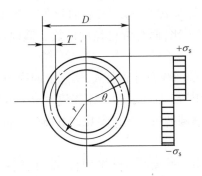

图 5-40 塑性极限弯矩计算图

式中 σ_s——管材屈服极限(N/mm^2);
        T——管壁厚度(mm);

r——管材中径 $r = \dfrac{D-T}{2}$ (mm);

D——管材外径(mm)。

在弯管机的前卡放松时,管子在反弹力矩(大小与塑性极限弯矩相等,方向相反)作用下产生回弹,回弹是一个塑性变形过程。根据弹性理论:

$$\frac{1}{R} - \frac{1}{R_1} = \frac{M_s}{EI} \tag{5-5}$$

式中 E——弹性模数(N/mm^2),

I——管截面的惯性矩(mm^4);

R_1——回弹后弯曲半径(mm);

R——回弹前弯曲半径(弯模半径)(mm)。

如果回弹前的弯角为 α,那么回弹后弯角为 $\alpha - \Delta\alpha$;由于回弹前后弧长不变,故应有 $\alpha \cdot R = (\alpha - \Delta\alpha) \cdot R_1$,将公式两边各除以 $\alpha R R_1$,则有

$$\frac{1}{R_1} = \frac{1}{R} - \frac{\Delta\alpha}{\alpha R}$$

即

$$\frac{1}{R} - \frac{1}{R_1} = \frac{\Delta\alpha}{\alpha R} \tag{5-6}$$

将式(5-5)代入式(5-6),得回弹角 $\Delta\alpha$ 为

$$\Delta\alpha = \alpha R \frac{M_s}{EI} \tag{5-7}$$

将式(5-4)代入式(5-7),得

$$\Delta\alpha = \alpha R \frac{\sigma_s T (D-T)^2}{EI} \tag{5-8}$$

式中 $\Delta\alpha$——回弹角度;

α——弯曲角度。

式(5-8)即为回弹角的计算公式。可以看出,回弹角与弯曲角度、弯模半径、管材屈服极限、管材外径、壁厚等成正比,而与管材弹性模数、截面极惯性矩成反比,EI 代表管子的抗弯刚度。

式(5-8)为理论上推导出的回弹角计算公式,实际上回弹角还受下列因素影响,如下:

(1)式(5-8)中的抗弯刚度 EI 是代表管子在圆截面情况下的特性,而管子在弯曲过程中,逐渐进入椭圆形状。因为椭圆的抗弯刚度要比圆截面管子抗弯刚度小,所以弯管质量的好坏对回弹角有很大影响。

(2)管子在弯曲过程中,由于弯头部分纤维伸长,部分材料已进入硬化阶段,因此塑性极限弯矩将大于式(5-4)中的 M_s,延伸量越大,M_s 就越大。

鉴于上述原因,回弹角的计算公式应增加一个修正系数 k,这样才能使理论上计算出来的回弹角与实测回弹角相符。k 的数值应由实验求出,一般为 $2<k<4$,所以回弹角的计算公式应写成

$$\Delta\alpha = k \cdot \alpha \cdot \frac{R \cdot \sigma_s \cdot T \cdot (D-T)^2}{EI} \tag{5-9}$$

3) 修正系数 k 的确定

前面从理论上推导了回弹角的计算公式,且从理论上提出影响回弹角变化的因素。但实际上影响回弹角的变化,还有其他许多因素。有时即使是同一型号、同一年份、同一车间生产的弯管机,弯制同一钢种、同样直径和同一弯管的管子,它们之间的回弹角也不一样,说明弯管机本身性能对回弹角影响很大。另外,芯棒的超前量,夹头松紧以及操作者的操作对回弹角都有一定影响。因此修正系数 k 的具体数值必须通过大量的试验确定。

表 5-19 为实测回弹角和根据上述公式计算的回弹角,可以看出,实测数值符合式(5-9)的变化规律,其误差小于 0.5°。只不过由于各台弯管机的结构性能不同,因此修正系数 k 也不同。大量的试验和经验表明,回弹角的变化虽然错综复杂,但对同一台弯管机弯曲同一规格的管子,其回弹角的变化还是基本相同的。因此,管子的回弹角在实际生产时可以掌握。只需在弯制头几根管子时记录好回弹角的数值,从而确定修正系数 k,就可以用公式进行计算,或参照所记录的数据进行制造,直到这批管子加工结束为止。

表 5-19 管子弯曲回弹角度表

管材规格/mm	材料型号	弯曲半径/mm	弯曲角度和回弹角度										修正系数 k 值
			10°		30°		45°		60°		90°		
			实测	计算	实测	计算	实测	计算	实测	计算	实测	计算	
22×2.5	10	75	0.5	0.33	1	0.99	1.5	1.5	2	1.99	3	2.99	2.3
25×2.5	10	75	0.5	0.29	1	0.86	1.5	1.3	2	1.74	3	2.6	2.3
32×3	10	120	0.5	0.39	1	1.17	1.8	1.76	2.5	2.35	3.5	3.52	2.5
38×4	10	120	0.5	0.33	1	0.99	1.5	1.5	2	1.99	3	2.99	2.5
42×3	10	150	0.5	0.37	1	1.09	1.5	1.64	2	2.1	3	3.28	2.5
45×3.5	10	150	0.5	0.34	1	1.02	1.5	1.54	2	2.06	3	3.09	2.5
48×4	10	150	0.5	0.32	1	0.97	1.5	1.45	2	1.94	2.5	2.91	2.5
57×3	10	180	0.5	0.32	1	0.95	2	1.43	2	1.90	2.6	2.86	2.5
60×5	10	180	0.5	0.31	1.5	0.93	2	1.40	2.5	1.86	3	2.79	2.5
76×4.5	10	230	0.5	0.36	1.2	1.1	1.7	1.65	2.5	2.2	3	3.30	3
89×5	10	270	0.5	0.42	1.5	1.29	2	1.93	2.5	2.57	4	3.86	3.5
114×6	10	350	0.5	0.37	1	1.1	2	1.07	2	2	3.5	3.33	3
114×9	10	350	0.5	0.44	1.5	1.33	2	1.99	2.6	2.65	4	3.98	3.5
133×8	10	400	0.5	0.43	1.5	1.28	2	1.92	2.5	2.56	3.83		3.5
219×8	10	660	0.5	0.48	1.5	1.43	2.5	2.15	2	2.86	4	4.29	4

3. 管子的无余量下料工艺

1) 有余量下料与无余量下料工艺对比

有余量下料工艺主要流程:划线→粗下料→弯管→划线→精下料→校管(法兰定位)→

法兰焊接→清除焊渣→水压试验→验收进库。按这种工艺流程管子须经二次划线、二次切割。这主要是由于管子弯曲时弯头部分产生的延伸量和起弯线的位移量没有掌握,所以弯管前,管子两端均放余量50~70mm,待完成弯管后,再进行第二次划线,第二次切除多余的管段。这样不仅浪费管材、耗费工时、损耗切割工具、延长管子加工周期,而且无法实现管子的先焊后弯、无法实现管子加工的自动化。

为了改变管子加工的落后面貌,缩短管子加工周期、降低成本,为实现先焊后弯及管子加工流水线,必须改变管子有余量下料的落后工艺,把二次划线,二次下料改为一次划线、一次下料的无余量下料工艺。无余量下料先弯后焊工艺流程:划线→下料→弯管→法兰定位→法兰焊接→消除焊渣→水压试验→验收进库;无余量下料先焊后弯工艺流程:划线→下料→法兰定位→法兰焊接→弯管→水压试验→验收进库。

2) 无余量下料的料长计算方法

无余量下料工艺的实施,关键就是要准确计算出管材的下料长度和各弯头的起弯线。为使弯管工作简便,减少在弯曲中的计算工作,提高管子加工的速度和质量,料长及起弯线的计算,应由设计人员完成,并在管子零件图上画上标有起弯线的弯管草图。

管子下料长度和各弯头起弯线的计算方法详见5.3节。计算工作应根据管子零件图所确定的管子各弯曲角间长度及弯曲角的度数、弯曲半径、管子的延伸值来确定管子始端到第一个弯曲角的起弯点长度,即首段长度。确定管子最后一个弯曲角始弯点到管子末端的长度,即尾段长度,以及两个弯角的始弯点之间长度,即中段长度。根据计算的首段、中段及尾段长度,画出弯管草图,如图5-41所示。工人按图5-41中尺寸下料和画出各弯角的起弯线。管子无余量下料的实际总长度等于求出的各段长度之和,即管子无余量下料的实际总长度。

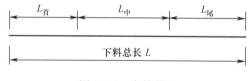

图5-41 弯管草图

3) 无余量下料的管子弯曲

无余量下料管子由于按实际长度进行下料,各段管子也严格计算长度,弯曲成形后就不可能再进行修正。如有某管段超长,势必带来另一管段缩短,使管子造成废品或返工。因而无余量下料,对弯管操作提出更高要求。

掌握了管子的延伸量和回弹角虽然具备了无余量下料条件,但是要得到高精度的弯管成品,必须正确掌握管子起弯线的位移值。起弯线的位移值与弯管机的性能和管材有关,虽然不能用公式进行计算,但对于每台弯管机弯曲同一批管子来说,其位移值是不变的。对于有经验的弯管操作者来说,正确掌握起弯线位移值,并非一件很难的事。

弯管操作者根据弯管草图,将起弯线画在待弯管子上,把起弯线对准弯模轴中心线,并根据经验位移值向后段管子移动一定数值,然后按正常操作程序进行弯管。

4) 管子无余量下料工艺的实施过程

通过对管子延伸量、回弹角和起弯线的位移值大量试验论证,掌握其变化规律后,根据试验数据,制订出各种规格管材。根据在不同弯曲半径下的《管子无余量下料计算表》

(表5-20所列各种规格管材每度数值),设计人员按无余量下料计算方法计算管材下料实长。

在测试延伸量和回弹角过程中,必须对弯管设备、材料以及弯管质量进行测量,根据测量资料,总结出影响弯管质量的有关因素。如果管子两端长度小于夹头长度或中段无直线段,则无法进行无余量下料;而弯头数多于3个,非标准弯角管子也影响无余量下料的弯管质量。为了确保弯管质量,在进行无余量下料过程中必须注意以下问题:

(1) 生产设计中,管子零件图应逐渐实行标准化,尽可能减少无夹头管子。
(2) 弯角、转角尽可能考虑整数,如弯角为10°、20°、30°、45°、60°、90°等,转角为90°、180°等。
(3) 每根管子的弯头个数,最好1或2个,一般不宜超过3个,以减少累积误差。
(4) 杜绝管材实长、起弯线计算错误。
(5) 下料误差不能超过±1mm。
(6) 对同一规格的一批管子,要重新复核其延伸量、回弹角和起弯线位移量。
(7) 每台弯管机要做到专人操作,或操作者要了解所用弯管机性能。
(8) 弯管操作者要正确掌握好芯棒超前量和夹头松紧度。

表5-20 管子无余量下料计算表

弯曲角度/(°)	圆弧长度/mm	切线长度/mm	延伸量/mm	回弹角度/(°)	备注
5	30.54	15.28	1.22	0.20	
10	61.09	30.62	2.44	0.38	
15	91.63	46.08	3.67	0.57	
20	122.17	61.71	4.89	0.76	
25	152.72	77.59	6.11	0.95	
30	183.26	93.78	7.33	1.14	
35	213.80	110.35	8.55	1.33	
40	244.35	127.37	9.77	1.52	
45	274.89	144.97	11.00	1.71	
50	305.43	163.21	12.22	1.90	
55	335.98	182.20	13.44	2.09	
60	366.52	202.07	14.66	2.28	
65	397.06	222.97	15.88	2.46	
70	427.61	245.07	17.10	2.65	
75	458.15	268.56	18.33	2.84	
80	488.69	293.68	19.55	3.03	
85	519.24	320.72	20.77	3.22	
90	549.78	350	22.00	3.41	

注:管材规格114×9,弯曲半径$R_1=350$,延伸量=弧长×0.04,每度弧长=6.1,回弹角$\Delta\alpha=0.0378\alpha$(取$k=3$)。

4. 先焊后弯工艺

先焊后弯工艺是在弯曲前将两端法兰焊在直管上,然后进行弯曲,弯曲后即为成品。这样就不需要弯曲后再进行两次划线、两次切割和法兰定位、焊接等工序。所以必须根据管子零件图的各段长度要求,准确计算出弯曲时每段的长度和每根管子的下料总长度,从而保证弯曲后的管子成品符合图纸上的尺寸要求。也就是说,先焊后弯工艺实施的前提是得到管子无余量下料工艺的质量保证。在此基础上,先焊后弯的工艺技术,关键是要解决法兰螺孔在直管段上的定位和管子弯曲的正确性。前者尤为重要,若法兰孔定错了位,就会造成产品报废;后者若误差太大,就给外场安装工作带来困难。

1) 法兰螺孔在直管段上的确定(法兰相对转角求取)

法兰螺孔在直管段上的确定,在计算机布置管路时,一般均有此功能,所以由计算机计算的管子零件已解决法兰的定位问题。下面介绍由手工绘制零件图,法兰定位方法。

(1) 当管子的各弯曲角是在同一平面上进行弯曲,也就是各弯曲角之间的转角 $\varphi = 0°$ 或180°时,无论弯头多少,弯曲以后法兰螺孔位置始终不变,所以直管上法兰螺孔的位置可根据管子零件图来确定。

(2) 当管子各弯曲角不在同一平面上进行弯曲,也就是各弯曲角之间转角 $\varphi = 0°$ 或180°时,法兰螺孔的定位随着转角的变化而产生变化。首段管子法兰螺孔的位置按图纸要求,尾段管子法兰螺孔的位置应旋转一个与两弯曲角间的转角大小相等、方向相反的角度。

(3) 直角别弯形状的管子,首端管子法兰螺孔的位置按图纸要求,尾端管子法兰螺孔的位置应旋转一个与别弯角度大小相等、方向相反的角度。

综上所述,影响法兰螺孔在直管段上位置的主要因素是两弯曲角度之间的转角和管子的弯曲角度,只要熟练掌握其影响变化因素,即可迅速判断出焊接在直管段上法兰螺孔偏转的方向和角度。对于多弯角、多管段组成的管子,可以通过分解来进行分析,也很容易确定。确定法兰螺孔偏转的方向和角度后,应在管子零件图上加以标注。

2) 带法兰的管子弯曲

法兰螺孔在直管段上的位置确定后,一般来说,按管子零件图上所要求的弯管顺序逆行弯管,只要对准首端的法兰位置,弯曲结束后,尾端法兰位置必然符合图纸要求。但若变换零件图的位置或改变弯管顺序,弯管时就必须重新考虑法兰螺孔的转动位置,这时只需按照上面三点判别方法,也很容易决定法兰螺孔的偏转位置。但一般来说,设计人员应根据弯管设备,充分考虑弯管工艺,操作人员只要按图弯管即可。管子装在弯管机上时,其法兰螺孔的位置应与图纸相符,若弯管的法兰螺孔要求双眼平行,则在弯管机上也要求双眼平行。在现有手动弯管机上进行带法兰弯管,可用吊垂线或用水平仪验证法兰螺孔位置,可按无余量下料的管子弯曲工艺流程进行操作。

3) 先焊后弯工艺的实施过程

弯管的正确性是关系管子的加工质量、外场加工质量的重要问题,操作人员必须谨慎小心。在实施先焊后弯工艺时,除有无余量下料工艺质量保证外,还必须注意如下:

(1) 先焊后弯管子,其首段及尾段长度应满足表 5-21 所列的要求。

表 5-21 管子的首段及尾段长度 单位:mm

通 径	首段长度	尾段长度	备 注
15~40	L_1+35	L_2+35	
5~100	L_1+40	L_2+40	L_1、L_2 分别为弯管机前后夹头长度
12~200	L_1+60	L_2+60	

（2）法兰螺孔偏转的方向和角度应注明在管子零件图上。

（3）焊接部位要清洁干净，不能有油漆、油、锈、氧化皮或其他对焊接质量有害的附着物，要确保焊接部位满足气体保护焊要求。

（4）法兰定位后，管子的长度误差不得超过±2mm，法兰螺孔位置误差不得超过±0.5°。

（5）弯管机弯曲度数的刻度盘，必须与弯管机实际弯曲度数相同。

（6）弯曲角度较复杂和超过两个弯头的管子，其一端法兰可在弯曲完毕后，再进行装焊。

（7）在相连的 4 或 5 根管子全为弯曲管子，可在中间增设一根嵌补管。

5. 管子加工自动流水线

管子加工自动流水线是应用计算技术和数控技术，使管子加工从备料、切割、法兰焊接、弯曲以及管子输送、装卸等全部实现自动化，并按先进的工艺程序实现流水作业生产。不仅保证了管子的加工精度，并且大大地提高了劳动生产率。

目前有"先弯后焊"和"先焊后弯"两种不同的工艺流程。"先弯后焊"的工艺流程主要特点是有余量加工，不考虑管子弯曲延伸量和回弹角的影响，待管子弯制后去除管端余量，然后焊接法兰，但这种工艺影响加工效率，且耗工费料，焊接法兰时很难实现自动焊接，可以说它失去了自动流水线的意义。"先焊后弯"的优点是可实现直管切割、法兰在直管上定位焊接、直管输送和装卸，因而有利于实现单机自动化和全线自动化。同时由于采用套料和定长切割，实现无余量制管，可提高管材利用率，因此具有较为显著的优越性。

5.5 校　　管

5.5.1 现场校管

根据样棒或管子零件图弯制的管子，直接到船上进行校管工作称为现场校管。它是将管子放置在规定的位置上，划出并割除两端的余量，在管子两端装上法兰，用临时螺栓分别将法兰与连接法兰接牢，在法兰之间填上铁丝（铁丝直径应同垫片的厚度），用绳子、垫块或管子支架将管子临时固定，用点焊将管子与法兰定位，最后把管子拆卸下来。这种校管法，主要用在修船以及无法在内场校对的管子。

5.5.2 校管机校管

1. 校管机校管的基本概念

校管机校管是在主管上安装搭焊式法兰的一种方法。它是根据管子零件图的信息，将校管机移动到适当的位置，并在模板上装上法兰，法兰内放上厚度与焊接端距相同的钢环，然后将成型管子的两端套进法兰，按图调整好管子的位置，最后进行法兰的定位工作。

2. 校管机结构及其工作原理

图 5-42 为校管机结构示意图。校管机的导架 8 套在立柱 1 上，并用螺纹与丝杆 2 连接，导架上装有手柄 4 和模板 3。立柱 1、丝杆 2 和转盘 5 固定连接在一起，转盘可在底座 6 上作 360°旋转。底座铺设在导轨 7 上，并用制动器 9 控制它的运动。校管机具有三种运动：一是通过摇手柄 4 转动丝杆 2 可使导架 8 作上下运动；二是转盘 5 可以在底座上作 360°

旋转运动;三是底座 6 可在导轨 7 上来回运动。此外,模板 3 也可以根据所校管子的法兰平面与水平面的夹角作绕平行于水面的轴线转动。这样模板 3 就可以随着导轨、转盘、底座作上下、左右和前后的转动。只要有一组(两台)校管机成垂直排列,就可以校多种形状和尺寸的管子。

图 5-43 是校管机模板示意图,模板是固定法兰用的。它的整个平面上有许多螺孔,目的是让操作者先根据零件图在上面找出要装法兰的螺孔中心圆直径,再按照图中所要求的单双眼找出螺孔,进行法兰定位固定。

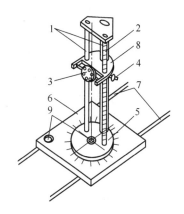

1—立柱;2—丝杆;3—模板;4—手柄;5—转盘;6—底座;7—导轨;8—导架;9—制动器。

图 5-42 校管机结构示意图

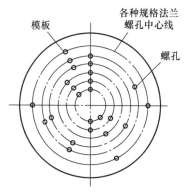

图 5-43 校管机模板

3. 曲形管子校管的基本要求

在校管机上校管,是按照管系生产设计设绘的管子零件图所提供的管子弯曲形状及其各部分尺寸进行法兰的定位工作。图 5-44 所示为直角别弯曲形管校管示意图。它具有长、宽、高三个尺寸,校管机可根据长度数值作横向移动,按宽度尺寸作纵向移动,而两台校管机的升降装置,必须使两者管端连接模板中心高差为 $(H_2 - H_1)$,才能进行校管。

当曲形管的尾段(或首段)虽平行于水平面,但管段在水平面上的投影不平行于校管机轨道时,那么校管机除长、宽、高方面移动外,还要转动校管机的转盘。图 5-45 为立型双别弯曲形管的校管示意图,其一端的管段在水平面上的投影与轴线成 α 角,故转盘应转动 α

角,使模板在垂直方向转动 α 角,且 $\alpha = \beta - 90°$。如果管段法兰与水平面不垂直,则还应旋转模板来达到要求。

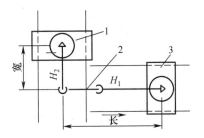

1,3—校管机;2—直角别弯管。

图 5-44　直角别弯曲形管校管示意图

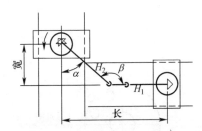

图 5-45　立型双别弯曲形管校管示意图

5.5.3　平台校管

1. 平台校管的基本概念

平台校管是在主管上装配搭焊式法兰的另一种方法。它是根据管子数值零件图上的法兰螺孔角数据,用在法兰面上画线的方法,利用法兰定规、水平尺、角度尺、重垂等工具,将管子按一定的要求放在平台上,进行法兰的定位工作。

平台校管可以适用于任何标准的搭焊圆法兰、任何形状的管子,可以同时制造使用不同标准法兰的管子,能适应按托盘为单位对不同船舶同时加工的生产方式。此外,平台校管利用转动法兰来确保管子与法兰螺孔的相对位置。因法兰较轻,加工时较省力,利用法兰定规作检测工具能保证法兰与管子的垂直度。

2. 法兰螺孔转角含义

1) 弯管法兰螺孔的转角

如图 5-46 所示,把带有法兰的管段 P_1P_2 与相邻管段 P_2P_3 组成平面 $P_1P_2P_3$,并以此平面为基准面,把平分法兰两相邻螺孔的直线 P_1F 与 P_1P_2 组成平面 P_1P_2F,平面 P_1P_2F 与基准面 $P_1P_2P_3$ 所组成的夹角,即法兰螺孔的转角。

由 CAPIS 系统(沪东-三井合作的 SF-1 系统)输出的管子数值零件图的法兰转角方向的 (+)(−) 号是这样规定的:人朝着法兰面看(图 5-47),从基准面出发,当旋转角度 ω 时,基准面与平面 P_1P_2F 重合,如果以顺时针方向旋转,则 ω 的符号为 (+),逆时针时为 (−),如图 5-48 所示。

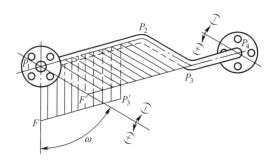

图 5-46 弯管法兰螺孔转角表示

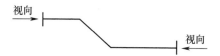

图 5-47 法兰螺孔转角视向规定

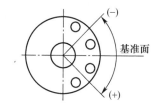

图 5-48 法兰螺孔转角(+)(-)的表示

由 TRIBON 系统(瑞典 KCS 公司研发的软件)输出的管子零件图与由 CAPIS 系统输出的管子零件图的法兰转角方向规定正好相反。

2) 直管法兰螺孔转角

如图 5-49 所示,通过直管 P_1P_2 任意作一平面 $P_1P_2P_3P_4$,并以此平面作为确定管端两只法兰螺孔转角的公共基准面,把平分 P_1 端法兰两相邻螺孔的直线 P_1F 与 P_1P_2 组成平面 $P_1P_2F'F$,平面 $P_1P_2P_3P_4$ 与 $P_1P_2F'F$ 组成的夹角 ω_1,即 P_1 端法兰螺孔的转角。同样用平分 P_2 端法兰两相邻螺孔的直线与 P_1P_2 组成的平面与基准面之间的夹角 ω_2,即 P_2 端法兰螺孔的转角。

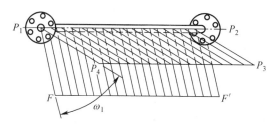

图 5-49 直管法兰螺孔转角表示

方便起见,公共基准面往往选择其中一只法兰螺孔平分线与直管组成的平面,这样这只法兰螺孔的转角为0。转角方向的(+)(-)号规定与弯管法兰螺孔转角方向(+)(-)号规定相同。

3) 工艺流程

工艺流程如图5-50所示。

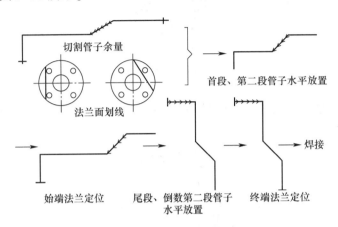

图 5-50 工艺流程示意图

4) 实施方法

(1) 切割管子的余量。对于直管,管子在第一次下料时已是无余量切割。对于弯管,由于考虑到前后夹头尺寸可能留有一定的工艺余量,因此在校法兰前必须切除。

(2) 平台检查。根据法兰定位的需要,将管子放置于平台上,直管放在平台上的两只元宝铁上,并用水平尺检查管子水平度;弯管的首段(或尾段)和相邻管段同时放在平台上的元宝铁上,元宝铁的数量以三只为宜,并用水平尺检验由这两段管段组成的平面水平度。

(3) 法兰密封面画线。根据数值零件图上的法兰螺孔转角在法兰密封面上画线,如图5-51、图5-52所示。角度尺指示的角度与数值零件图上的法兰螺孔转角相同,使角度尺的一边对准两只相邻螺孔的公共切线,用细石笔沿角度尺的另一边在法兰密封面上画出线条。

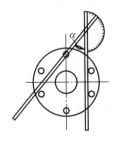

图 5-51 逆转 α 度时的画线方法

(4) 套法兰。将法兰套进管子,使法兰面与管子端部留有焊接端距。

(5) 检查法兰螺孔转角。用重垂检查法兰螺孔转角,使法兰面上画出的线条垂直向下,如图5-53所示。

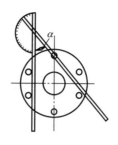

图 5-52　顺转 α 度时的画线方法

（6）定位焊。选择一点进行定位焊，第一点定位焊的位置通常选在管子的正上方，如图 5-54 所示 A 处。

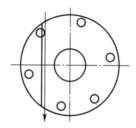

图 5-53　用重垂检查法兰螺孔转角

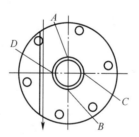

图 5-54　定位焊次序

（7）检查法兰和管子的垂直度。用法兰定规从上下左右两个位置检查法兰和管子的垂直度，如图 5-55 所示。

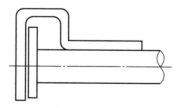

图 5-55　用法兰定规检查法兰与管子的垂直度

（8）继续进行定位焊。定位焊的点数以对称四点为宜，定位焊的次序如图 5-54 所示的 A、B、C、D，大口径管子考虑防止变形和安全，可适当增加定位焊数量。定位焊的方式以二氧化碳气体保护焊为宜，可减少焊条对法兰的撞击力，定位焊长度和高度可参照表 5-22 所列。

表 5-22 定位焊要求

公称通径/mm	定位焊点数	焊缝长度/mm	法兰角焊缝高度/mm
10	4	7	5
15	4	7	5
20	4	7	5
25	4	7	5
32	4	10	6
40	4	10	6
50	4	10	6
65	4	10	6
80	4	10	6
100	4	10	6
125	4	15	7
150	4	15	7
200	4	15	7
250	8	20	9
300	8	20	10
350	8	20	10
400	8	20	10
450	8	20	10
500 及以上	8	20	10

3. 钢管的对接接头装配

1) 钢管与钢管及附件对接的种类

（1）钢管与对焊钢法兰的对接；

（2）钢管与定型弯头的对接；

（3）钢管与异径接头的对接；

（4）钢管与三通接头的对接；

（5）钢管与钢管的对接。

2) 装配工艺和质量要求

（1）坡口要求。对焊钢法兰、定型弯头和异径接头在制作时已开好坡口,标准弯头经切割后,须按装配要求开好坡口,管子也须按装配要求开好坡口。

（2）对中允许差。壁厚超出允许差时,其内壁长度为 L 的过渡坡口加工方法可采用机加工或用砂轮打磨。

3) 定型弯头切割

（1）画线。

如果管子加工需用的弯头的度数不是现有弯头的度数,就要将弯头切开。要在弯头上

画线,方法通常有以下两种:

一是首先在平台上根据所需弯头的度数 a、弯头的弯曲半径 R、弯头外径 D,画出弯头及切缝在平台上的投影线,如图 5-56 所示。然后将弯头放在平台上,对准投影线,用直尺放在弯头上,对准切缝投影线,用细石笔在弯头外壁画出切割线。这种方法简便,但不够准确。

图 5-56　投影线的画线方法

二是利用专用工具画线,画线专用工具如图 5-57 所示。该工具由底座 1、垫板 2、角度指示器 3、活动板 4 和铰链 5 组成,垫板 2 固定在底座 1 上,垫板上表面、角度指示器的零位线与铰链 5 的中心线处于同一水平面上,活动板 4 的上表面与铰链 5 的中心线处于同一平面。活动板 4 上开有可让弯头穿过的孔,孔的中心到铰链 5 的中心尺寸与弯头弯曲半径相同,孔的直径大于弯头直径 20mm。使用时,将弯头套进活动板 4,弯头的一端面放在垫板 2上,调整弯头在垫板上的位置,使弯头中心到铰链中心的距离等于弯头的弯曲半径。转动活动板 4,使其上表面在角度指示器上显示的位置与所需弯头角度相同,用细石笔紧贴活动板4 的上表面在弯头上画出切割线。

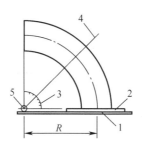

1—底座;2—垫板;3—角度指示器;4—活动板;5—铰链。
图 5-57　画线专用工具示意图

(2) 切割。用气割的方法按切割线切割,切割时考虑好坡口角度,切割后将切割面打磨光洁,同时去除留在弯头内部的飞溅和熔渣。

(3) 整形。如切割后的弯头截面不圆,与管子装配有明显的高度差,则须将弯头整形。整形的方法为用火焰加热后锤击,难度较大的可送弯头制造厂外协整形。

4) 装配

装配的一般过程如下:

(1) 检查坡口、壁厚差是否符合装配工艺和质量要求,不符合的应采取措施清除缺陷。

(2) 清洁焊缝周围 20mm 范围内的铁锈、油污、飞溅和熔渣。

(3) 将装配的零件对合,控制焊缝的间隙和同轴线度。

(4) 选择一点定位焊,其中管子和弯头装配的第一点定位焊位置应选择在弯头内侧或外侧,便于调整角度。

(5) 检查同轴线度、间隙及管子与弯头组合后的角度。对符合装配要求的进入下一道工作,有少量偏差的可用调整间隙(控制在允许范围内)、打磨弯头端面的方法修正。偏差大的须进行返工。

(6) 在第一点定位焊对称点进行第二点定位焊。

(7) 再次检查弯头角度,经确认后进行其余定位焊。

(8) 对于焊缝内部容易打磨的定位焊采用 CO_2 气体保护焊或氩弧焊均可,对于不易打磨的,应采用氩弧焊。

对焊钢法兰与管子的装配,除了以上一般过程中的(1)(2)外,还有以下过程:

(1) 对合前,根据管子零件图上的法兰螺孔角,在法兰面上画线。

(2) 对合时,将法兰放在元宝铁上,使法兰平面与水平面垂直,法兰上画出的线条垂直向下,用重垂检查线条的垂直度,如图5-58所示。

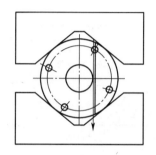

图5-58 用重锤检查线条垂直度

(3) 将与法兰对合的管子放于元宝铁上,用水平尺检查水平度,对于弯管必须检查与法兰装配的管段及相邻管段的水平度。并使管子与法兰处于同一轴线位置,调整好间隙。

(4) 第一点定位焊后,用法兰定规检查法兰与管子的垂直度,其余参照装配一般过程的(6)~(8)。

4. 支管制作与装配

1) 支管(包括管座)的焊接坡口要求

支管(包括管座)的焊接坡口要求如图5-59所示。

2) 支管制作方法

(1) 展开法。展开法是根据支管外径、主管外径、支管与主管的夹角,将支管马鞍形状用作图的方法展开,制成样板,然后将样板包在管子外壁,画出切割线,按线切割,开出坡口。

(2) 使用马鞍切割机切割。

(3) 凭经验在管子上画出切割线,切割后再放到主管上检查、逐步修理。

3) 主管开孔方法

(1) 展开法。展开法是先根据支管内径、主管外径用作图及数学计算的方法画出主管上被支管内壁覆盖部分的图形,制成样板,再将样板放到主管上画出线条,最后按线条开孔。

(2) 利用马鞍切割机切割。

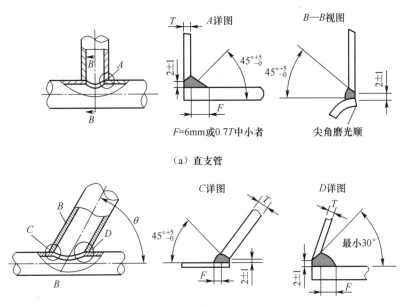

(a) 直支管

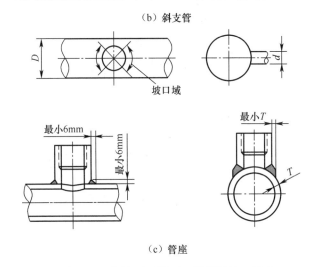

DN≤40,0≥60°；DN≥50,0≥45°，F=6mm或0.7T中小者。
当D>2.5d 时，所有焊接部分都须坡口，当D<2.5d 时，图示部分零坡口。

(b) 斜支管

(c) 管座

图 5-59 支管(包括管座)的焊接坡口要求

（3）利用标准马鞍画线的方法。将支管马鞍按常用的规格制成标准件，用作画线的靠模，使用时根据支管和主管的外径，选用相应的支管标准件，在主管外壁画出线条，然后根据支管的壁厚在线条内侧再画出一根线条，这根线条就是切割线。切割线与原来用靠模画出的线条之间的在支管向主管投影方向的距离与支管壁厚相同。

4）支管制作方法

支管制作以直支管使用展开法为例。

支管制作如图 5-60 所示，步骤如下：

（1）根据主管及支管的规格，制作支管马鞍样板，并在样板上标出周长的四等分线。四等分线应处于样板的最长和最短位置,如图 5-60(a)中 AA、BB、CC、DD(EE 与 AA 重合)。

(2) 在管子上用样板画出切割线及圆周四等分线,如图 5-60(b)所示。圆周四等分线段上用洋冲打上标记,画出切割线时要考虑好支管长度。

(3) 切割马鞍,开好坡口,磨去毛刺,如图 5-60(c)所示。

(4) 法兰定位。定位时要注意法兰螺孔与支管圆周四等分线的相对位置之间的关系。当支管法兰两螺孔平分线与主管轴线平行时,支管圆周四等分线与法兰孔的关系如图 5-60(d)所示。法兰定位时还要留有焊接端距以及用法兰定规检查法兰与管子的垂直度。

(5) 焊接法兰,焊接完成后清除焊渣并打磨焊缝,如图 5-60(e)所示。

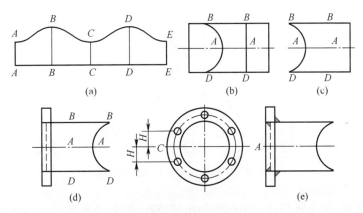

图 5-60 支管制作示意图

支管装配如图 5-61 所示,装配步骤如下:

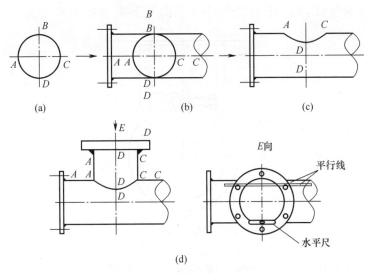

图 5-61 支管装配示意图

(1) 根据主管外径及支管内径,制作支管孔样板,并在样板上画出垂直相交的两根直线,如图 5-61(a)中的 AC、BD。

(2) 根据零件图上支管的定位尺寸,在主管画出支管定位的十字中心线,如图 5-61(b) 中的 AA、BB、CC、DD,并用洋冲打上标记,然后按样板画出切割线。

(3) 按切割线进行主管开孔,用砂轮将孔磨光顺,如图 5-61(c) 所示。

(4) 根据支管和主管上的洋冲标记,进行支管定位。使支管上的四等分线与主管上的十字线对准。在第一点定位焊后,用直尺检查法兰螺孔位置。对于法兰面水平的管子,可用水平尺检查法兰的水平度,如图 5-61(d) 所示。

(5) 继续进行定位焊。

与主管垂直,但与水平面呈倾斜角的支管,可以采用以下方法确定主管上的开孔位置。

(1) 利用角度仪,角度仪使用方法如图 5-62 所示。

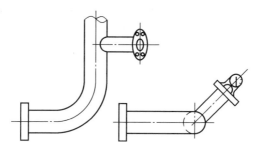

图 5-62　用角度仪确定斜支管开孔位置

(2) 用角度尺,按支管与水平面的倾斜角调整好角度,将角度尺一边水平放置,目测另一边与支管的平行度。

(3) 以主管水平或垂直中心线为基准线,计算支管中心线距基准线在主管外圆上的弧长,找出支管与主管相贯线的水平中心线。在大口径支管装配时,如果因支管椭圆形使支管内壁与主管上孔未能对准时,可以用螺栓将支管向外顶撑,如图 5-63 所示。

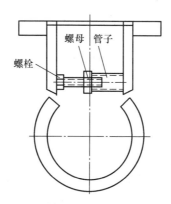

图 5-63　用螺栓向外顶撑支管

对于斜支管在主管上的开孔画线,一般都采用以下步骤。

(1) 在主管上画出支管中心线与主管中心线的交点。

(2) 制作与主管交角 α 的支管样板。

(3) 将支管制作后,放到主管上,用样板检查交角 α 的准确性,移动支管使其中心线通过主管上画出的交点。

(4) 用细石笔或画针沿支管内壁在主管上画出切割线。对于初学者,画线位置容易搞错。图纸上的尺寸,指主管、支管中心线交点的尺寸。不是支管中心线与主管外壁交点的尺寸。斜支管画线方法如图 5-64 所示。

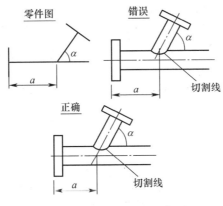

图 5-64　斜支管位置示意图

5. 二次组立

首先为了提高船舶的经济性,机舱等区域的空间不断在缩小;其次为了提高大口径管的制造质量,迫使管子生产设计和管子加工必须采用较多的定型弯头,使焊接工作量大量增加,而且有定型弯头的管子整根装配好后再焊接,就无法利用回转胎架焊接,须要焊工实施全位置焊接,费时费力,焊接成形也差。另外,在燃油、滑油、液压油、涡轮蒸汽等系统中,管子内部不允许存在焊渣、飞溅等硬质颗粒,且对焊缝成形也有一定要求。如果采用常规的装配方法,当一根管子如用两只或两只以上弯头拼接时,至少有两道焊缝内壁无法打磨,达不到管子加工制造的质量要求,使用二次组立的方法,就是要减少管子内部无法打磨的焊缝,进而提高制造质量。

二次组立的方法是将带定型弯头的管子装配过程分两个阶段。第一阶段制造直管状态的管段,称为一次组立,用回转胎架或半自动焊接机焊接。焊接时管子转动,焊工施焊位置基本不动。焊接后进行打磨,清洁焊缝。第二阶段装配,按零件图装配成型,称为二次组立,用手工焊接。对于清洁度要求高的管子,管子加工车间应安排具有一面焊两面成形技术的焊工施焊,并采用适当的工艺,如管子内充氢气进行氢弧焊封底等。

二次组立工艺要求在管子零件图中具有通常的弯管程序和供平台校管使用的法兰螺孔转角。

根据车间设备情况及考虑管理上方便性,对二次组立工艺采用以下两种流程。

(1) DN≤100mm 的定型弯头拼接管,工艺流程如图 5-65 所示。

(2) DN≥125mm 的定型弯头拼接管,工艺流程如图 5-66 所示。

1) 一次组立方法

管子与法兰之间的组立,如图 5-67 所示。

(1) 将法兰放在平台上,内放厚度与焊接端距相同的衬圈,如图 5-67(a) 所示。

(2) 将管子放入法兰,并使管子与法兰内孔间隙基本相等,任意选择一点进行定位焊,如图 5-67(b) 所示。

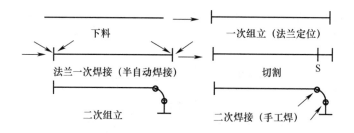

图 5-65　DN≤100mm 管子二次组立流程图

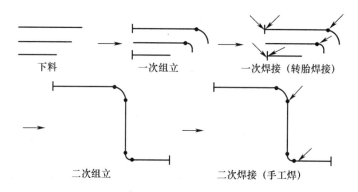

图 5-66　DN≥125mm 管子二次组立流程图

（3）用法兰定规检查和调整管子与法兰的垂直度，如图 5-67(c) 所示。
（4）继续进行定位焊。

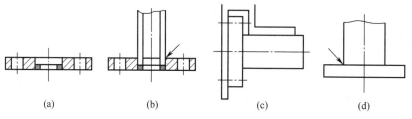

图 5-67　管子与法兰之间的组立

管子与弯头之间的组立，如图 5-68 所示。
（1）将弯头按需要的角度进行画线、切割，如图 5-68(a) 所示。
（2）将管子与弯头对准，使内径平齐、间隙均匀，选择内侧一点进行定位焊，如图 5-68(b) 所示。
（3）用角度尺检查组立后的弯头角度，如有偏差，用调节间隙或砂轮磨去弯头的方法进行修正，如图 5-68(c) 所示。
（4）继续进行定位焊，如图 5-68(d) 所示。

法兰、管子、弯头之间的组立，如图 5-69 所示。

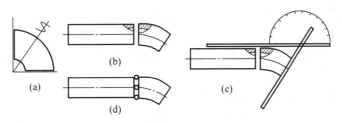

图 5-68 管子与弯头之间的组立示意图

(1) 按上面的方法将管子与弯头组立。

(2) 将管子与弯头水平放置,管子用元宝铁支承,弯头下面放置调节螺栓。用直角尺检验弯头端面的垂直度,如图 5-69(a)所示。

(3) 根据数值零件图上指示的平台校管法兰螺孔角,在法兰面上画线,如图 5-69(b)所示。

(4) 将法兰套入管子,并留有焊接端距,使画出的线条垂直向下,在上部进行第一点定位焊,如图 5-69(c)所示。

(5) 用法兰定规检查和调整法兰与管子垂直度,如图 5-69(d)所示。

(6) 继续进行定位焊,如图 5-69(e)所示。

(7) 在可能情况下,检查法兰与弯头之间的夹角,如图 5-69(f)所示。如有误差,则用砂轮修正弯头端面。

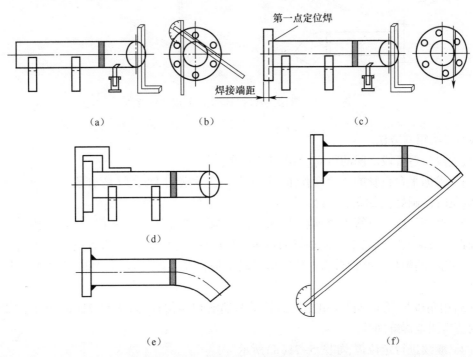

图 5-69 法兰、管子、弯头之间的组立示意图

带法兰管段与弯头之间的组立,如图 5-70 所示。

(1) 根据数值零件图上指示的平台校管法兰螺孔角,在法兰面上画线,如图 5-70(a) 所示。

(2) 将管子水平放置,并使法兰面上划出的线条垂直向下,线条的位置用重垂线检验,如图 5-70(b) 所示。

(3) 将弯头水平放置,一个端面与管子对准,内径平齐、间隙均匀;另一个端面与平台垂直,并在弯头内侧进行第一点定位焊。弯头位置用调节螺栓进行调节,端面与平台垂直度用角尺检验,如图 5-70(c) 所示。

(4) 用角度尺检查组立后的弯头角度或弯头端面与法兰之间的角度,如图 5-70(d) 所示。如有偏差,则用调节间隙或磨去弯头端面的方法进行修正。

(5) 继续进行定位焊,如图 5-70(e) 所示。

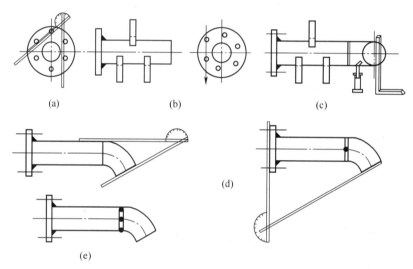

图 5-70 带法兰管段与弯头之间组立示意图

2) 二次组立方法

直管段与弯管段之间的组立,如图 5-71 所示。

(1) 根据平台校管的法兰螺孔角,在直管段法兰端面上画线(弯管段法兰面上线条在法兰定位时已画好),如图 5-71(a) 所示。

(2) 将弯管段和直管段放置水平,法兰面上画出的线条垂直向下。当弯管段上无法兰时,则将弯头端面放到与平台相垂直的位置,如图 5-71(b) 所示。直管段的管子与弯管段的弯头对准,间隙均匀并检查组立后的角度偏差是否太大;当偏差不大时,在内侧进行第一点定位焊。

(3) 用角度尺等工具检查组立后的管子两端的相对位置,如图 5-71(c) 所示。如有偏差,则适当调整焊缝间隙。

(4) 继续进行定位焊,如图 5-71(d) 所示。

当两弯管段之间的转角为 0° 或 180° 时,组立时将焊缝所在管段及相邻管段水平放置,

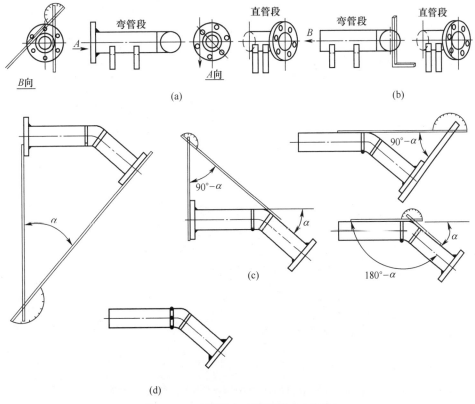

图 5-71 直管段与弯管段组立示意图

接缝处对准,并用角度尺检查接缝两端两直管段之间的夹角。对于定伸弯,也可以检查两平行边之间的距离是否相等。图 5-72 为转角为 0°或 180°的弯管段之间的示意图。

为便于表述,弯管段以组成该弯管段的直管段字母 A、B、C……来表示。直管段,包含直管部分和弯头切线部分,如图 5-72(a)中的 A、C、D。对于无直管的管段,仅指弯头切线,如图 5-72 中的 B,同一弯头两段切线分属于两个直管段。图 5-72(a)的转角为 180°,两弯管段分别由 A、B 和 C、D 直管段组成。组立过程:将 A、B、C、D 管段水平放置,此时 A、D 管段上的法兰面上的线条垂直向下,B 管段弯头端面与平台垂直。B 与 C 管段端面对准,内径平齐、间隙均匀,在内侧进行第一点定位焊,测量组立后弯头角度,继续定位焊。

图 5-72(b)的转角为 0°,两弯管段分别由 A、B、C、D、E 直管段组成。组立过程:将 A、B、C、D 管段水平放置,E 管段位置不予考虑(此时 A 管段上法兰面上的线条垂直向下,B 管段弯头端面与平台垂直),B 弯头端面与 C 管段端面对准,内径平齐、间隙均匀,在内侧进行第一点定位焊,测量组立后弯头角度,继续定位焊。图 5-72(c)的转角为 180°,两弯管段分别由 A、B 和 C、D、E 直管段组合成,AB 与 CD 管段组成定伸弯。组立过程:将 A、B、C、D 管段水平放置,E 管段位置不予考虑(此时 B 管段弯头端面与平台垂直),B 与 C 管段端面对准,内径平齐、间隙均匀,在内侧进行第一点定位焊,测量定伸弯开挡尺寸,要求如图 5-72 中两处测得尺寸相等,并与理论尺寸误差不超过 3mm,继续定位焊。

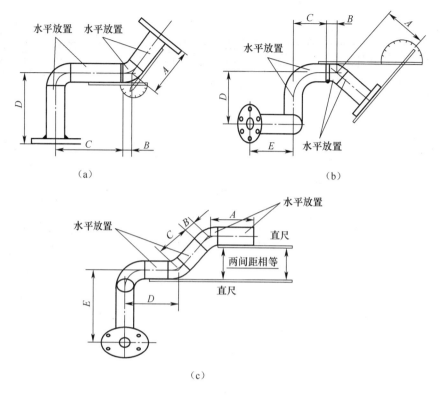

图 5-72 转角为 0°或 180°弯管段之间的组立示意图

当两弯管段组成直角别弯时,转角为±90°,组立时将一次组立的别弯两管段水平放置,直角管段一端垂直放置,另一端水平放置,使两部分组立后的位置与转角相符。用角度尺检查别弯两管段之间的夹角,将水平尺放于垂直管段端面(一般为法兰面)上,检查此管段的垂直度,如图 5-73 所示。

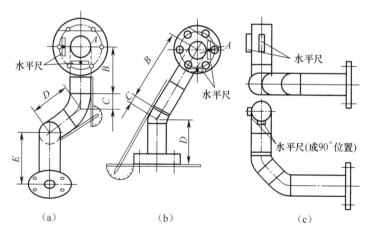

图 5-73 转角为±90°时两弯管段之间的组立示意图

图 5-73(a)的转角为-90°,两弯管段分别由 A、B 和 C、D、E 直管段组成。组立过程:将 A 管段垂直放置,B、C、D 管段水平放置,E 管段位置不考虑,此时 A 管段法兰面上水平尺在两个相垂直的方向上都显示法兰水平,C 管段弯头端面与平台垂直,B 与 C 管段端面对准,内径平齐、间隙均匀,在内侧进行一点定位焊,测量组立后弯头角度,继续定位焊。

图 5-73(b)的转角为+90°,两弯管段分别由 A、B 和 C、D 直管段组成。组立过程:将 A 管段垂直放置,B、C、D 管段水平放置,此时 A 管段法兰面上水平尺的两个互相垂直的方向都显示法兰水平,D 管段法兰面上画出的线条垂直向下,C 管段弯头端面与平台垂直,B 与 C 管段端面对准、内径平齐、间隙均匀,在内侧进行第一点定位焊,测量组立后弯头的角度,继续定位焊。

图 5-73(c)的直角管段上设有法兰,确定垂直管段位置时,用水平尺在两个成 90°的位置上测量管段的垂直度。

两管段之间的转角不为 0°、±90°、180°或转角为 ±90°,但不是直角拐弯时的组立。图 5-74 的转角为"+",组立的两弯管段分别由 A、B、C、D、E 直管段组成。组立过程:将 B、C、D、E 管段放置水平,使 B、C 管段和 D、E 管段处于转角为 0°的位置(此时 D 处弯头端面与平台垂直,E 管段上法兰面上线条垂直向下),因 C 管段上有直管部分,将角度仪放在 C 管段上,使角度仪指针指到 O 位,按转角的度数逆时针旋转,人的视向由 D 向 C 看,此时角度仪上指示出转过的角度使 C 管段与 D 管段端面对准、内径平齐、间隙均匀,在内侧进行第一点定位焊,测量组立后弯头角度继续定位焊。

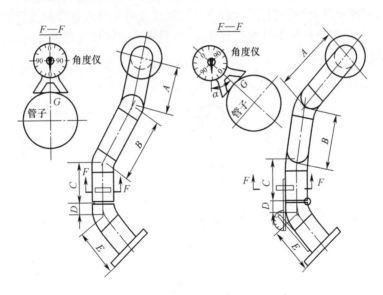

图 5-74 任意转角的两弯管段组立示意图

根据转角的方向及转角的度数,采用不同管段放置位置及安放角度仪的管段旋转方向。利用角度仪确定转角,如表 5-23 所列。

表 5-23 利用角度仪确定转角

转角方向	转角度数 α	组立管段起初放置位置	角度仪所在管段旋转方向	旋转角度	转角方向	转角度数 α	组立管段起初放置位置	角度仪所在管段旋转方向	旋转角度
"+"	0°<α≤90°	角度仪 视向	逆时针	α	"-"	0°<α≤90°	角度仪 视向	顺时针	α
	90°<α≤180°	角度仪 视向	顺时针	180°-α		90°<α≤180°	角度仪 视向	逆时针	180°-α

带支管的定型弯头拼接管,在主管一次组立的同时,可将支管马鞍开好,与法兰装配、焊接、打磨结束,制成单件,然后进行二次组立。二次组立可先将直管段与支管装配,使支管所在管段能够转动,可以进行向下装配焊接作业,然后进行直管段与弯管段的组立。其组立的流程如图 5-75 所示。

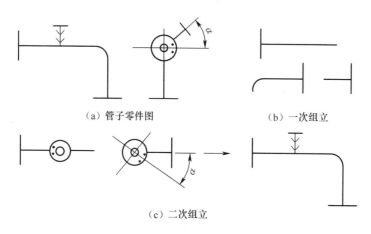

(a) 管子零件图　　(b) 一次组立

(c) 二次组立

图 5-75 带支管的定型弯头拼接管的组立流程示意图

6. 贯通件校管
1) 复板式贯通件
分类复板式贯通件按复板与管子的夹角分类,可分为直复板式(复板与管子成 90°交角)和斜复板式;按复板上安装的管子根数分类,可分为单联、双联和多联(三联及三联以上),如图5-76所示。

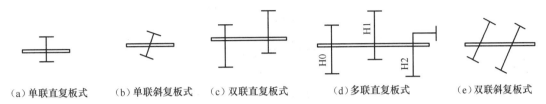

(a)单联直复板式　(b)单联斜复板式　(c)双联直复板式　(d)多联直复板式　(e)双联斜复板式

图5-76　复板式贯通件类型示意图

装配步骤,如下:

(1) 在管子上先装配一支法兰。对于弯管,先装法兰的管段必须是无复板的管段。

(2) 找出复板基准线。基准线应与管子法兰螺孔位置有明显的对应关系,如对应于基准线或基准线的平行线,法兰螺孔是双孔或单孔,这样有利于管子的定位。复板基准线如图5-77所示。

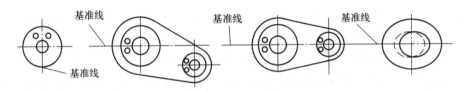

图5-77　复板基准线示意图

(3) 在复板面上画出复板基准线。单联复板及有公共基准线的双联和多联复板可以直接在复板面上画出基准线。其中,斜复板的基准线是椭圆孔的长轴或短轴。对于无公共基准线的双联或多联复板,可按图在平台上画出各管孔的中心线、圆周线和基准线,然后将复板放上平台,复板上的管孔与平台上的管孔线对准。将直尺放在复板面上对准平台上的基准线,用细石笔沿直尺在复板上画出基准线。

(4) 将复板在平台上点焊。复板必须与平台垂直,复板的基准线与平台垂直或平行,用角尺检查复板与平台的垂直度,用重垂或水平尺检查复板基准线的位置。

(5) 将装配好的一支法兰的管段伸进复板孔,将复板的一个面作为基准面,先根据基准面、基准线和管子零件图上提供的复板在管段位置、直管段的法兰螺孔位置、弯管段的管段位置,将管段准确定位,然后进行第一点定位焊。

(6) 用直角尺检查直复板式贯通件管子与复板的垂直度,对于斜复板式贯通件,应先对倾斜方向用硬纸做成角度模板,再进行检查,对于另外两个方向,仍用直角尺检查,如图5-78所示。

(7) 角度检查合格后,继续进行定位焊。

(8) 装配另一支法兰。

2) 套管式贯通件

分类套管式贯通件分为普通式和隔层式,如图5-79所示。

普通式装配步骤,如下:

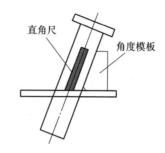

图 5-78 斜复板式贯通件管子与复板位置检查

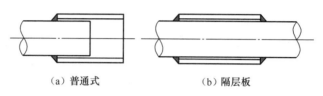

（a）普通式　　　　　（b）隔层板

图 5-79 套管式贯通件分类

（1）在管子上画出套入套管的尺寸线，套入套管的尺寸除特殊注明外，一般为 $(L-10)/2$，其中：L 为套管长度。

（2）清除尺寸线附近 30mm 范围内管子上的铁锈、油和水。

（3）按尺寸线装配套管，要求间隙均匀，进行一点定位焊。对于Ⅰ、Ⅱ级管，套管与管子的间隙不准大于 1mm。

（4）用直尺紧贴套管，检查套管与管子平行度。

（5）继续进行定位焊。非贯通件的套管装配步骤与此相同。

隔层式套管在管子加工时两端都已焊完，到船上安装时套管与船体结构进行焊接，焊接后产生的焊缝收缩应力会对套管与管子之间的焊缝产生影响，甚至产生崩裂。因此，在装配中采用以下步骤：

（1）对通径 250mm 及以上的套管加工好内倒角，内倒角尺寸如图 5-80 所示。

（2）在管子上画出安装套管的位置。

（3）在套管安装位置向两端各延伸 30mm 范围内，除去净管子表面的锈、水和油。

（4）将套管套上管子，套管端部对准画出的线条，调整套管使四周间隙均匀，进行第一点定位焊。

（5）用直尺紧贴套管，检查套管与管子平行度。平行度合格后，进行其余定位焊。

（6）在焊接时，将整个圆周分四部分焊接，次序如图 5-81 所示。

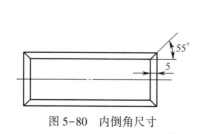

图 5-80 内倒角尺寸

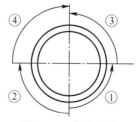

图 5-81 焊接次序

(7）多层焊（封底焊与盖面焊）焊接起点与终点应错开 50~100mm。

7．紫铜管校管

1）紫铜管附件

法兰常用紫铜管法兰有以下四种：

（1）船用焊接铜环松套法兰。

（2）船用焊接铜法兰。

（3）船用铜管折边松套钢法兰。

（4）承插式焊接松套法兰。法兰形式及管子连接方式如图 5-82 所示。

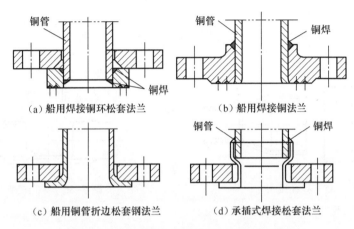

图 5-82　紫铜管法兰形式及管子连接方式

2）弯头紫铜管的弯管

除了可以用弯管机弯制外，还可以使用定型弯头。定型弯头及管子连接方式如图 5-83 所示。

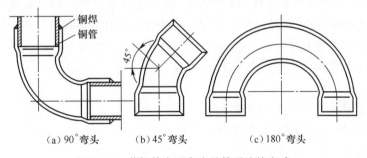

图 5-83　紫铜管定型弯头及管子连接方式

3）三通接头

对于通径不大于 100mm 的紫铜管的支管，通常使用三通接头。三通接头可分为同径三通和异径三通，如图 5-84 所示。通径为 125mm 及其以上的紫铜管的支管，可采用焊接支管。

4）异径接头

管子的变径通过异径接头来实现，通常管子开了支管才需变径，因此异径接头常与三通

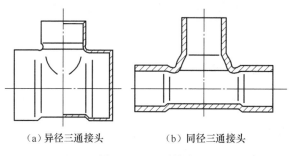

(a)异径三通接头　　　(b)同径三通接头

图 5-84　三通接头

连用。异径接头及异径接头与三通连用形式如图 5-85、图 5-86 所示。

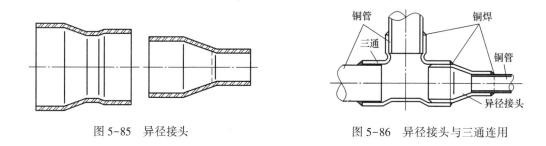

图 5-85　异径接头　　　　　　图 5-86　异径接头与三通连用

5）校管

校管的一般要求,如下：

(1) 管子端部应平齐,毛口应用锉刀去除。

(2) 管子表面应清洁,焊接部位的氧化层、油污须擦净,并用砂纸磨出金属光泽。

(3) 管子伸入承插式焊接松套法兰、三通、异径接头的尺寸,在零件图上注明的应按图施工,在零件图上未注明或无零件图的情况下,对有承插限位的应尽量靠近限位,间隙不大于 1mm,对无承插限位的(如异径接头小端),应伸到附件直段部和变径部交界处,伸入的尺寸不小于管子壁厚的 5 倍。

(4) 管子和附件的间隙应均匀。

6）法兰装配

船用焊接铜环松套法兰装配步骤如下：

(1) 将钢质松套法兰倒角面向外套入管子。

(2) 将管子伸入铜环,留有焊接端距,进行第一点定位焊。

(3) 用法兰定规从上下、左右两个方向检查铜环和管子的垂直度,合格后继续进行定位焊。

(4) 将铜环与管子焊接。

(5) 对焊缝凸出部分用锉刀锉去,能使松套法兰套上时倒角面与焊缝不触碰。

船用焊接铜法兰装配步骤如下：

(1) 按平台校管法兰面上画线的方法在法兰面上画线。

(2) 将管子伸入法兰,管子端部略伸出法兰密封面,以保证折边时管子有足够的长度口。

(3) 按平台校管的方法检查法兰螺孔角位置,并进行第一点定位焊。

(4) 用法兰定规检查法兰与管子的垂直度,然后继续进行定位焊。

(5) 检查伸出法兰面的管子部分,管子长度不宜过长,按折边需要多余部分应锯掉,端面应与管子轴线垂直,且平整无缺口,以防折边时发生开裂。

(6) 将折边部分加热退火,加热温度为 600~650℃,表面外观呈暗红色即可,然后用木槌自内向外轻敲如图 5-87 所示。当铜管锤击后发生硬化,但折边工作未完成时,可再次退火再锤击;折边结束后,将凸出法兰面的铜管锉平。折边部分须光顺,有不平整处须用木槌轻敲修整。

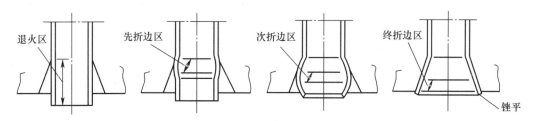

图 5-87　铜管折边步骤示意图

船用铜管折边松套钢法兰装配步骤如下:

(1) 在铜管上画出折边起始线,折边起始线所在平面必须与管子轴线垂直,否则折边后管子与法兰不垂直,折边线到管子端部尺寸与折边宽度大致相等,管子端部须保持平整、无缺口。

(2) 将松套钢法兰内倒角面向外套入管子。

(3) 对折边起始线向端部的铜管进行退火,然后用松套钢法兰抵着铜管,用木槌逐步由内向外轻敲。由于折边角度为 90°,一次到位有难度,可以分几次折边。例如:第一次折到 45°,第二次折到 75°,第三次折到 90°。

承插式焊接松套法兰、三通、异径接头装配步骤如下:

(1) 承插式焊接松套法兰与管子第一点定位焊后,须用法兰定规检查管子和法兰的垂直度,然后继续进行定位焊。

(2) 三通与异径接头、三通与管子、异径接头与管子、标准弯头与管子进行一点定位焊后,须用角度尺、直尺检查管段之间的夹角及直线度,然后继续进行定位焊。

支管制作及装配步骤如下:

(1) 根据支管和主管规格及相交角度,制作支管样板。

(2) 按样板在支管上画出相贯线条。

(3) 用钻头沿相贯线条在无用部分管子上钻孔,注意留有余量,保留线条。孔与孔之间可用钻头旋转切削,使之断开,取走无用部分管子。

(4) 用锉刀按相贯线条锉去多余部分管子。

(5) 用支管在主管上画线,画出主管上的支管孔,注意管孔切割线在相贯线条里面,间隔为管子壁厚。

(6) 同样用钻头钻、锉刀锉的方法加工好主管上的管孔。严禁用火焰熔化铜管的方法切割支管及主管上开孔。

(7) 将支管与主管装配,留有适当的间隙,间隙值如表 5-24 所列。

表 5-24 铜管马鞍形支管装配间隙　　　　　　　　　　单位:mm

DN	间隙
15~25	0.2
32~50	0.3
65~100	0.5
125~150	0.8
200~250	1.2

8. 铝黄铜管、铜镍铁合金管校管

常用附件有法兰、三通接头、异径接头和定型弯头。法兰由松套法兰和内法兰两部分组成。除松套法兰的材质为钢外,其余附件材质与管子相配,通常附件及焊丝由供应商提供。常用附件如图 5-88 所示。

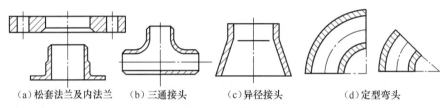

图 5-88　铝黄铜管和铜镍铁合金管附件

校管的一般要求,如下:

(1) 管子附件与管子的连接形式为对接式,坡口要求分别如图 5-89、图 5-90 所示。
(2) 管子端面应平整,且垂直度误差不大于 0.5mm,必要时用锉刀锉平。
(3) 管子及弯头切割后,按坡口要求加工好坡口。加工的方法最好采用机械(车床、锉床)加工;若无合适的机械设备时,则用手工锉出。
(4) 装配前,在焊缝两边 30mm 范围内做好清洁工作,去除管子内外表面的氧化物、油和水。清洁工作的方法如下:

① 用砂纸、铜丝刷、不锈钢丝刷和清洁的干布擦拭;
② 用丙酮擦洗;
③ 用风动工具装布抛头抛光,这种方法最有效。

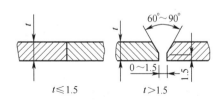

图 5-89　铝黄铜管装配坡口要求

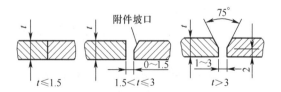

图 5-90　铜镍铁合金管装配坡口要求

法兰装配将松套钢法兰套入管子，内倒角面对准内法兰，管子与内法兰保持同轴线，按装配坡口要求控制好间隙。在第一点定位焊后，用法兰定规检查管子与内法兰的垂直度，然后继续进行定位焊。

三通、弯头、异径接头装配要求，如下：

(1) 管子与三通、弯头、异径接头保持同轴线对准，不能有高低差，并按坡口要求控制好间隙，然后进行第一点定位焊。

(2) 用角度尺、直尺检查各管段之间的夹角或直线度是否准确。

(3) 继续进行定位焊。对中时可采用工夹具将需对中的两部分夹紧，工夹具上留有点焊用的空隙，对中工夹具如图 5-91 所示。

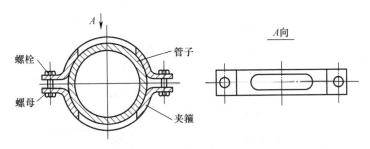

图 5-91　对中工夹具

采用氢弧焊工艺，焊接前做好以下工作：

(1) 清除定位焊产生的氧化物。

(2) 用封板将管子所有端头封堵，封板中有一只安装氢气接头，封板如图 5-92 所示。封板中橡胶封板的直径应比管子内径大 3mm 左右。

(3) 除需焊接的一条焊缝外，其余焊缝用美纹纸包住。

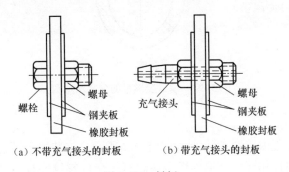

(a) 不带充气接头的封板　　(b) 带充气接头的封板

图 5-92　封板

9. 不锈钢管校管

常用附件有法兰、定型弯头、三通、异径接头，结构形式与钢管的相应附件相同。

1) 校管的一般要求

对接缝的装配要求不锈钢管定型弯头、三通、异径接头与管子的连接形式采用对接，坡口要求如图 5-93 所示。

端口变形量的允许范围如表 5-25 所列。

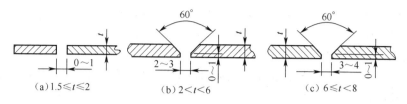

图 5-93 不锈钢管装配坡口要求

表 5-25 不锈钢管端口变形量允许范围 单位：mm

通径	允许范围	通径	允许范围
≤50	±0.5	250	±2
65	±0.65	300	±2.4
80	±0.8	350	±2.8
100	±1	400	±3.2
125	±1.25	450	±3.6
150	±1.5	500	±4
200	±1.6	—	—

端口变形量的含义如图 5-94 所示。

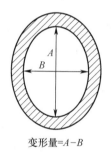

变形量=A−B

图 5-94 端口变形量的含义示意图

（1）内壁矫正法。

内壁矫正法须使用内壁矫正装置，如图 5-95 所示。该装置上下各有一块环形顶板，顶板外径与管子标准内径相同。环形顶板上各焊有一个内螺纹座板，内螺纹座板中一个为左螺纹，另一个为右螺纹，中间用螺杆连接，螺杆上两头螺纹也是左右螺纹各一个，通过螺杆的调节，使矫正装置收缩或扩张。使用时，先使装置收缩，放入管内距端口 20~30mm 处，螺杆位置处于管子内圆短轴处，然后用木棰轻敲装置，使装置与管壁成 90°角，用扳手转动螺杆，使环形顶板顶向管子内壁。矫正时，应边矫正边测量。由于管子有弹性，矫正尺寸略微过量，使回弹后达到理想状态。矫正结束后，使矫正装置收缩，从管子内取出。

（2）外壁矫正法。

外壁矫正法需使用外壁矫正装置，如图 5-96 所示。该装置由上下两块环形压板组成，压板之间用螺栓螺母连接,压板的内径等于管子的标准外径。使用时,将螺栓、螺母松开,将装置套上管子,位置一般距端头 50mm 处,然后略微拧紧螺栓、螺母;用木槌轻敲装置,使其与管子外壁垂直,慢慢拧紧螺栓、螺母,注意两面间隙应保持基本相等,以使管子受力均匀。与内壁矫正法一样,边矫正边测量,并考虑好回弹因素。外壁矫正装置通常等管子封底焊结束后再拆除。

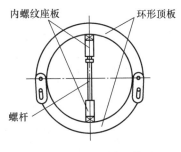

图 5-95　内壁矫正装置

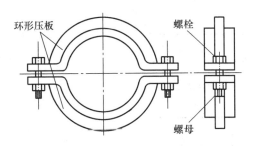

图 5-96　外壁矫正装置

不锈钢管装配须满足对中要求,对中允许差与钢管相同,对不能满足对中要求的不锈钢管须进行矫正。

端口缺陷包括端面与管子轴线不垂直、端口凹凸不平以及有毛边。修正的方法为用锉刀锉平和用砂轮打磨。

2) 焊接区域的清洁清洁步骤

(1) 用涂有丙酮的擦拭布,擦拭坡口部位 50mm 宽度区域的污渍,擦拭时戴的手套必须是清洁且无织物掉落的手套。

(2) 在管子内部距端口约 200mm 处安装封板。

(3) 对坡口区 15mm 范围内用砂纸、电动细砂轮等工具打磨,或用风动工具装布抛头抛光。对于法兰,清洁的范围为内圆全部和外圆焊接区。注意:不锈钢管子和附件不可用铁质刷子打磨。

(4) 吹除打磨产生的金属粉末,取出封板,用布、丙酮擦洗打磨区域。

3) 装配

不锈钢管的装配方法与钢管基本相同,可参照本节相关内容,两者主要区别如下:

(1) 不锈钢管的支管马鞍及主管孔加工采用钻孔及锉、打磨等方法。打磨用的砂轮为细砂轮。

(2) 清洁的方法,除用冷风吹、干布擦以外,还需用丙酮擦洗。

(3) 不锈钢管的定位焊采用氢弧焊,对于需整形的管子,定位焊时带有外壁整形装置。

(4) 封底焊采用氢弧焊,盖面焊采用氢弧焊或气体保护焊均可。焊接前,在管子各端口处安装封板,除焊接的一条焊缝外,其余焊缝用美纹纸封堵。

10. 校管几何尺寸质量标准

校管几何尺寸质量标准如表 5-26 所列。

表 5-26 校管几何尺寸质量标准 单位:mm

项目		标准范围	允许极限	备注
直管偏差	ΔL	±3	±6	—
支管偏差	ΔL_1	±3	±6	—
	ΔL_2	±3	±6	—
	ΔL_3	±3	±6	—
	$\Delta \theta$	±0.5°	±1.0°	—
贯通件偏差	ΔL_1	±3	±6	—
	ΔL_2	±3	±6	—
	$\Delta \theta$	±0.5°	±1.0°	—
法兰安装偏角	DN<150	30′	不作规定	—
	DN≥150	20′		
法兰面的变形	DN<200	≤1.0	不作规定	—
	DN≥200~450	≤2.0		
	DN≥450	≤2.5		
钢管与法兰搭焊	a	$K+1$	不作规定	K 为焊脚尺寸
	b	≤1.5		
	δ	≤1.5	2	—

5.5.4 焊接

1. 过程质量控制要求

1) 焊接材料

(1) 焊丝、焊条和焊剂应符合有关标准的规定或经船检部门认可,所有材料应具有制造厂的产品合格证。

(2) 焊丝、焊剂应存放于干燥通风的室内,以防焊丝生锈和焊剂受潮。焊丝在使用前盘入焊丝盘时应清除焊丝上的油污、杂质,焊剂在使用前应进行烘干。

(3) 焊条在使用前,应根据焊条说明书规定进行烘干。

2) 焊前准备

(1) 焊接部位应清洁干净,无油漆、油、锈、氧化皮或其他对焊接质量有害的腐蚀物。

(2) 定位焊的焊渣和多层多道焊前上道的焊渣都要清除干净。

(3) 根据管子材料、管子壁厚和焊缝尺寸要求,选择不同直径的焊条和焊接电流,所选用焊接材料的强度应不低于母材强度的下限。

3) 工艺措施

(1) 为防止法兰焊接后法兰面过度变形,法兰焊接先焊内圆,再焊外圆。对于 DN≥300 的管子每焊 1/4 圆周就更换焊接位置。

(2) 套管焊接与法兰一样,先焊内圆,再焊外圆。

(3) 多层多道焊起点和终点错开 50~100mm。

(4) 主机滑油管、主机燃油管、液压油管的对接接头采用氢弧焊封底,在盖面焊时,应控制焊接电流,防止封底焊缝熔化渗入管子内部。

(5) 对于二次组立管的第二次焊接,由于焊缝内部一般难以打磨,宜安排高技术工人施焊,以取得良好的焊缝成形。

2. 焊接技术要求

1) 法兰

法兰焊接要求见相应的法兰标准。搭焊法兰焊缝形式如图 5-97 所示。焊缝尺寸有两类标准。第一类标准根据公称通径和压力规定焊缝高度,如表 5-27 所列。第二类标准根据管子壁厚确定焊缝高度。例如:《船用搭焊钢法兰》(GB/T 2506—2005)规定 $W_1 \geq T$、$W_2 = T$,式中:T 为管子壁厚。在校管时已留有焊接端距,长度为 W_2+1。

2) 对接接头

对接接头焊接的技术要求如图 5-98 及表 5-27 所列。对于须冲洗的Ⅲ级管,如主机滑油管、尾管滑油管等,S 的允许量同Ⅱ级管。

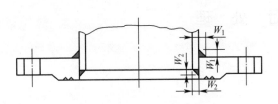

图 5-97 搭焊法兰焊缝高度表示

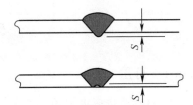

图 5-98 对接接头的焊接技术要求

表 5-27 对接接头的焊接技术要求

管子级别	S 的允许值
内有衬层的Ⅰ级管	0~+1
其他Ⅰ级管	0~+5
Ⅱ级管	-0.5~+2.5
Ⅲ级管	无限制

3) 支管和管座

支管内部的焊缝如果成形不良,且有条件在支管内部焊接的,应在支管内部补焊。

4) 套管

(1) DN≥40 的套管一端需双面焊,内部焊缝高度无限制。
(2) 套管端部焊缝高度要求如图 5-99 所示。
5) 贯通件复板
贯通件复板的焊缝高度要求如图 5-100 所示。

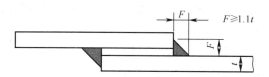

图 5-99 套管端部的焊缝高度要求

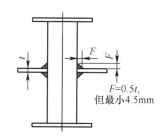

图 5-100 贯通件复板的焊缝高度要求

6) 特涂管
特涂管焊接,注意避免产生气孔及严重的凸起,法兰焊缝隆起部分要充分,法兰内圆焊缝不要形成凹形;支管内部焊缝要光滑,不要有凹陷。

5.6 后 处 理

5.6.1 打磨

1. 打磨质量要求
(1) 去除黏附于法兰面上的熔渣和飞溅物,特别是法兰密封面部分。
(2) 去除焊接部位的熔渣,对焊瘤和焊缝特别厚的地方打磨,使焊缝外表均匀。
(3) 去除焊缝周围的焊接飞溅物。
对特涂管,还须满足以下要求:
(1) 法兰内圆焊缝、支管内部焊缝及主管上支管孔四周磨出 $R>3mm$ 的圆角,如图 5-101 所示。
(2) 管子表面有凹陷处磨出 $R>10mm$ 圆角。
(3) 外表面须特涂的管子,外表面焊缝也要打磨光顺,法兰角焊缝磨出 $R>3mm$ 圆角。
(4) 打磨后发现气孔,须补焊打磨。
2. 打磨步骤
(1) 按砂轮及气动工具说明书,正确安装砂轮,并戴好防护眼镜。
(2) 固定管子,确保打磨时管子不会晃动。

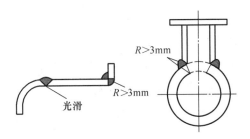

图 5-101 特涂管打磨质量要求

(3) 试转砂轮,新换砂轮空转 3min,非新换砂轮空转 1min。
(4) 打磨,当使用线形砂轮时,砂轮与工件夹角为 15°~30°。
(5) 控制好砂轮对工件施压力度,注意施压过重会造成砂轮破碎产生事故。
(6) 打磨结束后,关闭气源,砂轮停止旋转后再将砂轮机拆下放到专用架子上。

3. 打磨质量检查

打磨后,用冷风吹净打磨产生的微粒,然后用照明工具检查管子内部是否存在打磨不合格或遗漏的地方。对打磨后发现的焊接缺陷应通知焊工修补,修补后继续打磨。

5.6.2 水压试验

1. 资料及交验方式

由设计所提供的非船级社、船东验收的水压验收表,由船厂检验员验收。须船级社船东验收的水压验收表,先由船厂检验员验收,合格后填写管子水压试验提交申请表,再向船级社和船东报验。

2. 试验设备及用品

1) 专用泵水装置

专用泵水装置由水泵、托架、盲板、夹头、冷风皮带等组成。夹头夹紧方式分为气动和手动两种,其中气动夹紧方式须有气动换向阀和汽缸,适用于单件试验。

(2) 泵、盲法兰、螺栓、螺母、垫片、压力表、阀、冷风皮带等设备及用品常用于须船级社、船东验收的管子试验。

3. 试验方法

1) 非船级社、船东验收管子的试验方法

将管子放到托架上,两端用盲板和夹头夹紧,一块盲板上装有进水管,另一块盲板上装有放气阀;从进水管向管子内部灌水,此时放气阀打开,空气全部排出后,关闭放气阀,然后用冷风吹净管子外壁上的水,用检验榔头轻敲焊缝处,观察焊缝有无渗漏。

2) 须船级社、船东验收管子的试验方法

(1) 将试验的管子连接起来,必要时制造临时管连接,在管路最高处装放气阀,管路终端包括支路终端装放泄阀、水泵出口至管路的连接管中装压力表,如图 5-102 所示。

(2) 关闭水泵排出阀、管路中泄放阀。打开放气阀、低压水进水阀,对管路整体灌水,排出管路空气。

(3) 当充分排出空气后,关闭放气阀、低压水进水阀,启动水泵,打开水泵排出阀。一边

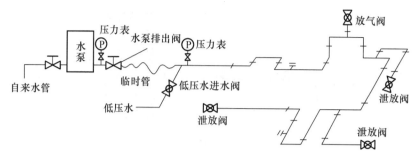

图 5-102 水压试验连接示意图

缓慢上升压力,一边检查有无泄漏,直到规定的压力。

(4) 当发现有泄漏时,应将压力释放后补焊或紧固螺栓,然后重复上述步骤。

(5) 先在规定的压力状态下保持 60min,再确定有无泄漏,如情况良好,则将压力降低至 1.0MPa 左右待验。

(6) 试验前 30min 加压到规定压力。

(7) 公司检验员认可后,打报告由验船师及船东检查。

(8) 合格后,在法兰侧面打上船级社认可的钢印。

(9) 将管路中水排出,拆开管路,试验结束。

4. 管子的液压试验

管子液压试验的目的是检查管子的强度和连接管、法兰、管接头等与管子连接的紧密度。

管子液压试验在船舶建造过程中相当重要,因此世界上各船级社对管子液压试验都提出了一定要求。我国的《钢质海船入级与建造规范》明确规定:所有Ⅰ级和Ⅱ级管系(表 5-28)用管以及蒸汽管、给水管、压缩空气管和设计压力大于 0.34N/mm² 的燃油管连同它们的附件一起,在制造完工后包扎绝热材料或涂上涂层之前,均应经过液压试验。

表 5-28 管系等级

管 系	Ⅰ 级		Ⅱ 级		Ⅲ 级	
	设计压力/(N/mm²)	设计温度/℃	设计压力/(N/mm²)	设计温度/℃	设计压力/(N/mm²)	设计温度/℃
蒸 汽	>1.6	或>300	≤1.6	或≤300	≤0.7	或≤170
燃 油	>1.6	或>150	≤1.6	或≤150	≤0.7	或≤60
其他介质	>4.0	或>300	≤4.0	或≤300	≤1.6	或≤200

注:(1) 当管系的设计压力或设计温度达到表中Ⅰ级规定时,即定为Ⅰ级管系;当管系的设计压力或设计温度达到表中Ⅱ级或Ⅲ级规定时,即定为Ⅱ级或Ⅲ级管系。
(2) 其他介质是指空气、水、滑油和液压油等。

当设计温度在 300℃ 以下工作的管子,液压试验的试验压力,不得低于 5 倍的设计压力,即

$$p_s = 1.5p$$

式中 p_s ——试验压力(N/mm²);

P——设计压力(N/mm^2)。

当设计温度超过300℃时,所使用的钢管和附件的试验压力,不必超过$2P_s$,即

$$p_s = 1.5 \frac{[\sigma]_{100}}{[\sigma]_t} p$$

式中　$[\sigma]_{100}$——100℃时的许用应力(N/mm^2);

$[\sigma]_t$——设计温度下的许用应力(N/mm^2)。

为了避免在弯曲处和T形接管处产生过大的应力,经验船部门同意,管弯部位和支管的试验压力可减少,但不得低于$1.5P$。

管子液压试验一般用水进行,试验步骤如下:

(1) 试验前,先检查已制成的管子内、外的缺陷和不紧密处,特别是接头处,情况良好的方可进行试验。

(2) 在管子一端的法兰上安装管塞,另一端连接水泵的管路,将管内灌满水使管内空气排出,灌水时将放气阀开启,有水从放气阀溢出时,关闭放气阀。

(3) 当管内压力升高到规定压力时,水泵停止工作,在此压力下保持5~10min。在管子保持水压的时间内可用小锤轻轻地敲击管子四周,并注意检查法兰、支管的焊接处以及管子弯曲处的表面是否有渗漏。

(4) 如在试压时间内没有发生泄漏现象,压力没有明显下降,则认为试验合格;如发现法兰焊接处有渗漏,则允许焊补。当发现管子有裂纹时,若是一般性管子,则应将缺陷处凿去,重新焊补,并再度进行试验。对于高压管,不允许焊补,应换新的管子。

试验后的管子用压缩空气吹干。管子的液压试验在很多情况下都是在具有专门设备的试验台上进行,以提高液压试验的劳动生产率。

5. 管子的清洗

液压试验合格的管子,也必须进行清洗,目的是清除管内的杂质(铁锈、金属屑、砂子、油垢等),以免在试车时,管内的杂质进入机件而使机件受损。对于管子的清洗工作,根据所用清洗介质的不同,主要有以下两种:

(1) 利用压缩空气清除管内杂质。对一些清洗质量要求不高的管系,一般可用压缩空气吹除杂质。吹除时,在管子的四周特别是弯曲处要用手锤仔细敲打,使管内杂质和污秽脱落,便于压缩空气的吹除。对附在管内较牢固的杂质,一定要清除干净,否则仍有损坏机件的危险。

(2) 化学清洗。对于清洗质量要求较高的管子,除用压缩空气清洗外,还必须进行化学清洗除锈处理(酸洗)。清洗时,首先将管子放入稀硫酸或稀盐酸溶液中进行酸洗,管子酸洗后,用流动的冷水冲洗,其次放在碳酸钠溶液中中和,再次用流动的热水冲洗,并用压缩空气吹干,最后在内表面涂保养油,在管子的两端用闷头封好。

6. 质量检查及喷油、封口

1) 镀锌管的质量检查

镀锌管的常见缺陷,如下:

(1) 管子内部有锌渣。

(2) 镀锌流挂。

(3) 法兰密封面,特别是凹槽法兰槽内锌层不均匀。

(4)锌层损坏或局部未镀到锌。

解决方法,如下:

(1)清扫锌渣。

(2)磨去流挂。

(3)法兰密封面上锌层不均匀,磨去多余部分。凹槽内锌层不均匀处,宜加热后用比凹槽略窄的铲形铁器铲除锌层,然后擦去加热产生的黑烟,均匀地喷上富锌底漆和面漆。

(4)锌层损坏或局部未镀到锌,如面积很小,可用富锌底漆和面漆修补;面积较大的重新镀锌。

2)酸洗管的质量检查

酸洗管的常见缺陷,如下:

(1)酸洗不彻底,铁锈未除尽或酸洗后又重新生锈。

(2)与酸洗过程无关,酸洗后清楚地发现管子的焊接、打磨缺陷。常见的缺陷为焊接咬口、气孔和焊渣、飞溅未除尽等。

解决方法,如下:

(1)对于燃油、滑油、液压油管,大面积生锈须重新酸洗,小面积生锈用打磨或砂纸擦的方法除锈。

(2)焊接咬口和气孔应补焊后重新打磨,焊渣、飞溅应用磨、锉的方法去除,经过打磨的管子应用冷风吹净打磨颗粒。

3)喷油及封口

(1)喷油前检查管子内部是否有油漆,如有应清除。

(2)喷油应从管子两端喷入,确保管子内表面有足够的防锈油。

(3)喷油后,用塑料盖或盲法兰封堵;用盲法兰封堵的,须加装与法兰规格相配的垫片,安装并拧紧螺栓、螺母。螺栓、螺母的数量与法兰孔相同。

复 习 题

1. 什么是管系放样?有哪些步骤?
2. 管子加工有哪些主要工序?
3. 火焰切割机进行钢管下料的工艺过程有哪些?
4. 液压弯管机采用有芯弯管弯制普通无缝钢管的通用操作规程有哪些?
5. 平台校管时,法兰螺孔转角的含义是什么?
6. 支管制作方法有哪几种?在主管上开支管孔的方法有哪几种?
7. 简述二次组立的方法,并画出一根 DN200,由一只 90°标准弯头,两段管子,两支法兰组成的直角弯管二次组立流程图。
8. 复板式贯通件装配时,如何选择复板的基准线?
9. 简述紫铜管直支管制作及装配步骤。
10. 内外壁特涂管的打磨质量要求是什么?
11. 对酸洗后的管子作检查,会发现哪些常见缺陷?解决这些缺陷的方法有哪些?

第6章 管系安装工艺

6.1 管系安装的基础知识

6.1.1 管系及其安装方式

1. 管系

管系包括管子、附件、支架、卫生设备等。其中,管子包括预先制作好的管子、自制的管子、多芯管、仪表管等;附件包括阀件、滤器、膨胀接头、吸入口、落水口、盲法兰、压力表等。

2. 管系安装的方式

管系安装的方式有单元组装、分段部装、分段反转舾装、分段正转舾装、盆舾装、总组反转舾装、总组正转舾装、露天装、船内装。

6.1.2 管系附件

1. 垫片的选用

1) 材料

垫片材料选用的原则,如下:

(1) 高温管垫片的材料采用不锈钢石墨,如主辅机排气、蒸汽管系等。对于温度低一些的凝水管、锅炉给水管系,可用无石棉纤维,但为了密性可靠,也可采用不锈钢石墨。

(2) 油管垫片的材料采用无石棉纤维。无石棉纤维能防火,但不够致密,对于须冲洗的系统,为防止无石棉纤维有成分析出,可改用聚四氟乙烯。

(3) 橡胶垫片具有密封性好的优点,但强度较差,适用于低压水系统,因此水系统垫片的材料除消防管因规范要求使用无石棉纤维外,其余使用氯丁橡胶。

(4) 饮水系统及相关的日用热水、淡水系统垫片的材料采用无毒硅橡胶。

(5) 油轮的货油管及相关系统垫片的材料,因口径较大、压力较高、密封性要求高,所以选用密封性较好、耐压较高的衬有不锈钢片的膨胀聚四氟乙烯。

(6) $PN \geqslant 1.6MPa$ 的压缩空气系统垫片的材料也应采用致密垫片,由于通径并不大,可采用聚四氟乙烯,而不必使用膨胀聚四氟乙烯。

以上介绍的是垫片材料选用原则,在实际使用中,应按设计图纸技术要求选用。表6-1为某船厂民用船舶的垫片材料选用标准。

2) 规格

垫片的规格须与法兰通径、压力相符,不准在大通径法兰内安装小通径垫片,也不准在压力级高的法兰内安装压力级低的垫片。常用法兰垫片内外径尺寸如图6-1所示。

2. 螺栓、螺母的选用

1) 材料

螺栓、螺母的材质、强度等级和表面处理要求应按产品说明书确定。

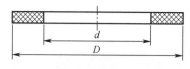

图 6-1 垫片内外径表示

2) 规格

螺栓的直径(螺纹直径)应符合法兰标准的规定,常用的法兰螺栓直径如表 6-1~表 6-3 所列。螺栓的长度应保证紧固后螺栓端部伸出螺母的尺寸在 0~0.5 倍螺栓直径范围内。

表 6-1 法兰螺孔直径与螺栓直径对应表
（CB/T 46—1999（GB573）、CB/T 47—1999(GB574)） 单位:mm

螺孔直径	φ13	φ15	φ17	φ21	φ26	φ30	φ33	φ39
螺栓直径	M12	M14	M16	M20	M24	M27	M30	M36

表 6-2 法兰螺孔直径与螺栓直径对应表(GB2506~89、GBIO746~89(CBM14~CBM19)) 单位:mm

螺孔直径	φ11	φ14	φ18	φ22	φ26	φ30	φ33	φ36	φ39	φ42
螺栓直径	M10	M12	M16	M20	M24	M27	M30	M33	M36	M39

表 6-3 法兰螺孔直径与螺栓直径对应表(CBM1012~CBM1019) 单位:mm

螺孔直径	φ12	φ15	φ19	φ23	φ25	φ27	φ33	φ39
螺栓直径	M10	M12	M16	M20	M22	M24	M30×3	M36×3

3) 强度等级

螺栓螺母须有强度等级的钢印,无钢印的螺栓螺母不准使用。

3. 管子的连接

1) 带法兰管子的连接

(1) 检查管子的制造质量。对管子焊接、镀锌等缺陷设法消除;对法兰密封面做仔细检查,确保密封面平整、密封线畅通;确认管子封口去除,管子内部清洁。

(2) 检查螺栓螺母。螺栓螺母的螺纹中应清洁,无固体微粒嵌入。对于排气管用的耐热钢螺栓和不锈钢螺栓,在螺母拧入的范围内预先喷上润滑剂。

(3) 首先将连接的两只法兰对中,插入法兰下半部分螺栓(一般为 $n/2+1$ 个螺栓,其中:n 为法兰螺孔数),并拧上螺母,使法兰间留有放置垫片的间距,放入垫片,使垫片与法兰同心。然后安装剩下的螺栓、螺母。如果法兰对中有困难,除了与设备连接的法兰外,可用撬棒插入法兰螺孔帮助对中,但不准过度用力强行对中。合拢管的法兰的间隙如较小,可用撬棒扁平端或凿子张开法兰面,放入垫片,摇动管子,使垫片与管子法兰同心。但这方法不适用于与设备连接的合拢管,当合拢管法兰与设备的间隙小时,可松开原安装管子支架,调整间隙,合拢管安装后,重新安装支架。如果此方法不适用,则重校合拢管。

(4) 拧紧螺栓螺母。拧紧次序(图 6-2):操作最不方便的位置,代号 A;A 的对称点,代号 B;A、B 的分中,代号 C;C 的对称点,代号 D;A、C 的分中……,依次类推,拧紧不能一步到位,按次序重复 2 次或 3 次,逐步增加扭矩,直到拧紧为止。由于个别螺栓拧得太紧,会使其余螺栓松动,因此用力应均匀,在最后用与上一次相同的扭矩将所有螺栓紧一遍。表 6-4 为螺栓螺母拧紧扭矩推荐值,供拧紧时使用扭矩的参考。

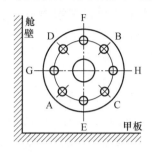

图 6-2 法兰拧紧次序

表 6-4 螺栓螺母拧紧扭矩推荐值　　　　　　　　单位:N·m

强度等级	4.8			8.8			A2-50(屈服强度 350N/mm²)		
材质	一般用钢			铬钼合金钢			不锈钢(SUS304)		
规格	使用扭矩	安全扭矩	极限扭矩	使用扭矩	安全扭矩	极限扭矩	使用扭矩	安全扭矩	极限扭矩
M8	14	18	25	28	36	51	—	—	—
M10	28	36	51	56	72	102	—	—	—
M12	50	62	88	100	122	174	59	74	105
M14	55	69	98	110	137	195	—	—	—
M16	78	98	140	165	206	294	94	118	169
M18	110	137	195	227	284	405	—	—	—
M20	140	176	251	321	402	574	184	230	330
M22	180	225	321	431	539	770	260	326	466
M24	251	314	448	548	686	980	320	400	570
M27	353	441	630	823	1029	1470	—	—	—
M30	470	588	840	980	1225	1750	—	—	—
M30×3	—	—	—	—	—	—	634	793	1133
M33	588	735	1050	1176	1470	2100	—	—	—
M36	784	980	1400	1410	1764	2520	—	—	—

由于管子安装必须保证系统在密性试验时不泄漏,而保证法兰密性时不会泄漏,则与须要的螺栓紧固力矩的大小与法兰的平整度、法兰面对中的曲折大小、垫片的材质、厚度等因素有关,因此在法兰紧固时使用的扭矩可能会超过使用扭矩值和安全扭矩值。当超过极限扭矩时,螺栓会变形、烂牙,甚至断裂,因此应找出法兰泄漏的原因,采取相应措施,不能过分使劲紧固螺栓螺母。

2) 平肩螺纹接头的连接

平肩螺纹接头的连接步骤,如下:

213

(1) 清除中间接头和外套螺帽螺纹中的灰尘等固体颗粒,并用清洁的布擦拭干净。

(2) 检查螺纹是否有损伤、变形,如有损伤、变形,则应用断锯条、细锉、螺纹铰板或螺丝攻修理。

(3) 当螺纹无缺陷时,在螺纹中涂润滑剂(牛油、滑油或二硫化钼)。

(4) 首先将垫片套在中间接头上或放在螺帽内平肩上。然后将外套螺帽套上中间接头,用手拧紧螺帽,螺帽转动应轻松流畅。当用手转不动时,可先用铁锤轻敲螺帽六角平面,再手拧。最后用与螺帽尺寸相配的开口板拧紧。

其注意事项,如下:

(1) 不可直接用扳手拧紧螺纹,以免螺纹咬死。

(2) 当管子制作或安装有误差而不能保证中间接头和平肩接头处于同一中心线时,应修改、矫正或重新安装管子;如果强行安装,会使螺纹接头容易咬死和渗漏。

(3) 螺纹接头在进行系统密性试验后以及通入热介质(蒸汽、凝水、热水)后须再紧一遍。

4. 开孔

在船体结构上开孔有两种方式。第一种是由管子设计部门提供管孔位置和大小给船体部门,在船体加工资料中已包含管孔切割信息,在船体加工阶段将管孔开好。第二种是由管子设计部门绘制开孔图,发管子安装部门,由安装部门按设计所提供的开孔图现场开孔。现场开孔分为画线、开孔、打磨三个步骤,下面对现场开孔的方法作介绍。

1) 画线

画线的依据有两种:一种是开孔图,另一种是管子实物。采用何种画线的依据是管子安装图、托盘管理表及管子零件图。管孔上通常安装贯通件,凡与贯通件相接的管子为完成管,且两个或两个以上与贯通件相接的完成管都汇集到同一主管上。如果从贯通件到主管之间没有调整管,则这些管孔只能预先开一个,其余按实物开孔。除上述情况外,其余可按开孔图开孔。

按开孔图画线步骤,如下:

(1) 认清船体分段的艏艉、左右、上下、正反方向,方法为看分段标志或通过技术部门看船体分段工作图。

(2) 根据开孔图上管孔距船体构件尺寸及构件基准面找出管孔中心线在船体上相应位置。对于正态制造的分段,因构架在反面,须从分段边缘找出构架位置移植到甲板正面,同一分段只要移植纵向、横向各一构件,就可以此为基准,找出管孔位置。

(3) 画出管孔的中心线和圆周线,在就近的船体上写上开孔直径,用洋冲在圆心及圆周线上打印。

按实物画线如图 6-3 所示。由一根总管上分出多个支管,支管上连接的管子穿过甲板,由于管子制作有积累误差,事先将管孔全部开好后有些管子不能安装,因此采用按实物画线的方法。图 6-3 中的管子,四个管孔可以全部等总管安装后再根据各支管管路尺寸确定开孔位置,也可以先开一个孔,以这个孔为基准,安装一路支管和总管,再开其余三个孔。由于管子制作不可避免地存在误差,实际开孔的位置与开孔图上的位置会有偏差,但偏差不能太大,不能影响系统的使用效果或产生另外的安装问题。

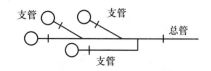

图 6-3 按实物画线示意图

2) 开孔

画出的线条经有关人员校对确认无误后,进行开孔。开孔工作应由持上岗证书的焊工进行,开孔的工具应使用带圆规的割炬。

3) 打磨

(1) 打磨范围。

打磨范围为甲板上下平面贯通件复板覆盖的范围再向外延伸 20mm（一般为管孔向外延伸 70mm）和孔的圆柱体,如图 6-4 所示。

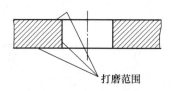
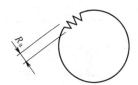

图 6-4 开孔打磨范围　　图 6-5 孔的圆柱体粗糙度

(2) 质量要求。

甲板上下平面无熔渣,孔的圆柱体粗糙度 R_a 的范围如图 6-5 所示及表 6-5 所列。

表 6-5 粗糙度 R_a 的范围　　　　　　　　　　单位:mm

部　位	标准范围	允许极限
上甲板、外板、油水舱壁、货舱壁	≤0.4	0.8
其　余	≤0.8	1.5

打磨用的工具及其用途如表 6-6 所列。

表 6-6 工具及其用途

工　具	用　途
直角气动砂轮机,安装 ϕ125mm 铰形砂轮	磨甲板上下平面及直径≥145mm 的孔的圆柱体
直线气动砂轮机,安装 ϕ60mm 圆柱形砂轮	磨直径 76~145mm 的孔的圆柱体
直线气动砂轮机,安装硬质合金旋转锉	磨直径≤76mm 的孔的圆柱体

4) 特殊部位的处理

(1) 风暴舱区域的套管贯通件开孔。

风暴舱区域套管贯通件的开孔要求如图 6-6 所示。

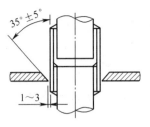

图 6-6 风暴舱区域套管孔开孔要求

（2）隔层式套管贯通件。

油轮货油舱舱壁下部采用墩座形式时，贯通件需穿过二层结构，为避免管孔过大影响结构强度，将贯通件设计成隔层式套管形式。隔层式套管贯通件的开孔分三个阶段进行，如图 6-7 所示。

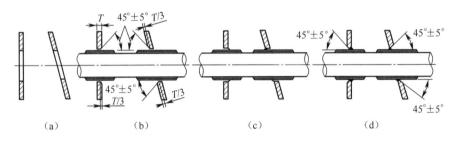

图 6-7 隔层式套管贯通件开孔示意图

第一阶段：按设计图纸开孔，不开坡口。通常此孔在船体下料时由数控切割机开好，如图 6-7(a)所示。

第二阶段：放上隔层式套管贯通件，然后选择船体隔舱板的某一侧开坡口，坡口位置通常选择在操作较困难的一侧，如图 6-7(b)所示。

第三阶段：在已开好坡口的一侧进行焊接，如图 6-7(c)所示；然后在另一侧开坡口，坡口的深度应见到反面的焊缝为止（俗称出白清根），如图 6-7(d)所示。开坡口的方法通常采用碳刨，也可采用气割。

（3）舷旁短管（包括海底门上的短管）。

舷旁短管开孔，除图纸上注明坡口要求以外，其余坡口要求如图 6-8 所示。

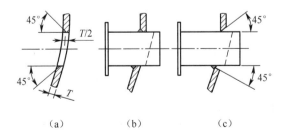

图 6-8 一般舷旁短管开孔示意图

开孔步骤如下：

首先按图纸要求开好管孔,并在外板内侧开坡口,留根尺寸为外板厚度的1/2,如图6-8(a)所示。然后装上舷旁短管,在外板内侧坡口处焊接,如图6-8(b)所示。最后在外板外侧开坡口,坡口应见到反面的焊缝为止,如图中6-8(C)所示。外板内侧开坡口的方法通常用气割,外侧通常用碳刨。

主甲板落水管在分段反向时开孔不开坡口,上船台后,按图6-9所示的要求开坡口,方法为碳刨。

分段反转状态下,斜孔画线时,首先以与贯通件复板接触的甲板面为基准面,找出孔中心在基准面的位置,然后根据倾斜角度、甲板厚度,将开孔中心移植到基准面反面,最后在基准面反面画出开孔线,如图6-10所示。

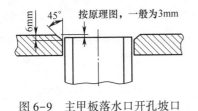

图6-9 主甲板落水口开孔坡口　　　　图6-10 斜孔画线

5. 支架安装

1) 管子支架设置的方法

单根管子的支架设置方法如表6-7所列。

表6-7 单根管子支架设置方法　　　　单位:mm

型式	应用范围	型式	应用范围
倒角	DN≤250 H≤500		DN全部
倒角	DN全部 H>500		DN全部 H>500
倒角	DN≤250 H≤500		DN≤150 H≤500
	DN全部 H<1000	倒角	DN全部 H≥1000
	DN全部 H≤500		钢管 DN≤80 有色金属管 DN<65
	DN<350		DN≥350

对于两根管子以上共用的组合支架,由于情况比较复杂,必须根据实际情况进行设置。

2) 支架与船体结构连接处垫板的设置范围

支架与船体结构焊接处,根据支架的情况、不同的区域、结构钢板的厚度和支架所在的位置等决定是否需要设置垫板。

支架所在位置结构反面没有加强时,一般均应设置垫板。图 6-11 所示为当船体结构板厚小于 16mm 时,应设置垫板的要求。

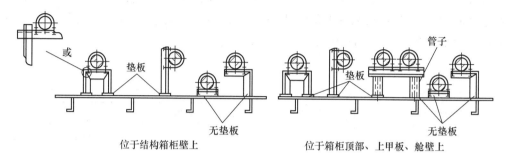

图 6-11　垫板的要求

在以下各种条件下,可以不设垫板:

(1) 船体结构板厚≥16mm 时,可以不设,但支架尽可能设在反面有加强的位置。

(2) 当支架设置在船体的加强筋、柱子、肋骨、纵梁、腹板等构件上时。

(3) 当管子的通径≤80mm 时。

(4) 当管子支架用角钢的规格小于等于 63mm×63mm×6mm 时。

(5) 图 6-11 没有涉及的地方。

3) 禁止安装支架的部位

(1) 船壳板。

(2) 通过弯折工艺制造的柱体圆弧部分,如图 6-12 所示。

(3) 折边三角板的折边部分,如图 6-13 所示。

(4) 肋骨面板在以下情况禁止安装支架:同一路管子的支架,有的安装于内底板上,有的安装于肋骨面板上;同一只龙门支架,一只脚安装于内底板上,另一只脚安装于肋骨面板上(应全部安装于内底板上)。

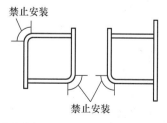 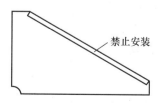

图 6-12　通过弯折工艺制造的柱体上禁止安装支架部位　　图 6-13　折边三角板上禁止安装支架部位

4) 自制支架

在管子安装中,由集配部门配送的支架全部安装后,常会发现局部区域支架须补充,管子安装工人在进度紧迫的情况下需自制支架。自制支架选用的材料规格、尺寸限制应符合各船厂企业标准的要求。

6. 贯通件的安装和焊接

1）安装前对船体结构的检查

（1）复板式贯通件安装范围内的船体拼板缝应焊接结束，对未焊接结束的板缝应在复板覆盖的范围内焊接完整，并向外延伸 50mm，如图 6-14 所示。焊后进行打磨，使焊缝高出甲板不超过 3mm。

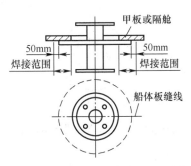

图 6-14 贯通件复板下的船体拼板缝预先焊接范围

（2）复板式贯通件安装范围内的船体拼板焊缝高出甲板超过 3mm，应进行打磨，使焊缝高出甲板在 3mm 以下。

2）贯通件安装

反转舾装的场合，甲板反转，贯通件须要自下向上安装，如下：

（1）直复板式贯通件的安装。确定贯通件法兰螺孔位置、上下方向，不要颠倒。向上托起贯通件，使复板与甲板紧贴，测量管子外壁到管孔圆周的尺寸，要求四周均等，如图 6-15 所示。用直尺放在法兰两只螺孔的公切线上，采用目测方法，使直尺与作为参照物的船体构件平行，如图 6-16 所示。螺孔位置准确后，进行定位焊。

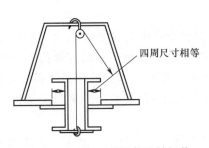

图 6-15 直复板贯通件反转舾装

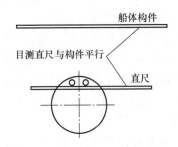

图 6-16 贯通件法兰螺孔位置检查

（2）斜复板贯通件的安装。以甲板与贯通件复板接触面为基准面。找出甲板基准面上椭圆孔的长短轴，并在甲板基准面的背面上画出基准面椭圆孔长短轴的延长线，如图 6-17（a）所示。找出贯通件复板基准面与管子相交椭圆的长短轴，并在复板上画出此长短轴的延长线，如图 6-17（b）所示。向上托起贯通件，使甲板基准面上的椭圆孔长短轴延长线与复板基准面上的椭圆孔长短轴延长线对准，如图 6-17（c）所示。最后，进行定位焊。

(3) 套管式贯通件的安装。套管式贯通件在反转舾装时,法兰处于上方;安装时先在套管上画出处于甲板位置的线条,作为安装基准线,然后将套管放入管孔,线条与甲板平齐,调整法兰螺孔位置,并使套管与管孔之间的间隙均匀,进行一点定位焊,最后用水平尺测量法兰面的水平度。法兰平面水平后,继续进行定位焊,如图 6-18 所示。

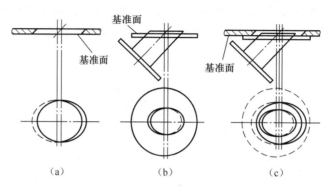

图 6-17　斜复板贯通件安装示意图

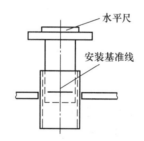

图 6-18　套管式贯通件反转舾装

(4) 落水口的安装。落水口安装前,必须按安装图上注明的落水口距甲板上平面(分段反转舾装时处于下面)的尺寸定位,安装方法与套管式贯通件相同。

正转舾装的场合安装,如下:

(1) 直复板式贯通件的安装。在甲板管孔上画出垂直相交的中心线,并与肋骨、纵桁平行。在复板上同样找出与船体肋骨、纵桁平行的中心线,将复板中心线与管孔中心线对准。由于船体构件通常在甲板反面,肋骨线与纵桁线可通过甲板边缘线移植或甲板下方构件位置移植取得;也可以用甲板的缝线或甲板上的船体结构取得,如舱口围来确定与肋骨、纵桁的平行线。

(2) 斜复板式贯通件的安装。此时,甲板基准面在上方。找出甲板基准面上椭圆孔的长短轴,首先将长短轴的延长线画在甲板基准面上,按图 6-17(b)所示方法先找出贯通件复板基准面与管子相交椭圆的长短轴,并将长短轴的延长线画到基准面的背面,然后放上贯通件,使复板上与甲板上画出的椭圆长短轴延长线对准,最后进行定位焊。

(3) 套管式贯通件和落水口的安装。套管式贯通件和落水口在正转舾装状态下为朝天装,安装困难,应尽可能避免。安装方法参照反转舾装。因法兰面向下,水平度无法用水平尺检查,应用卷尺测量法兰距甲板尺寸,对于有斜度的甲板只能参照水平构件,目视检查。

(4) 贯通件焊接。焊缝尺寸要求如图 6-19 所示。

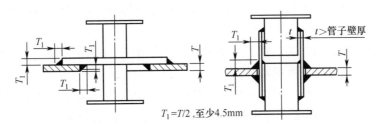

图 6-19　贯通件外场焊接焊缝尺寸要求

焊接质量控制要求,如下:
① 焊接前,对焊接区域应进行清理,去除油污、锈、飞溅物及毛刺。
② 使用船级社认可的焊条。
③ 使用多道焊接时,在进行下一道焊接前,应将上道焊缝上的焊渣、焊剂除去。
④ 所有焊接缺陷必须使用铲、磨、锉等方法将缺陷部位的焊渣、飞溅物等清除干净,然后进行补焊。
⑤ 当船体结构板材为厚度大于 30mm 的高强度板时,须在舾装件装配位置向外扩展 100mm 的范围内进行预热,定位焊的预热温度为 50~75℃,正式焊接的预热温度为 120~150℃。以上要求,同样适用于支架、管子护罩、油水舱注入防冲击板的焊接。

6.2　管系安装步骤

6.2.1　一般步骤

(1) 领取安装需要的管系安装图、开孔图、零件图、支架图、托盘管理表、合拢管水压验收表等生产设计资料。
(2) 按托盘管理表领取管子、支架、管夹、阀件、管附件、支架复板、螺栓、螺母和垫片。
(3) 与轮机方面人员联系领取与管子安装有关的机械设备、基座。
(4) 带好必备工具和用品,如扳手、榔头、锉刀、凿子、卷尺、直尺、线锤、粉线袋、风磨轮、割炬、电焊龙头等工具,以及砂纸、石笔、电焊条、富锌底漆和面漆等用品。
(5) 拆开管子、阀件封口,检查内部质量。去除未磨尽的飞溅物、焊渣。对镀锌层缺陷予以修补,喷富锌底漆和面漆。对液压、主机滑油等清洁度要求高的系统,须由质管员认可质量。
(6) 须现场开孔时,按开孔图在分段上画出开孔线。对于主甲板、内底板、外板、油水舱柜上的管孔,须经技术员校对认可。
(7) 开孔并打磨。
(8) 按安装图中的管子安装尺寸,在船体板上用粉线弹出或用石笔画出安装尺寸线,并在相应的支架上画出管子中心线,根据安装尺寸线,借助于线垂,定出支架位置,对于多联支架,以支架中安装最大管子的中心线为准如图 6-20 所示。对于安装多只形状、尺寸相同的支架,可先按图 6-21 定位两端的支架,再以两端支架上最大管子的中心线为基准,用分线拉出中间支架安装线,最后按此安装线将中间的支架定位。

（9）支架定位焊,位于基准位置的支架及需承受重负荷的支架先焊接,其余支架待管子安装后再焊接。

（10）贯通件安装并焊接。对于类似落水管之类管子,主管上有多个支管,而且支管与贯通件相接,只能先定位一件贯通件。

（11）管子安装。安装应根据管路布置情况,研究确定安装管子的先后顺序。其原则是先找到便于安装作业顺利进行的基准,按先大后小、先下后上、先里后外、先主管后支管、先支管多后支管少的方法进行安装,还要考虑管子安装后是否会影响作业人员的进出和后续管子的安装,管子制作误差的影响等合理的安装次序视具体情况而定。

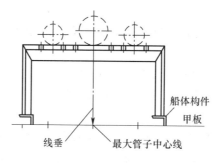

图 6-20　用线垂定位支架

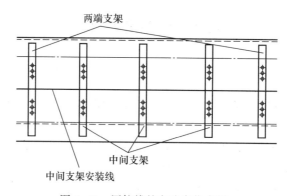

图 6-21　用拉线的方法定位支架

（12）支架焊接。焊接前,对支架下方的设备用三防布遮盖。对尾轴管内巴氏合金衬套,须用三防布加铁皮遮盖。

（13）校托盘内部调整管(与调整管相连的管子均为托盘内已安装的管子),并将调整管制造、安装结束。

（14）按托盘管理表带运管子,带运位置应安全、可靠,尽量不影响下道工作(如打磨、除砂、涂装等),且带运位置与实际安装位置之间无间隔的结构,最好带运在要连接的管子上。带运参考方法如图 6-22 所示。

（15）对影响分段涂装的吸口、测量管端头等安装完成后拆下,带运或取出保管。

（16）管子端部封口。末端管子安装时不应拆除封口,并检查封口的情况。如有问题,按下列要求检查和处理:对于液压管、主机滑油管、特涂管的法兰,用钢质盲法兰加装垫片,

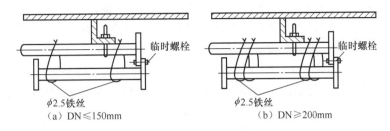

图 6-22 管子带运参考方法

用螺栓螺母紧固;其他系统用塑料盖加胶带、铁皮加胶带等方式封口;对于非冲砂的分段,也可用塑料胶带黏贴;对设备、不锈钢膨胀接头等用三防布包覆;尾轴壳内的滑油管接口须用钢板点焊封住。

（17）对于用套管连接的焊缝(包括在管子加工车间焊接的焊缝)用胶带黏贴,避免喷上油漆。

（18）对伸出分段边界,会影响吊运、搭载的管子进行移位或拆下带运。

（19）自检互检安装质量。检查内容如下:

① 螺栓应有强度等级的钢印。

② 管子与船体、舾装件的间距不小于 10mm,对于有绝缘的管子,间距应从绝缘层外算起。

③ 阀件手轮与管子、船体及其他艇装件之间间距不小于 20mm。

④ 法兰之间无明显裂面,法兰紧固螺栓螺母应拧紧。DN≥250mm 的管子,法兰紧固后,对称点间距相差不大于 1mm。

⑤ 吸口、测量管末端距舱底尺寸与设计要求偏差不大于 5mm。

⑥ 吸口下的防冲击复板位置应包含整个吸口范围。

⑦ 镀锌、涂塑外表缺陷应修补。

⑧ 同一管路中无镀锌管和涂漆管混装,以及不同油漆颜色的管子混装的现象。

⑨ U 形管夹单螺母、双螺母安装正确,并拧紧。

⑩ 修割过的支架及无法兰端管子应打磨光洁。

⑪ 回收多余物品,扫清场地垃圾。

6.2.2 安装方法

1. 单元组装

单元组装法也称为内场安装法,适用于机械设备和管路密集程度高的舱室中。按单元组装图先将有关机械设备、附件、管子等按单元在车间内组装好,形成若干个单元;然后吊到船体分段或船上的安装位置;最后将构架与船体固定,各单元之间用合拢管连接,组合成完整的系统。

单元组装法把大量的现场工作移到内场进行,单元容量就变大。从现场安装移到内场安装的工作量越多,单元组装法的优越性越显著。

单元组成的条件是要有一个具有一定刚性的主体,确保单元吊运时整个单元不会有大的变形。单元按其组成分类,可大致分为设备管子单元和纯管子单元。组成单元的刚性主体主要有大型设备基座和大型组合支架,单元组装的设施主要有平台和吊车。

单元吊装时需要对基座、支架进行加强,必要时安装吊环。吊点应设置于刚性较强的部位。对于设备管子单元,吊点常设置于基座或设备带的吊环上。对于纯管子单元,吊点常设置于组合支架或大口径管子上。对于面积较大的单元,可使用吊排吊运。吊排用型钢制成,通常呈长方形,具有较强的刚性。吊排上方有若干吊环,供吊车吊运时使用,下方有若干吊环,用于安装葫芦,由葫芦吊起单元。葫芦的位置通常在单元吊点的上方,使单元各吊点垂直向上受力,以减小变形。如因单元太大吊装困难,则可将单元拆开成几个小单元。单元拆开时,应考虑拆开后的各小单元仍具有刚性主体,并视具体情况对小单元进行加强和增加临时支架。小单元吊运时,应视安装位置考虑好吊运次序,通常离吊运通道较远的小单元先吊运,靠近吊运通道的小单元后吊运,对影响吊运就位的局部管子可事先拆下吊运。

2. 分段部装

分段部装是指在船体结构部装(小组装)阶段,将管子零件当作结构部装零件的一部分进行安装,然后将各分段吊至船台合拢后,各分段的管路用嵌补管连接起来。

分段部装法对于安装在甲板下方和船壁上的管子特别有利。它不仅使管路安装和船体建造平行进行,把船舱管路在脚手架上的高空安装变成平台胎架上的落地安装,而且减少许多辅助工作,大大提高管系的安装质量和安装速度。

3. 分段反转舾装

分段反转舾装是指分段以甲板或平台为基面反造,在分段结构完工后保持反转的状态下进行管子舾装。

4. 分段正转舾装

分段正转舾装是指分段在正态情况下进行的预舾装工作。分段正转舾装须考虑不影响上一层分段的吊装,因此靠近舷部、隔舱、肋骨的部位不宜安装。如必须装,则安装后不能与船体焊接,须移位。

检查管子与设备的对中情况,对于既有偏差,管子修改又有困难的场合,可移动设备或调整基座高低。移动范围不超过 25mm,对于超过 25mm 时须向技术部门反馈。基座修割工作由装配工实施,修割后的基座水平度不变。

5. 盆舾装

盆舾装是在由机舱双层底分段、泵舱双层底分段、舷部分段、隔舱分段组合起来的总组上进行的正转舾装。对于泵舱双层底分段,仅对油轮而言,舷部分段和隔舱分段的高度一般略高于花钢板高度。盆舾装的作用是使花钢板以下、内底板以上的密集布置的设备、管子安装完整,使与上层分段之间的合拢管移至花钢板以上,以减少上船台工作量。盆舾装不必考虑上一层分段的吊装问题,在盆舾装范围内可以将管子、设备、阀件以及花钢板格栅等安装完整。

6. 总组反转舾装

总组反转舾装是将两个或两个以上分段在反转状态下进行结构总组,总组后在反转状态下进行管子预舾装。预舾装的管子主要是分段接缝线处的管子和分段之间的合拢管。

7. 总组正转舾装

总组正转舾装是将两个或两个以上的分段在正转状态下进行结构总组,或在反转状态下进行结构总组,总组后翻身,然后在正转状态下进行预舾装。

对于嵌入两个分段之间的完成管,由于管子制作、安装的误差,必须将其中一个分段内的管路移动,因此移动的管路应是直管或平行弯管,且管路中无支管、贯通件。

8. 露天装

露天装是指在舱室顶板未盖之前进行的管子安装,如油轮货油舱内管子的安装。采用露天装的原因是舱室封顶后管子及附件无法进舱或进舱不便。采用露天装方法可以利用吊车使管子等物品进舱并配合安装,并且露天装的通风、照明环境也较好。

9. 船内装

船内装是指船体分段或总组上船台(或进船坞)搭载后的管子安装。安装部位主要包括4个方面:

(1) 总组边界处的管子;

(2) 直接吊上船台、船坞的分段(不参加总组的分段)边界处的管子;

(3) 在船台、船坞安装的设备附近的管子;

(4) 其他无条件实施预舾装的管子。

10. 复合舾装

有些分段预舾装工作须用两种或两种以上方法实施,这些分段主要是指双层底区域分段,也包括散货轮顶、底边水舱分段、集装箱船舷侧分段等。这种分段内部管子须安装于船体的二面或三面结构,如安装于双层底分段的内底板和外板,舷侧分段的外板和纵壁,顶边水舱的主甲板、外板和斜底板。在船体建造中如果以分段顶部结构为基面反造,则安装于基面上的管子舾装为反转舾装。如果以分段底部的一面为基面正造,则安装于基面上的管子舾装为正转舾装。无论以哪一面结构为基面,另一面上的管子均需朝天安装,类似于船内装。由于分段上预舾装有着通风好、光线充足、物料进出方便等优点,因此即使在分段内实行朝天装,也应将分段内的管子装完。在现场施工中,可根据分段建造翻身的机会,多实施向下安装工作。下面以双层底分段为例对安装方法作介绍,其余分段可参照实施。

6.3 管系安装质量

6.3.1 技术要求

(1) 首先检查管子、阀件、附件等是否符合图纸要求,以及它们的完整性,检查管子清洗后的封头包扎是否被破坏等。管子安装时,船体需要开孔的部位开孔后,孔边必须修整光顺,氧化渣和毛刺必须全部清除干净,孔的尺寸公差和形位公差必须符合有关标准。

(2) 按船舶管路系统布置图及管子零件图进行管子安装,不得任意更动走向,以免影响全局。

(3) 按照系统安装图在相应的位置上安装管子支架等有关附件,装妥后开始管子安装:第一,应选择好安装起点,一般管路较密,较多的区域作为起点,同时考虑安装管系的层次和步骤,按先里层后外层的原则进行安装;第二,先安装主要的总管,再安装分支管;第三,安装时可先用临时螺栓安装全部管子,检查与规定路线是否相符,并进行必要的校正工作;第四,装配合拢管子。

(4) 安装时,两根管子的末端应自然对准,不应采用杠杆和夹具等强行对中,法兰面及螺孔的偏差范围如表6-8所列。

(5)所有的管子接头,管子、机械设备、隔舱管接头等法兰连接处,均应垫上均匀地压紧衬垫。衬垫材料根据输送的工质、温度和压力选用,衬垫的内径边缘不应盖住管子或附件的流通截面,衬垫厚度为0.5~3mm,视其管径大小而定。

(6)管子(包括其上的连接件及绝缘层)与管子之间,管子与设备或船体之间的距离不应小于10mm;管子绝缘层和船体之间的距离不应小于50mm,蒸汽管路与电缆及高压空气管之间的距离不小于100mm,当包绝缘隔热层时,允许不小于50mm。

(7)穿越居住舱室或走廊的暗管时,必须在覆盖天花板之前,检查管子的安装质量,确保不泄漏,以免返工。装在船外水线下的管子接头应有保险装置,防止松动,并且要防止管子振断、振裂,疏排水系统要保证污水、污物等顺利流通,所以应将它们装成有一定的倾斜度,并在适当位置设置能进行人工疏通的可拆装置。

(8)法兰连接螺栓应露出螺母1~3牙,在安装螺纹接头时,必须在管子螺纹部位绕上聚四氟乙烯的塑料薄膜,以保证连接的紧密性。

表6-8 法兰面及螺孔的偏差范围　　　　　　　　　　单位:mm

项目	简图	允许偏差范围			
		管子外径	工作压力($\times 10^4$Pa)		
			≤156	>156~392	>392
平行度偏差 Δe		≤108	0.2	0.1	0.05
		>108	0.3	0.05	0.05
同轴度偏差 Δb		1~2			
法兰螺孔的偏差 $\Delta \theta$		1			

(9)阀件安装时,应考虑手轮操作方便并使流体的压力在阀盘的下面,以减轻开启的力量及减少阀填料函处的漏泄。

(10)所有蒸汽管、排气管和温度较高的管路,应包扎绝缘材料,绝热层表面温度不应超过60℃,可拆接头及阀件处的绝热材料应便于拆换。非冷藏装置的管路通过冷藏舱时应包扎防冻材料,以防冻结。

(11)承受胀缩或其他应力的管子,应采取管子弯曲或膨胀接头等必要的补偿措施。干货舱和深舱等不便检查的处所的管子不得装设滑动式膨胀接头。所用的膨胀接头应为船检部门认可的型式,与膨胀接头毗邻的管子应适当地校直和固定。必要时,波纹管形膨胀接头需加以防护,以防机械损伤。

(12)管路和附件的油漆和特征记号的油漆,以及识别板刻字的内容和规格、特征记号的油漆颜色等应符合有关规定。油漆表面不得有漏漆、剥落等缺陷。

6.3.2 安装质量检验

虽然对船舶管路系统各根管子都已在内场进行了必要的检验和强度试验,但是待管路在船上安装完毕后,还必须对系统进行质量检验。

1. 完整性检查

对每个管路系统,从第一根管子的制造与安装算起,直到整个管路系统安装完毕,时间可长达数月。因此,安装完毕后,有必要对整个系统进行一次全面的完整性检查,完整性检查的内容包括5个方面:

(1) 检查总的安装是否符合图纸要求,检查各部件和附件是否安装完整,相互位置是否正确,阀件的安装是否符合介质的流向,操作是否方便,仪表是否容易观察。

(2) 检查在可能积水与凝集水的部位是否有泄水装置疏水,甲板排水和粪便管路是否按流向具有一定的倾斜度,疏排水与粪便管路在弯角易积聚污物处是否设置疏通螺塞,蒸汽管路上是否有膨胀接头。

(3) 检查吊架、支架的位置与数目是否符合图纸要求,对于须要伸缩或膨胀的管路,其支架或吊架是否满足伸缩或膨胀要求,并用手锤敲击检查焊接的牢固性。

(4) 检查管子之间、管子与船壳板之间、管子与舱壁之间的距离是否恰当。检查需包扎绝缘的管子之间、管子与其他结构的间隙是否满足绝缘厚度的要求。

(5) 检查法兰上螺母、螺栓连接的紧密性,管子表面有无油漆及绝缘包扎等。

2. 管路的紧密性试验

除了在车间内对管子进行液压试验外,在船上安装后,对整个管路再进行一次压力试验,以检查管子接头的紧密性,所以又称为管子的紧密性试验。试验方法可用气压试验,也可用液压试验,但常用的是液压试验,试验压力如表6-9所列。

表6-9 装船后的液压试验

管系	试验压力
燃油管系	1.5倍设计压力,但不小于0.4MPa
油舱加热管系	
通过双层底舱或深舱的舱底水管系	小于该舱的试验压力
液压管系	1.5倍设计压力,但不超过设计压力加6.9MPa

液压试验前,先将试验的管路同机械、设备、舱柜等设施相隔离(图纸规定一起试验的例外)。隔离的方法可用关闭管路中的阀门来实现,或者将管路终端的法兰接头拆开,安装闷头垫片。打开管路上的空气旋塞,防止产生气垫。试验时,首先向管路内注水,直至有水从空气旋塞溢出,关闭旋塞。然后利用外接的试验用水泵,向管内加压至试验压力,保持20min,在这段时间内压力的下降不得超过试验值的4%,检查整个系统接头间是否有渗水、漏水等现象,如发现渗漏,应及时找出原因并消除,消除后重新试压。

对于压缩空气管路,采用压缩空气来检验。在检验时,要求主管路(从空压机至主储气瓶)在2h内压力降不得超过2%,支管路在24h的压力降不超过3%。若压力降超过规定值,或发现有漏泄现象,应及时找出原因并排除,直到试验合格为止。

3. 管路系统的运行试验

管路经过完整性检查和密性试验之后,还要进行运行试验。它是与主机、辅机及锅炉的试验同时进行。运行试验的目的主要是检验该系统工作的可靠性,检查该系统中工质的压力、温度是否符合整个系统的技术要求,以及各有关设备是否工作正常等。这种运行试验与系泊试验同时进行。

复 习 题

1. 管系包括哪些内容?
2. 管系安装的方式有哪几种?
3. 在上甲板上开安装复板式贯通件的管孔,对该孔的打磨范围和质量有何要求?
4. 简述反转舾装场合直复板式贯通件的安装步骤。
5. 简述填料函式膨胀接头的安装步骤。
6. 仪表管、遥控管的布置要求有哪些?
7. 什么是单元组装?单元组成的条件有哪些?
8. 什么是分段反转舾装?什么是分段正转舾装?
9. 什么是盆舾装?它的作用是什么?
10. 现场校合拢管有哪些注意事项?
11. 铜镍合金管安装前后需采取哪些保护措施?
12. 玻璃钢管有哪些安装要求?

第7章　船舶电气安装工艺

7.1　准　　备

7.1.1　相关图纸资料

1. 与船体相关的图纸

与船体相关的图纸主要包括两个方面：

1）船舶总布置图

船舶总布置图是一种反映全船总体布置情况的图纸，简称为总布置图。它表示船舶外形、上层建筑形式、全船舱室划分以及机械和设备布置的图纸。电装生产设计需要从总布置图中，规划全船主干电缆的走向，得出较佳的电缆路线。

确定主干电缆敷设程序，为编排主干电缆表册作参考，确定电缆筒的堆放点。

2）船体分段结构图

船体分段结构图是一种表示船体分段中构件的布置、形状、尺寸、数量、连接形式和工艺要求的施工图纸。

2. 与甲装相关的图纸

与甲装相关的图纸，如系泊设备布置图、救生设备布置图等。

3. 与房装相关的图纸

与房装相关的图纸，如全船绝缘敷设图、防火区域划分图、房舱布置图、空调布置图等。

4. 与机装相关的图纸

与机装相关的图纸，如机舱布置图、机舱起吊设备布置图、机舱箱柜布置图、管路安装布置图、机舱花钢板、格栅、扶梯布置图等。

5. 电装施工的图纸

电装施工的图纸主要有系统图、电气设备布置图、电装生产图、电缆表册、原理图、接线图。

每一艘船舶都有成百上千台电气设备，按其功能可分成五个系统：电力系统、照明系统、内部通信系统、自动化和监控系统、航海和无线电系统。

系统图详细地描述了整条船舶上电气设备的特征、使用的电缆、安装的大概位置，以及设备、电缆相关的代号等。

设计者向施工和使用人员表达系统结构的图纸有两种方法：一种是用一张或几张大图纸把该系统的所有设备和电缆的连接关系表达出来。另一种是把该系统按设备分成各个独立的子系统，用数张小图纸（一般是 A4 纸）分别表达，汇集装订成册。过去采用大图纸，现在都用小图纸。小图纸便于修改更换，便于携带、查阅，设计上便于标准化。

电工安装的对象是电气设备和电缆。每一安装区域、舱室可能安装不同系统的设备和电缆,绘制图纸采用设备代号和电缆代号来区别。代号表达设备或电缆所属的系统和编号。大图纸一般采用字母表示系统,数字表示编号;小图纸一般都用数字表示。

电缆敷设须要编制电缆表册。所有电缆都要有编制可以区分的代号。每根电缆代号都必须能还原到所在的系统图,即在哪本系统图、哪一页、什么编号,如图7-1所示电缆代号用五位数来表示。

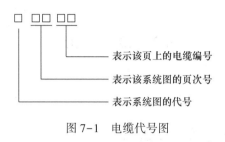

图7-1 电缆代号图

7.1.2 配套准备

配套准备的内容是安装件(舾装件)、设备、电缆等。

1. 安装件

安装件包括设备的安装件、电缆支承件、电缆贯穿件等。

各家船厂一般都有本企业的安装件标准。生产设计提出的安装件是按该标准选用、配套领用或按图纸要求制造。

2. 设备

大型电气设备,如主配电板、应急配电板等是安装在属于船体制作的机座上。电动机随被拖动的机械由轮机安装,不属于设备配套的范围。

设备配套主要是中小型设备(电器),如分配电板、启动器、灯具、接线盒、控制器等。

设备配套的内容:按设备清册领出、装设备铭牌、装设备安装件(安装脚或安装支架)、配进线填料函或进线孔电缆紧固支架等。为了避免设备在电缆切割或接线前被其他作业损坏,用安装脚的设备,制作与设备安装尺寸一致的模板,装安装脚,代替设备上船焊装。

某些设备可能需要进行通电预调试工作。

3. 电缆备料

一般船舶的电缆的规格有几十种,电缆的数量有几百至几千根、总长为几百至上千千米。因此,必须在电缆仓库根据电缆备料表册备料。备料表册是按电缆代号、规格、长度和敷设次序编排。

7.1.3 安装准备

1. 画线定位

根据图上标注的位置或经协调确定的位置,画出各个部位的电缆路线上的电缆支承件位置、甲板、隔舱壁和梁上的电缆贯穿件位置,设备和设备安装件位置。

2. 电缆贯穿件

电缆穿过甲板、隔舱壁、横梁、纵桁,必须在这些船体结构上开孔。贯穿电缆在船体结构上开孔是为达到原来船体结构的性能(强度、水密、防火),避免损伤电缆。开孔处焊装的舾装件称为电缆贯穿件或贯通件。电缆穿过甲板、隔舱壁和梁若需要开孔(需要得到有关方面确认才能开孔),则开孔切口需要装焊足够强度且内壁光滑的贯穿件,以保持板、壁特别是梁的强度,避免电缆拖拉被损伤。

1) 装焊方式

电缆贯穿件按穿过的电缆数有单根和成组(多根),按密性要求有非密性和水密。有密性要求的须充填填料。穿单根电缆的称为单填料函或穿线管、穿多根电缆的称为成组填料函。填料函有足够的空隙充填水密填料。有防火要求的须根据防火等级制作和充填防火填料。电缆贯穿件的装焊方式如图 7-2 所示。

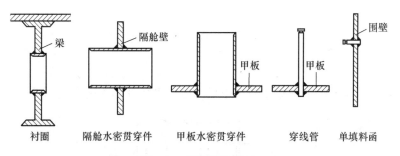

图 7-2 贯穿件装焊图

不允许电缆穿越的区域,绝对不能为穿电缆开孔。某些区域须要防火,不允许贯穿电缆处窜火。甲板以及主甲板以下的甲板和隔舱壁要求水密,成束电缆穿过后在空隙处充填水密材料或防火材料。

电缆穿越的区域和部位不同、穿过的电缆数量不同,采用的电缆贯穿件的形式和规格也不同。电缆贯穿件一般分为非密性的和密性的、单根的和成组(束)。

非密性的贯穿件是用适当厚度的钢板制成的衬圈(也称为电缆筒或电缆框)或相当于该衬圈的钢管。密性的贯穿件要有装填足够的水密或防火材料的空间,有一定的长度。

2) 电缆盒

用于成束电缆穿过隔舱壁、横梁、纵桁的电缆贯穿件称为电缆盒或电缆框。

电缆穿过舱壁为 6mm 以下的钢板,可采用 6mm 厚钢板制成的普通型电缆盒;电缆穿过舱壁大于 6mm 的钢板,则应采用 9mm 厚钢板制成的加强型电缆盒。普通电缆盒如图 7-3 所示。

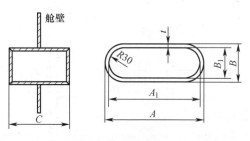

图 7-3 普通电缆盒

电缆穿过具有水密或有防火要求的舱壁,为了保证原来舱壁的结构特性,则应采用浇注型的电缆盒。浇注型电缆盒和普通电缆盒的区别在于电缆盒的长度 C 不一样,且有两个浇注孔,可在同一侧或两侧。图 7-4 所示为两侧各有一个浇注孔。

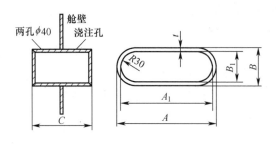

图 7-4 浇注型电缆盒

3)电缆筒

用于成束电缆穿过水密甲板或防火甲板的电缆贯穿件称为电缆筒,如图 7-5 所示。

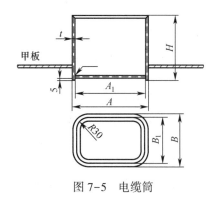

图 7-5 电缆筒

4)填料函

单根电缆穿过水密舱壁或甲板、可充填密性填料的电缆贯穿件称为填料函或单填料函。填料函由填料函座(函体)和(压紧)螺母组成。函座采用钢质材料,螺母采用铜质。密封材料主要采用橡皮垫圈。

充填方法如图 7-6 所示。电缆穿入填料函座之前,套入螺母、(金属)垫圈、两只橡皮垫圈,电缆穿入后逐一塞入橡皮垫圈等,拧紧螺母。选用的橡皮垫圈内径与电缆外径基本一致

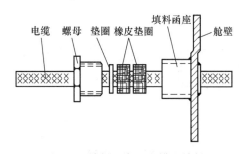

图 7-6 填料函穿入电缆和填料

或略小,才能保证密封。电缆穿过螺母和座孔后,拧出螺母,在座内电缆周围充填填料,再拧紧螺母。一般要求拧紧后螺母还有两三牙螺纹,表示已有足够的填料。橡皮垫圈阻碍电缆在内拖拉,单填料函只适宜安装在电缆的终端。

安装填料函先在甲板或舱壁上钻孔,套入填料函座,两侧烧焊。填料函的后端有绝缘层,后端管的长度应大于绝缘层的厚度,如图7-7所示。

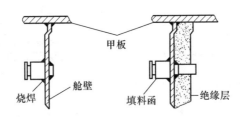

图 7-7 填料函的安装方式

5) 组合填料函板

穿过舱壁或甲板某处的电缆较多,而该处(如冷库)不适宜采用电缆盒或电缆筒。采用多个单填料函则需要开相应多的孔,在船上施工较困难。

组合填料函板是将数个单填料函烧焊在预制的铁板上,如图7-8所示。板的裁剪、钻孔和焊接可以在车间环境进行。船上用气割开相应的孔,将板焊接在上面。

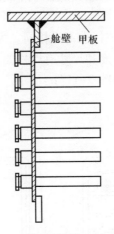

图 7-8 组合填料函板的安装方式

组合填料函板上填料函的规格、数量和板的尺寸、厚度按实际需要制作,是一种非标的电缆贯穿件。

6) 电缆管

有可能受到机械损伤以及易受到油水浸入的场所,可以安装电缆管作为电缆贯穿件来保护电缆。电缆管分为非水密和水密电缆管。

非水密电缆管用于舱壁或甲板没有防水要求处。它可以单根电缆配一根管子,也可以多根电缆穿在同一根管子内。其安装方式如图7-9所示。

水密电缆管是在非水密电缆管的一端烧焊一个与其直径相仿的单填料函,如图7-10

所示。电缆穿过浴室、厕所、露天甲板等处采用水密电缆管能够达到防水的要求。

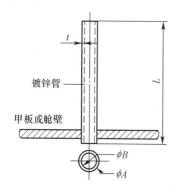

图 7-9 非水密电缆管的安装方式

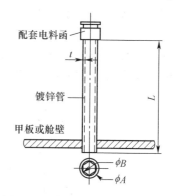

图 7-10 水密电缆管的安装方式

7)组合式橡胶模块填料函

组合式橡胶模块填料函采用橡胶模块作为密封填料。每根电缆用两块外矩形、内半圆(孔与电缆直径相当的)橡胶"插入模块"包覆,充填电缆周围间隙。矩形插入模块制作成标准的尺寸,内径制作成与各种电缆直径配合的尺寸。电缆在填料函内包覆,空余位置用标准尺寸的橡胶块充填,每层用衬垫块隔开,上部塞入压块和夹块,组合成密封体。组合模块在填料函壳体内逐层排列,用壳体上部的压紧螺栓压下,使橡胶模块挤压充满所有间隙,达到密封的目的,如图 7-11(a)所示。

各生产厂商的模块和填料函壳体标准不尽相同。为保证安装处船体结构的强度和模块充填后的密封,填料函壳体的钢板厚度和尺寸有严格要求。壳体安装在隔舱壁或甲板上,按外形尺寸开孔、嵌入,周围烧电焊,如图 7-11(b)所示。

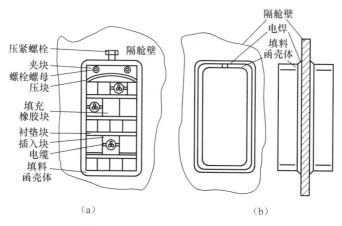

图 7-11 组合式橡胶模块填料函

3. 电缆安装件

1)电缆支承件

船舶航行经常处于摇摆、倾斜、震动和冲击的状态,电缆一般敷设在顶和壁上,必须加以紧固。用于紧固和支承电缆的舾装件,以紧固为主的电缆,称为电缆紧固件;以支承为主的电缆,称为电缆支承件。在船舶建造规范中也使用“支承件”名称,一般都是焊装在船体钢质结构上。安装在铝质结构或木质结构上则采用铆接或螺钉紧固。

2）电缆的固定方式

敷设工艺着重于处理顶上敷设的成束电缆,电缆的重量是通过紧固件支承还是由安装件即支承件直接支承。电缆固定的几种方式如图 7-12 所示。

早期电缆束置于安装件的外面,紧固件将电缆束吊装在安装件上,紧固件要支承电缆的重量(图 7-12(a))。紧固件采用宽 15mm 左右的镀锌薄铁皮,称为“骑马”或“马襻”。“骑马”按电缆束形状加工,两侧钻孔,用螺栓紧固。

采用不锈钢绑带或包塑金属绑带(也称为扎带)捆绑吊装紧固(图中 7-12(b))。敷设时紧固件上的电缆重量首先必须由人工支承,整理、紧固时,整段电缆散落在地下,需要用绳索临时吊装,粗电缆多的地方,劳动强度大。

现在一般采用的固定方式,把电缆束置于安装件的内侧,紧固件(绑带)将电缆紧固在安装件上,电缆重量由安装件支承(图 7-12（c))。施工拉敷,电缆束依托在安装件上,整理、紧固较方便。

（a）骑马吊装　（b）绑带吊装　（c）安装件托装

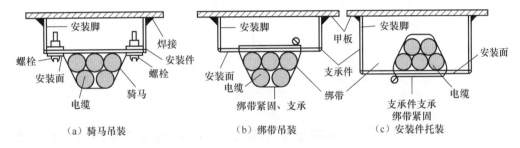

图 7-12　顶上电缆固定方式示意图

隔舱壁上的横向敷设,电缆少的放在紧固件外面敷设,如图 7-13(a)所示;电缆多的,也可以放在内侧,如图 7-13(b)所示;若空间允许,也可采用托架的方式,如图 7-13(c)所示。

舱壁上的垂直敷设,放在紧固件外面操作较方便。

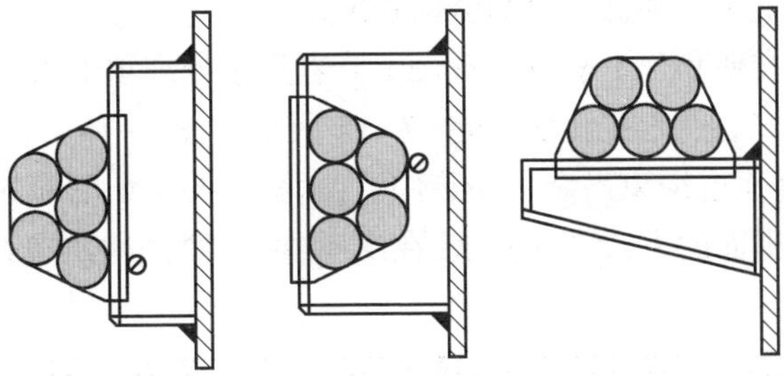

（a）外侧固定　（b）内侧固定　（c）托架固定

图 7-13　壁上电缆固定方式示意图

上述电缆束与固定件是垂直的。在安装件上需有供紧固件(绑带)穿过的孔。单根或少量几根小直径电缆,采用与电缆平行捆扎的板条支承件。板条上无需开孔,在任何位置都可以绑扎电缆,如图 7-14 所示。图 7-14(a)所示为单根电缆用尼龙绑带捆扎在板条或圆棒上,图7-14(b)所示为三根电缆绑扎在板条上。

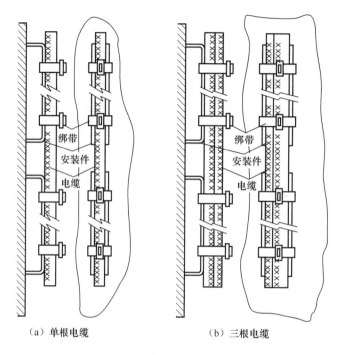

(a) 单根电缆　　　　　　(b) 三根电缆

图 7-14　少量小直径电缆固定方式示意图

船舶航行经常处于摇摆、振动的状态,甚至会受到碰撞冲击。电缆都必须牢牢地紧固在船体结构上。钢质船舶用焊装在船体结构上的安装件或安装架安装电缆,铝质船舶采用铆接的方式。

船舶电缆敷设强调"紧固",固定的方法是用紧固件把电缆固定在安装件上。紧固件一般采用尼龙扎带、不锈钢扎带或包塑金属扎带。

船舶电缆敷设工艺主要保证电缆"拖拉"和紧固不会被损伤,布放的位置不会受到热源和机械的损伤。施工上尽量降低敷设的劳动强度。

大多数电缆都是在壁和顶上敷设。敷设工艺着重于处理顶上敷设成束电缆的质量是通过紧固件支承还是由安装件直接支承,如图7-15所示。图7-15(a)是电缆束置于支承件的外面的方式,紧固件将电缆束吊装在安装件上,紧固件要支承电缆的重量;图7-15(b)是电缆束置于安装件的里面的方式,电缆托装在支承件上,紧固件将电缆紧固在安装件上,电缆重量由支承件支承。

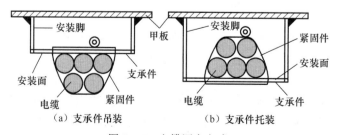

(a) 支承件吊装　　　　　　(b) 支承件托装

图 7-15　电缆固定方式

成束电缆一般采用"导板"作为支承件。长距离电缆敷设采用组合式电缆支架,或称为电缆导架。图 7-16 所示为电缆组合安装支架的四种形式。

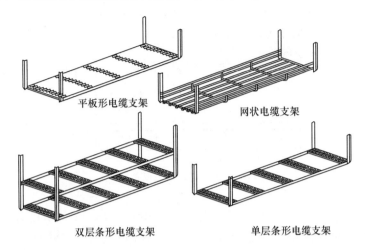

图 7-16 电缆组合安装支架图

4. 设备支架

各种设备和舾装件在钢质船体结构上安装都采用焊接的方式。电气设备固定安装在钢质船体结构上不能直接焊接,必须先安装在舾装件上,再焊接到船体上。这种舾装件称为"设备支架"或"设备基座"。

设备支架是电气设备固定在船体结构上的过渡部分。通常称整体构架为设备"支架"或"基座",分散的单件称为设备"脚"。

根据设备安装位置、设备重量和安装处的船体结构,各造船厂制定了各自的设备支架标准,作为电装生产设计、分段和总组预装、内场舾装件制造和外场施工配套领用的依据。

1) 设备脚

设备脚是单件形式的"轻型"设备支架,用于中小型电气设备的安装。

小型电器,如接线盒、灯具、插座等有两个或三个安装孔,一般电气设备有四个或六个安装件。单个设备安装多采用设备脚。每个安装孔先用螺栓固定设备脚,再烧焊到船体结构上。

设备安装处设备脚外露,手可以伸到设备脚后操作,安装或拆下螺栓、螺母,这种设备安装方式称为明式安装。设备脚的安装连接只需穿螺栓的孔,如图 7-17 所示。

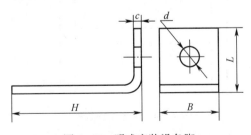

图 7-17 明式安装设备脚

设备安装处的设备脚不外露,例如:上层建筑舱室有封闭板,设备脚烧焊在舱壁上,封板后才能安装设备,手无法伸到设备脚后操作,这种设备安装方式称为暗式安装。设备脚的安装连接孔应有螺纹作为螺栓的螺母。一般脚板的厚度不能满足足够的螺纹,制作(攻螺纹)也不方便,实际采用焊接螺母的方式,如图7-18所示。

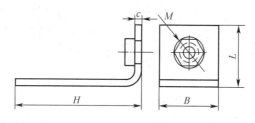

图7-18 暗式安装设备脚

设备脚由扁铁制成,小型电气设备的安装脚采用厚度$C=3mm$、宽度$B=25mm$的扁铁,中型电气设备的安装脚采用厚度$C=6mm$、宽度$B=40mm$的扁铁。小型电气设备的暗式安装设备脚的反烧螺母用$M=6mm$,中型电气设备的用$M=10\sim12mm$。

2) 中小型电气设备支架

中小型电气设备,如荧光灯、电话接线箱、磁力起动器、分配电板以及各种控制设备,因制造厂商不同,安装孔尺寸也不同,较难建立标准。一般是根据建造船的设备专门绘图制造。下面举几种常见的支架形式。

(1) 荧光舱顶灯支架。图7-19是机舱荧光舱顶灯支架。采用30mm×4mm的扁钢,焊接成H形,按灯座安装脚孔尺寸开孔,中间两侧焊接1inch①线管作为安装(焊装)脚。脚的长度H根据各安装部位配制。靠近主机的地方振动大,需要通过减震器安装。安装支架制成整体结构,无需样板,可以直接焊装,在环境条件允许时再安装灯具。

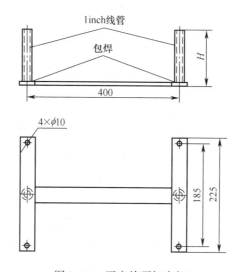

图7-19 灭光舱顶灯支架

---

① 1inch=2.54cm。

（2）扁钢电气设备支架。中型设备大多数是箱体结构。如图7-20(a)所示是有四个安装脚的箱体，图7-20(b)是无安装脚、有四个安装孔的箱体。单个设备安装，较小、较轻的可以用扁钢制成整体结构，如图7-20(c)所示。两条40mm×4mm扁钢两端折弯作焊脚，面上按设备安装孔尺寸钻孔，作为安装支架主体，用一条扁钢作为辅助体，与两条安装支架主体焊接成一个整体。支架的脚高按实际需要确定。

（3）角钢电气设备支架。较重的电气设备是采用角钢作支架。图7-20(d)是四孔角钢安装支架。左右(或上下)两条支架主体，较小的设备用一条、较大的设备用两条角钢作为辅助体，与两条安装支架主体焊接成一个整体。图7-21(a)是有六个安装脚的设备图，图7-21(b)是用角钢制作的支架。

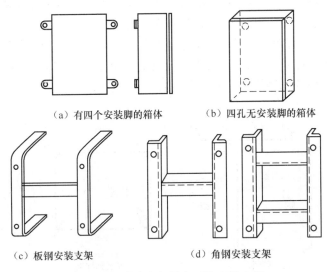

图7-20 单个电气设备四孔安装支架

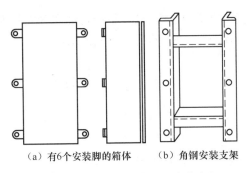

图7-21 单个电气设备角钢安装支架

在同一位置安装两个或更多的电气设备，可以安装在同一支架上。图7-22是两个电气设备角钢安装支架。

电气设备必须先牢固地安装在设备安装件上，再焊装(或铆接)在船体结构上。

船舶电气设备种类繁多、大小各异，安装处所的环境条件不同。设备安装件有不同形式的安装机座、安装支架、安装脚等，有的要通过减震器安装。与电缆安装件不同的是，有的大

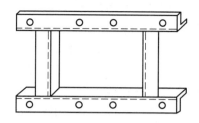

图 7-22　两个电气设备角钢安装支架

型电气设备的安装机座作为船体结构件,由船体装配安装;电动机通常与被拖动的机械是公共机座,由轮机安装;四个安装脚的支架,必须先固定在电气设备上才能装焊,而电气设备一般都要在大部分舾装作业结束后才安装,以避免损坏。

图 7-23 是典型的有四个安装孔的设备(如分配电板、磁力启动器等)。一般用四个独立的安装脚安装在隔舱壁上,安装脚装焊靠设备的四个安装孔定位。通常是制作该设备安装孔的样板,用螺栓固定安装脚,按画线定位的尺寸位置装焊。

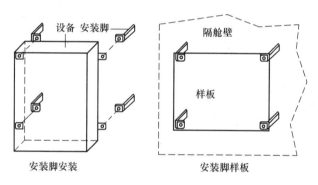

图 7-23　设备安装件示意图

大型设备,如主配电板、应急配电板、机舱集控台和驾驶室控制台等,必须先吊进机舱、集控室和驾驶室等相关区域进行安装,然后完整船体结构。

7.2　安　　装

7.2.1　电缆敷设

电缆敷设包括施放、拖拉、整理、紧固和密性处理等。

主干电缆的敷设是全船性工作,施工是按照电缆敷设表册安排的次序,分阶段、分区域敷设。每个阶段在电缆经过的路径上,安排人员拖拉、整理。借道主干电缆路径的局部电缆,在主干电缆敷设后敷设,以避免主干电缆拖拉损伤局部电缆。采用分段预舾装建造工艺,部分局部电缆可以在分段上敷设。

1. 分段预舾装

对分段或总组上进行电缆敷设,可以减少总的电缆敷设时间,减轻劳动强度。

上层建筑整体吊装,采用上层建筑整体预舾装。电装可将所有舱室内的气设备和电缆进行预安装和预敷设。电缆敷设完成后,将待穿的主干电线另一端卷盘、捆吊起来,在整体吊装与机舱部位主船体接通后再敷设到位。

2. 主干电缆

电缆敷设的主要工作是敷设主干电缆,包括电缆桶运送、吊放到位,按制定的顺序分区组织人员拖拉,分束整理、检查两端到位的长度,紧固并贯穿件密封等。

主干电缆是按敷设表册提供的规格和长度预先备好。电缆是卷绕在电缆桶上,电缆桶吊上船只能放在甲板上施放电缆。电缆敷设表册是根据主干电缆穿入位置,规定各电缆桶的安放位置和施放处。

3. 局部电缆

局部电缆是指在同一区域,不穿过水密隔舱或甲板的电缆,大多数属于照明系统的电缆,一般不进行丈量、备料。把整桶电缆吊上船,实地拖放,两端到位、切断。

4. 电缆紧固

在一段电缆路径和相关路径上的电缆整理、预捆扎后,确认不再加入电缆;所有电缆两端到位,用工艺规定的紧固件(如尼龙扎带等),按工艺规定的间距捆绑、紧固。

5. 电缆贯穿件密封

电缆紧固后有水密和防火要求的电缆贯穿件要进行密封工作。

水密和防火贯穿件也称为填料函。在电缆穿过的板、壁上,用填料充填电缆间和孔的间隙,防止渗水和窜火。

7.2.2 设备安装

船舶电气设备安装工作是把设备用螺栓固定在设备的安装件上。安装在有振动、冲击部位的设备要通过减震器安装。设备金属外壳还要进行接地工作。

7.2.3 切割、接线

设备安装结束,电缆敷设到位,电缆两端要进入设备,电缆芯线的导线接在对应的接线端子上,各系统才能运行。

1. 切割进线

电缆进入设备是为了把电缆芯线的导线接在接线端子上,进入设备的主要是芯线。切割进线是切割出适当长度的芯线进入设备,其余部分在设备进入口作工艺上处理,如图7-24所示。切出芯线的部位留出一定长度的橡胶护套,进入设备,留出一段金属丝编织壳,用来接地。电缆在进口处必须紧固。水密设备通过设备上的单填料函进入,里面的金属垫圈夹住翻开的金属丝壳接地,橡皮圈填料作密封,压紧后电缆被紧固。非水密设备开口,电缆成束进入,在进线口装导板拖线架,紧固电缆。为了防止小动物窜入,进线口加填料框、填料。

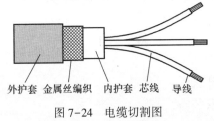

图 7-24 电缆切割图

2. 端头制作和接线

设备对外接线采用接线（端子）板，称为接线板或称为端子板。内部导线与外部电缆芯线的导线在接线板上的连接片上连接。连接是可拆卸的，而且可以多次拆卸。设备拆下船修理，须要拆开接线连接，船厂调试和交付使用后的检修都可能拆卸接线。端头制作就是要保证连接牢固，可以多次拆卸而不会损坏。

芯线端头是绞合多股导线，用螺丝压紧会散开，特别是大截面导线。因此，都是在端头上压接铜接头，铜接头有孔状和销（针）状。孔状铜接头如图7-25所示。

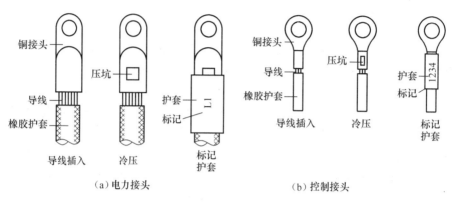

图 7-25　孔状铜接头

7.2.4　试验

1. 码头试验

码头试验的目的是向检验部门和船东（或军方）提交符合试验大纲和船舶或舰艇建造规范要求的各个电气系统。试验大纲规定了各个电气系统运行应满足的各项性能指标，以及为验证这些性能指标应进行的试验项目。其主要系统有电力系统、照明系统、电力拖动系统和通信系统等。

系统设备接线结束要进行接线检查，确认接线无误才能通电，以避免事故发生。在项目提交验收之前要进行调整、试验（也称为调试），使各项性能指标满足要求。

2. 试航

在试航阶段，电工的主要任务是保证可靠地供电和各设备正常运行，配合船体和轮机的各项航行试验。

3. 返修交货

试航结束要根据检验部门提出的缺陷项目单进行缺陷修补工作。修补检验结束，在检验人员和船东代表在场的情况下向船员移交各系统设备。

复　习　题

1. 电缆的固定方式是什么？
2. 电气设备如何固定安装？

第8章 动力装置总体验收

8.1 验收内容及准备工作

8.1.1 验收内容

动力装置总体验收工作是检查动力装置各部分的装配和安装的质量,对动力装置中的机械、设备、管系、检测仪表等安装的正确性、可靠性以及工作性能和经济性等作全面的考核。某些船舶还要测定出最合理、最经济的营运指标。

船舶柴油机划分三个交验阶段,每个交验阶段的目的和技术要求都不同,但每个阶段必须经船检认可或船东参与。

1. 出厂试验

出厂试验(台架试验)全部是由柴油机产品制造厂完成测试提交,目的如下:

(1) 柴油机试验性能数据要满足设计的性能要求。

(2) 确保柴油机出厂产品的质量可靠。

2. 系泊试验

系泊试验(码头试验)为了检测船厂用柴油机是否适应船舶的航行条件,是否具备航行的安全性能,必须进行的项目试验检查及其结果的提交。由于系泊的条件限制,因此系泊时船用柴油机的试验负荷无法达到额定转速和额定功率。

3. 航行试验

航行试验(出海试航)是提交系泊试验无法完成的项目交验,通过柴油机系统综合的航行试验,获得船东和船检对柴油机性能的认可。

8.1.2 准备工作

船用柴油机在尚未开始试车试验前,还应对各部位作最后的复查并作好准备工作。准备工作的内容应包括以下3个方面。

1. 柴油机的本身检查

(1) 对柴油机燃油系统的各个机件应很仔细地进行清洁工作。这是一项极为重要的准备工作。由于该系统内即使带有较细小的杂质,也容易造成高压喷油泵及喷油器的紧密偶件咬死现象或者将喷油孔堵住,因此试验前必须将燃油系统中的粗滤器和细滤器以及油箱进行彻底的仔细清洗,装入前用压缩空气吹净。

(2) 主机润滑系统也应进行投油,过滤管系中的杂物。投油时的润滑油要加热到40~50℃,直到投油清洁检查合格认可为止,否则会造成运动部件的损坏。油的牌号也应按照柴油机使用说明书进行选用,不可随意选择。

(3) 仔细检查柴油机内部有无工具或杂物,主机油底壳及扫气箱清洁确认,并在示功阀打开后将燃油阀关闭,然后盘车转动曲轴数转。

(4)调整柴油机的操纵机构,使之处于停车的位置;柴油机缸套冷却水压水密性检查,捉漏结束后,才能进行滑油循环仓的加油工作。

(5)开泵循环滑油系统及燃油系统,使之畅通无阻。

(6)检查润滑油系统、燃油系统及冷却水系统是否充满,拧紧所有管子接头,并松开最高位置的接头,放出各系统内的空气,增压器润滑油液位处于正常位置。

(7)检查柴油机的各种压力表和温度表是否正确,必要时应予修整,使其处于完全正确的状态。

(8)检查柴油机启动用的压缩空气系统或电气系统的结构装置情况,检查安全保护装置是否齐全。

2. 柴油机外部系统检查

各系统泵运转是否正常,各滤器工作是否正常,滑油柜、柴油柜等是否保持正常液位。检查尾轴,各类阀开关是否处于正常位置,主空气瓶气源是否充足。中间轴承、附件是否完整,轴系接地装置是否完整,确认机内、外闷板拆除。检查前后密封油箱及尾管滑油系统,主机横撑按要求泵紧,三通花板(主机周围)是否固定妥,温度调节阀是否处于自动或手动位置。滑油分油机调试是否正常,因为动车运行时滑油分油机要开启。

3. 柴油机其他系统检查

报警系统是否完整(包括主机滑油系统、燃油系统、冷却水系统的安全系统),检查排气和空气系统,日用舱、燃油的油舱温度应加到70~80℃,油舱加热温控阀应正常工作。海水泵、低温淡水泵处于正常工作状态,冷却淡水温度设在35℃,柴油机需要冷却用阀件全部开启。

缸套水泵一台处在正常工作状态,缸套冷却水温度设在60℃(缸套冷却水正常工作温度为80℃),预加热设备正常工作。

两台发电机处在正常工作状态,一台处于备用状态。

主、应急、控制空气瓶应全部充满,空压机应处于自动启停状态,主机的启动空气、安全空气、控制空气处于工作状态。

主机供油单元处于正常工作状态(7.5~8.5bar),燃油进出主机阀开启。

主滑油泵正常工作,滑油循环舱加温,主滑油温度设在45℃,主滑油分油机开启。

主机至扫气箱泄放柜的阀开启,汽缸油测量柜注满,汽缸油增压模块处于正常状态,锅炉燃油供给泵处于正常工作状态,锅炉内蒸汽达到正常供给值,为各设备服务的风机、风闸开启散热。

主机上的监测报警点按步骤分别进行调试完毕。

主机第一次系泊试车时必须注意以下几点:

(1)加固船舶系缆绳。

(2)驾驶室与机舱的通信及传令钟一切正常。

(3)码头与驾驶室配备瞭望人员。

(4)舵叶固定于零位。

(5)首次柴油机启动必须在机旁操纵。

(6)打开各缸示功阀,用压缩空气冲车2或3次。

8.2 系泊试验

8.2.1 基本概念

主机的系泊试验是在船舶航速等于零的状态下进行各个工况试验的。系泊试验一般应在各项安装工作结束、舱室密性试验和系统密性试验完毕后进行。凡是在系泊试验中能验证正常效能的机械设备,应尽量在系泊试验中作最后的试验和验收。

应当尽可能使主机在系泊状态下进行最大扭矩的试验,以便较全面地暴露并消除主机和各有关辅助设备、系统的缺陷,有利于缩短航行试验的周期。

根据螺旋桨工作特性,螺旋桨所吸收的功率和转速的关系与进程 λ_p 有关,如图 8-1 所示。系泊试验时,若船速 $V_s=0$,则 $\lambda_p=0$。从图 8-1 可以看出,当 $\lambda_p=0$ 时螺旋桨的特性曲线比正常航行时曲线更陡。因此在同样转速下,系泊试验时螺旋桨所消耗的功率和阻力矩将显著地增加。所以,主柴油机在系泊试验时,不能在额定转速 n_H 下进行试验,最大试验转速 $n_{max}=(0.65\sim0.83)n_H$,否则将会造成不能允许的超负荷。当柴油机在 n_{max} 转速下运转时,发动机的扭矩已接近或达到额定值。

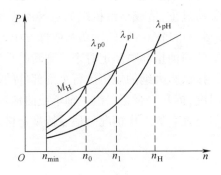

图 8-1 螺旋桨工作特性

另外,在码头的水深及堤岸坚固性的限制下,用大功率发动机带动螺旋桨所产生的巨大推力,会造成急剧水流,有可能会发生损害事故。如果动力装置采用自流式冷却系统,则因系泊试验时冷却水量不足,一般不允许做较高转速的系泊试验。

由于上述因素的限制,系泊试验时对主机、轴系及直接服务于主机的各种辅机和系统以及舵机、锚机等尚不能验证其全工况运转下的各种性能,故不能作最后的验收。

对于一些不受航行状态限制的设备,如柴油发电机组或汽轮发电机组、空气压缩机、冷藏、通风设备以及船舶系统的各种辅机,可在系泊试验时进行满负荷试验,并完成提交验收,以利于缩短航行试验时间。

8.2.2 主机试验

1. 试验工况

柴油机系泊试验的运行工况及试验时间,必须严格按试验大纲进行,一般柴油机系泊试验时的试验工况及试验时间可参阅表 8-1 所列。

表 8-1 柴油机的试验工况及时间

序号	工况特性		试验时间/h				
	扭矩（额定值的占比/%）	转速（额定值的占比/%）	高速机	中速机		低速机	
				<4413kW	≥4413kW	<1471kW	≥1471kW
1	39	50	0.5	0.5	0.5	0.5	0.5
2	63	64	0.5	0.5	1	0.5	1
3	83	73	0.5	0.5	1	0.5	1
4	≈100	80	2~4	4~6	6~8	4~6	6~8
5	倒车（最大扭矩）	—	0.5	0.5	0.5	0.5	0.5

柴油机在每一个工况运行过程中，以及在全负荷工况下运行时，每隔一定时间0.5~1h测量并记录燃油、滑油、冷却水、排气的温度、压力等热工参数。

对于高速增压柴油机，由于其工作寿命较短，故系泊试验的时间，可相应缩短或仅作短时间运行试验。

对于中低速柴油机，在负荷试验前应进行各缸的负荷平衡试验。如果柴油机各缸的负荷不均匀，就会使某一缸的负荷过重，造成整台机组的运转不平衡，严重者会造成机组振动加剧等。平衡试验是根据测量所得每个气缸的示功图或爆发压力、排气温度的不均匀情况，进行比较分析，然后调整各缸的喷油量和喷油定时来达到新的平衡。

柴油机系泊试验结束后，按试验大纲的规定进行个别部件的检查，通常在热态下打开曲轴箱盖，直接测量各个轴承温度，拆开一组至二组主轴承或曲柄轴承，检查轴瓦工作情况，有时还需拆卸缸盖，检查活塞与气缸套的工作情况。最后按规定格式填写试验报告。

2. 试验项目

1）主机盘车机试验

（1）主机盘车机的效用试验。

（2）盘车机安全联锁功能试验。大型柴油机须进行15~30min的盘车机效用试验。试验时，应测量电动机转速、工作电流及电压，试验后还须测量电动机及其控制设备的热态绝缘电阻，并检查盘车机与柴油机起动系统的连锁效能，即在盘车机未开脱时柴油机应无起动的可能。

2）主机车钟系统试验

（1）集控室-机旁。

（2）机旁-集控室。

（3）集控室-驾驶室。

（4）驾驶室-集控室。

（5）驾驶室-机旁。

（6）机旁-驾驶室。

3）主机启动试验（机旁、集控室）

（1）气动启动连续超过12次。

（2）电动起动连续超过 20 次。

作为主机的柴油机系泊试验,首先进行的是起动试验,以便检查空气瓶或起动用蓄电池的容量和起动能力。起动试验应在冷态下进行,当环境温度低于技术规定时,可将滑油及冷却水加热后进行试验。起动试验时,应测定起动时间,即从开始操作至发动机开始运转为止所需的时间。

用压缩空气起动时,首先应将气瓶内的空气充到工作压力。冷态时空气瓶的容量应满足在中途不补充空气的条件下,起动可换向的主机,正倒车交替连续进行,起动次数应不少于 12 次。对于不可逆转的主机,起动试验的次数应不少于 6 次。

用电机起动时,首先将蓄电池充到规定电压。冷态时在中途不充电的情况下,连续起动发动机不少于 12 次。

4）主机码头运转试验（机旁、集控室、驾驶室）

（1）正车。

（2）倒车。

5）主机换向试验（机旁、集控室、驾驶室）

每次换向时间小于 15s。

可逆转的柴油机应进行换向试验,以检查换向机构的轻便性和灵活性。换向试验应在发动机热态下进行。柴油机在允许的最大转速运转时进行换向 2 或 3 次,检查换向的灵活程度。柴油机的换向时间,指柴油机在最低稳定转速下,从操纵开始到反向运转的一瞬间为止所需的时间,一般不超过 15s。

6）主机最低稳定转速试验

7）主机应急停车试验

（1）驾驶室操纵。

（2）驾驶室两翼操纵。

（3）机舱集控室操纵。

（4）机旁操纵。

8）主机报警监测点试验（采用模拟试验）

（1）主机系统故障停车试验（系统高温、低压及主机超速等）。

（2）主机系统故障降速试验（系统温度高、压力低及火警等）。

（3）临界转速报警功能试验（集控室操纵）。

9）主机操纵试验

（1）机旁操纵控制。

（2）集控室操纵控制。

（3）驾驶室及两翼操纵控制。

柴油机遥控操纵系统的效用试验:应根据设计要求进行起动、调速、停车、换向、紧急停车等操作。由遥控装置操纵进行试验 2 或 3 次,操纵时柴油机自动工作程序必须准确可靠,同时检查驾驶台与机舱操纵台的连锁装置的功能。

此外,对柴油机的滑油、冷却水及遥控系统的声光报警装置进行效用试验必须可靠、准确。

8.2.3 其他试验

1. 轴系及传动设备的系泊试验

1）温度检查

在主机进行系泊试验过程中,应同时检验轴系及传动设备的工作情况。主要检验可调螺距螺旋桨和离合器的动作的灵活性,检查推力轴承、中间轴承、隔舱填料函、尾管轴承的运行情况。一般推力轴承的滑油温度不超过 70℃,中间轴承外表温度不超过 65℃,隔舱填料函的外表温度不超过 60℃,尾管填料函的外表温度不超过 60℃。

2）尾管检查

检查尾管的润滑和漏泄情况:用油润滑的尾管轴承,不得有漏油现象。水润滑的尾管轴承,在填料函处允许有少量的滴水渗漏。这是由于水润滑的尾管填料函,大多数采用浸油麻绳作为填料密封的,若安装太紧,则造成摩擦力过大,容易发热。

3）离合器试验

多机并车的推进装置,为保证能进行单机运行,一般在主机功率输出端安设离合器。系泊试验时,应对离合器进行离合性能试验,测量离合所需时间,检查指示离合动作的灯光信号装置的正确性和可靠性。离合器操纵机构的转换试验,是检查驾驶室集中操纵机构与离合器旁边的操纵机构相互转换的灵活性,以及这两个操纵机构互为联锁的可靠性。

4）可调螺距螺旋桨

在系泊试验时,可调螺距螺旋桨叶应进行转动操纵性能试验,在主机系泊试验的最大转速下,操纵桨叶转动,从正满角到负满角或从负满角到正满角,测定从开始操纵至到达满角所需的时间应不大于 15s。在非机械操纵的调距桨操纵系统中,所备用的手动机械系统,需进行实际操作效用试验,手动操纵系统应灵活轻便。在可调螺距桨整个试验过程中,对常用和备用油泵应交替使用,各占一半时间,检查油泵的工作情况。

在各种运行工况下进行桨叶工作稳定性检查,桨叶的螺距角置于 0° 时,其不稳定波动值不应超过 ±0.5°。检查螺距角指示器的正确性,即驾驶台及机舱操纵台上的螺距指示器与螺旋桨的实际螺距角误差不大于 ±1°。

检查机舱与驾驶台这两套操纵系统相互转换的灵活性及相互联锁的可靠性。

2. 柴油发电机组的试验

柴油发电机组的试验,一般包括起动试验、调速器试验、发电试验、多台发动机组的并联运行和负载转移试验等。

发电机组所发出的电力有时也很可观,但因供电是在试验条件下进行,以试验检查为主,工况常不稳定,故不能并入电网输出,而是用电阻消耗掉了。常用的负载装置为电阻箱或盐水电阻筒,它们都设在码头上,而在机舱内设有调节电阻的装置,用来调节发电机的负荷。

柴油发电机组的试验要求如下:

1）柴油发电机的起动试验

首先将辅机起动空气瓶充气到工作压力,在空气瓶不补充空气的情况下,供柴油机从冷态开始连续进行起动,起动次数应不少于 6 次,并记录其最小起动压力值。

对于用蓄电池起动的柴油机,将起动蓄电池充电至额定电压,在蓄电池不得中途充电的情况下,柴油机从冷态开始连续进行起动,起动次数应不少于10次。

2）柴油机极限调速器的效用试验

当柴油机转速达到额定转速的115%,极限调速器发生动作,立即切断燃油供应,使柴油机停车。连续试验两次应正确无误,并记录断油动作时的转速。

3）报警装置试验

柴油机的滑油低压及冷却水高温报警装置,按产品技术条件进行调整。效用试验时,报警器的动作必须准确可靠。

4）负荷试验

柴油发电机组的负荷试验工况及试验时间可按表8-2所列进行。

表8-2 柴油发电机组的试验负荷及时间

序 号	发电机负荷/%	试验时间	序 号	发电机负荷/%	试验时间
1	20	1/4	3	100	4
2	50	1/4	4	110	1

负荷试验时,应仔细检查机组的运行情况,测量并记录燃油、滑油、冷却水的温度及压力、排气温度等运行参数。观察直流发电机换向器的火花情况,交流发电机滑环和电刷的工作情况,测量并记录发电机的电流、电压、功率因数及转速。测定发电机的冷态和热态绝缘电阻值。发电机全负荷试验结束后,须测量调压器及发电机的温升。

5）突卸和突加额定负荷试验

发电机在满负荷(或空负荷)运转时,突然将负荷全部卸去(或加上)。对于增压柴油机允许分级突然增加负荷,即先突然增加60%随即再突然增加到100%。检查柴油发电机组转速的变化情况和达到稳定所需的时间,其调速灵敏性应符合验船部门认可的出厂指标,或调整到瞬时调速率小于等于10%,稳定调速率小于等于5%,稳定时间小于等于7%。

表8-3 试验总负荷和时间

总负荷(占额定功率比值%)	试验时间/min	总负荷(占额定功率比值/%)	试验时间/min
20	5~10	75	5~10
50	5~10	50	5~10
75	5~10	20	5~10
100	5~10	—	—

6）多机并联发电机负荷转移试验

多机并联运行前需调发电机发出的电压、频率和相位角,使其相同后合闸并联。并联发电时,应按设计要求需要将长期并联运行的台数分别组合,进行并联运行试验。试验的总负荷和时间可按表8-3所列进行。

当负荷在总功率的20%~100%变化时,应能稳定运行。各发电机实际承担的有功功率与按发电机额定功率分配比例的计算值之差,在发电机功率相同时,不应超过发电机有功功率的±10%,当发动机功率不相同时,不应超过最大发电机额定有功功率的±10%,也不超过最小发动机额定有功功率的±20%。

并联运行的发电机组,需进行负荷转换试验。将第二台发接入与已在额定负荷状态运行的发电机并联,并转移负荷,检查其负荷转移的可靠性。

3. 锚装置的系泊试验

锚装置试验是为了检查起锚设备的安装质量、起锚能力及其工作的可靠性。

锚装置是船舶航行安全设施中的重要设备,对零件的材料和制造质量均应作严格的检验。在检验前,对锚机、锚链及锚等重要部件,在船上安装后,必须经过安装完整性检查验收,并应具备产品合格证或检查验收报告,包括锚及链的材料、锚型、垂落试验、拉力试验、成套锚重和锚整体装配验收证件等。

锚装置系泊试验的主要内容如下:

1) 锚机空载运转试验

首先将锚机所有滑动部位进行充分地润滑,然后脱开离合器进行中速正、倒车空载运转各 30min,检查锚机各运转部件的工作情况,电气控制设备各档调速以及电磁制动器的工作可靠性,最后测量电动机、控制设备及电阻箱的热态绝缘电阻值。

由于锚机所有的电动机大多数采用起重电机,不能长时间运转,因此在正车试验 30min 后,必须停车 15min 以上,才能作倒车运转试验,以免温升太高。

2) 抛锚和起锚试验

抛锚试验时,应先进行机械抛锚,再进行自由抛锚(依靠锚的自重作用抛出)。抛锚过程中,在锚未入土前应作 2 或 3 次急刹车,以检查刹车效能,最后将锚绞起。在抛锚、起锚试验过程中,应仔细检查,具体如下:

(1) 离合器操纵的方便性和刹车装置的可靠性。

(2) 锚机各轴承及齿轮的工作情况,减速齿轮箱滑油温度应不大于 60℃。

(3) 锚链和卸扣通过锚链筒、掣链器和链轮时的平稳性,以及锚机和掣链器的受振情况。

(4) 检查掣链器位置的正确性,锚杆拉入锚链筒以及锚与船舷或锚穴的贴附情况是否良好。

(5) 检查锚链冲洗装置的工作质量。

4. 舵装置及舵机的系泊试验

在现代船舶中绝大多数采用电力操舵装置,并备有应急操舵装置。在主操纵系统失灵时,可转换为人力传动。

舵装置试验主要是检查舵系、舵机、操舵设备的安装质量、操舵灵活性、轻便性及其工作可靠性。

检查工作,具体如下:

(1) 检查舵机传动装置及各零部件安装的正确性。

(2) 检查舵角指示器的指示误差,即检查舵扇上舵角分度、舵角指示器或操舵手轮上的舵角指针读数的正确性。也就是说,自中间位置向两舷转舵,每隔 5°校核一次,准确性应在 1°以内,在正舵(零位)位置时应准确重合。电动指示器舵角读数的偏差应不大于±1°。机械指示器的指示误差应不大于±1.5°。

(3) 校核舵角限位开关动作的正确性。电气限位器左右舷应各限定在 35°,机械限位器应装设在左右舷 36.5°。

(4) 按设计要求,调整液压舵机液压泵安全阀的起跳压力。

(5) 检查断电报警、过载报警声光信号装置、舵机、电动机运转指示装置以及舵位指示灯的工作可靠性。

操舵试验,具体如下:

(1) 每套控制系统及每套电机组,应连续运行不得少于0.5h,以检查舵机的运行情况,并测定电动机在各种操舵工况下的工作参数、运转速度、温升及运转的平稳性。

(2) 连续操舵试验应从0°至左(右)35°,回0°至右(左)35°,回0°。循环进行,经测定自一舷35°转舵至另一舷35°时,所需的转舵时间,应满足船舶规范要求。

(3) 装有人力应急操舵装置的船舶,还须进行人力操舵试验,检查人力应急操舵工作的可靠性,先测定舵从零度位置转至各舷,再由一舷转至另一舷的转舵时间。其所需的转舵时间应满足规范要求。

(4) 同时检验由机械操舵转换人力操舵的方便性和可靠性,其转换时间不得超过2min,转换装置必须保证机械操舵在任何舵位失灵时,应急操舵均能在相应位置结合的可能性。

5. 船舶管系的串油工艺

船舶管系由管段、设备、仪表等组成一个完整的系统,管段在加工制造以及安装时都有可能受到污染,附有杂物颗粒,设备的生产、运输和安装时也可能附有杂物。这些有害污物如不清除,在工作中会影响系统的正常工作,损害机械设备,造成不良后果,因此必须加以清除。

在安装前,根据工作性质对管子零件进行水洗、压缩空气吹干等清洁工作。对一般的水管系统(除润滑尾管的润滑用的水管系统以外)都不再进行清理工作,但对于一些重要的管系,如采用液压传动管系的可调螺距螺旋桨、舵机、液压起货机系统,以及要求较高的主、辅机的润滑系统必须使油在系统内循环,循环油中携带的杂质通过设在系统中的滤器消除掉。这样一个工艺过程就是串油工艺。

对于串油管系,安装前必须吹洗干净,必要时可以采用酸洗除锈。系统中的油箱等储油设备应当用布擦干净,并经验收合格,方能加油。第一次清洗开泵10~20min后要停泵,对所有的液压油过滤器进行清洗,并更换滤网。以后可以0.5~1h清洗一次,检查、换新滤网等工作。随着清洁度的提高,可每隔2h清洗一次滤器,更换滤网一次。常用滤网材料为120~200目。

串油时应当选用与工作时油性相同的油,一般选择稍低于工作油的黏度,并将油加热到40~45℃进行循环。串油时应当顺油的循环方向用木棰敲打管壁四周,特别是管子弯曲处和焊接部位,以促使附着在管壁内部的杂质加速被清洗带走。在串油清洗过程中还要间断地停止和开动循环油泵,系统中的截止阀也要间断地开大开小,以便促进管内流体产生波动,加速清洗效率。

为了提高清洗效果,保护重要设备,串油可分为几次进行,对于要求较高的,如调距桨液压系统管系可分为三次进行。第一次串油时采用外接油泵打清洗用循环油,并将安全阀、溢流阀、螺距控制器等接上软管旁路,使串油不经过上述设备。第二次串油时,仅将螺距控制器旁路,采用系统的油泵对整个系统进行串油。第三次在系统全部无旁路的情况下串油,对于要求低一点的可采用两次串油。例如:柴油机的润滑油管系,第一次串油时,把柴油机进出油管短路,使串油不经过柴油机;第二次串油时,去掉柴油机进出油管间的短路旁通管,进行全体串油工作。采用旁路的目的是使脏油不通过设备,以保护设备。

第一次串油清洁后,应当清洗滤器,更换滤网,再继续运行 2h,如清洁度不变则认为合格,第一次串油结束。第二次、第三次串油的方法与第一次串油相同,但最后一次串油结束后,应取油样,并交化验室化验,一般要求机械杂质重量比不大于 0.03%。每次更换滤网,均须记录运行时间,并剪下 50mm 正方块钉在木板上,以便于检查比较清洁程度。

在串油的过程中要经常注意观察滤器前后的真空表和压力表,吸入端的最大真空度不得超过 0.05MPa,经过滤器后的压力降不得超过 0.05MPa。如果上述的真空度及压力降超过规定值,不管串油时间长短,则应清洗滤器和更换滤网。

试验结果应向厂检验人员和船东代表交验,文件应作为交货文件处理。

6. 动力系统的系泊试验

动力系统主要包括主、辅机的冷却系统,滑油系统,燃油系统,进、排气系统以及压缩空气系统等。

动力系统在运行试验前,首先应全面检查其安装正确性和完整性,并根据各系统的工作特性,用 1.25 倍于工作压力的试验压力进行水压或油压密封性试验,在此压力下保持 20min,压力降不得超过 5%。然后将试验压力降到工作压力,检查各连接接头的密封情况。

在冬季气温很低的情况下进行水压试验,机舱应采取加温措施,试验结束后必须将水放尽,以免冻裂管子或破坏接头的密封质量。有时也允许采用与水压试验压力相同的空气进行密封性试验。此时,除根据管路上的压力表的压力降来判断系统的密封情况外,还可用肥皂液涂于各个接头处,检查管子接头和与阀件接头处的泄漏情况。由于空气与液体的性质差别很大,所以管路系统若用空气进行密封性试验时,对管子的安装质量要求更为严格。

动力系统在系泊试验过程中,除了须满足主机试验工况要求以外,还须根据各系统的工作特性和技术要求进行效用试验。试验时,应仔细检查系统中各个泵及电动机的工作情况,各运动部件应无敲击、发热等异常现象,主要泵和备用泵的转换灵活可靠。详细记录泵的转速、出口压力、电动机的起动和运转时的工作电流、电压等工作参数。试验结束后,应检测电动机及其控制设备的热态绝缘电阻,不得小于 1MΩ。对油水分离机,经试验后还须取样进行分析,检查其分离效果。为了提高滑油的分离效果,一般在滑油进入分离机之前,预先使滑油通过加热器加热到 60℃ 左右。

空压机系统试验,首先是由各空气压缩机进行充分试验,试验时全部空压机同时向主机起动空气瓶充气,测量气瓶充气至工作压力所需时间。空气瓶安全阀开启压力应调整在不大于工作压力的 1.1 倍,空气压缩机的安全阀开启压力可略低于空气瓶安全阀的开启压力。

压缩空气系统(包括空气瓶)的气密试验,是系统在工作压力下至少保持 24h,压力降应不大于 3% 的工作压力。

对空压机的自动启动和停车装置,须进行效用试验,即当气瓶充气到工作压力时,空气压缩机应能自动停机,当气瓶内的气压下降到最小起动压力时,应能自动启动进行充气,动作必须正确可靠。

8.3 航 行 试 验

8.3.1 准备工作

动力装置的航行试验是船舶处于航行状态下,全面检验船舶动力装置各部分的安装质量、运转性能及可靠性,确定船舶在各种航行工况下的航速、推进装置的工作特性、燃油消耗率等动力装置的性能指标。同时还要配合其他部门测定船舶的操纵性能,如回转性能、航向的稳定性,以及对于规定航区的适应性等。

1. 环境及船体要求

由于试验时可能会遇到风浪及其他恶劣的环境条件,因此在出航前,必须将系泊试验中出现的各种缺陷,全部消除完毕,保证主、辅机械、管路系统及各种装置的工作可靠性。

详细记录各舱载荷情况,准确测量船舶的首、中、尾及两舷的吃水,保持船舶在规定吃水范围内,并尽可能达到纵横倾平衡。

如果水中停泊时间较长,则在试航以前,船舶最好应进坞清洗刷新,以获得一个新漆船体表面和光洁的螺旋桨表面,有助于获得良好的试验效果。

航行试验的水域,应按试验项目所要求的水深和水面幅度来选定,一般规定测速区的水深和水面幅度为船舶吃水及宽度的 10~20 倍,抛锚试验区的水深为 45~80m。首次航行试验应选择风浪不超过 2 级海情条件下进行。某些船舶要求在超过某风速和浪级下进行抗风浪试验,往往在实船应用时作记录,验证船舶及动力装置在风浪下运行的能力。

试验时,应当按设计航行区域和试验内容选择试验地点,对于特种船舶还要进行特殊试验。内河船舶一般在内河即可满足试验要求,仅某些项目要到近海试验,而无限航区的船舶都要在近海进行一部分基本试验后,再进行在不同载重下远航,对于有武器装备的军用船舶要在规定的试验靶区进行武备的试验。

2. 物料及测试设备

在航行试验以前,必须携带足够的燃料、滑油和淡水等生活用品,并对燃油的品质应进行测定,滑油质量也应符合技术要求规定。

航行试验用的测试仪表,必须准备充分,除了应用安装在船上的固定仪表外,还须根据具体条件及要求配置必要的仪表。例如:转速表、温度计(水银温度计、热电偶高温计、热电偶表面测温计等)、液体比重计、烟气分析仪、爆发压力表、示功器、钢弦测功仪、噪声测试仪、秒表、若干个真空表、压力表等。这些仪表均应在航行前进行校验及调整。

为能在试航过程中,对临时发生规模不大的故障得到及时修复,还须配备若干名修理工、车工、电焊工和气焊工,以及船上所需的设备。

3. 技术文件

1) 说明书

主、辅机及设备使用说明书。

2) 检验报告

(1) 动力装置及各种机械设备的安装质量检验记录报告。

(2) 轴系、舵系、螺旋桨的制造质量及安装检验报告。

(3) 机械设备、锅炉、管系的水压试验记录报告。

3) 试验报告

(1) 主、辅机及设备内场试验台负荷试验报告。

(2) 系泊试验的试验记录等。

8.3.2 主机的航行试验

1. 试验工况

动力装置的航行试验是根据航行中不同工况的具体要求,更为全面地检验主机以及各种辅机的运行稳定性、可靠性,测定主机的实际功率和滑油、燃油消耗率,并配合船体完成船舶性能试验和船电完成导航设备试验。

航行试验的项目、内容、方法和试验计划,以及技术要求,应由设计单位会同有关方面协商制定。

作为主机的柴油机航行试验是以负荷递增或转速递增——慢速、中速、全速、加速和倒车运行进行各种工况的性能试验。其试验程序、试验工况及试验持续时间,具体应按试验大纲进行。

海船柴油机航行试验工况及时间如表8-4所列。

表8-4 柴油机运行试验工况和时间

工况	转速百分比/%	试验时间
1	70	0.5h
2	87	0.5h
3	常用功率的转速	2h
4	100	4h
5	103.2	0.5h
6	倒车70	10min

2. 试验项目

1)主机运转试验(调速稳定状态)

(1)正车。50%额定功率(1h)→75%额定功率(1h)→100%额定功率(8h)运转试验。

(2)正车(超速)。110%额定功率或110%额定转速运转1h。

(3)倒车运转试验。不小于75%正车额定功率运转1h/2h。

检查柴油机在全负荷下的各缸平衡性,测定柴油机的指示功率和轴功率,检查柴油机的燃油、滑油、冷却水系统及调节系统工作的可靠性。以计数器校核主机的转速表,并测定柴油机的最低稳定转速。柴油机的飞车保护试验。

2)主机转换重油燃烧试验

轻油→重燃油→轻油。

3)主机应急操纵试验(正车→停车→倒车)

(1)集控室应急操纵试验。

(2)驾驶室及两翼应急操纵试验。

4)柴油机停缸运转试验

任意停止1个气缸供油。运行试验结束后应对柴油机酌情拆检1或2个气缸的运动部件进行检查,并测量曲轴的臂距差。

8.3.3 其他试验

1. 锚装置试验

锚装置在系泊试验时,由于码头水深条件的限制,不可能验证其最大的起锚能力和潜在的全部缺陷。因此,在航行试验时应在规定水深的海域进行。一般民用船舶规定水深大于或等于 45m,大型水面舰艇规定水深大于或等于 80m,快艇规定水深大于或等于 30m。

应先进行左右锚单抛、单起和双锚双抛、双起试验。试验中先进行机械抛锚,再进行自由抛锚。在抛锚、起锚过程中,应检查锚链与链轮的啮合情况,锚链经过锚链筒、掣链器和链轮时的扭转稳定性和锚链跳动以及锚机的振动情况,锚链连接卸扣的紧固质量,锚链自海底收起后锚链筒处泥沙冲洗装置的工作情况等。

电动起锚机应测定电动机在起锚时最大负荷下的电流、电压和转速,以及冷热状态下的绝缘电阻值。此外,在船舶航行状态时,检查掣链器锁链质量,锚在锚穴中贴附的稳定情况等。

2. 操舵装置试验

在航行试验中进行操舵试验是为了检验操舵装置的轻便性、灵敏性以及舵机的工作可靠性。

船舶在全速前进时,进行主操舵装置的操舵试验,方法如下:

(1) 正舵至右满舵 35°,保持 10s。
(2) 右满舵 35°至左满舵 35°,保持 10s。
(3) 左满舵 35°至右满舵 35°,保持 10s。
(4) 右满舵 35°至正舵,保持 10s。
(5) 正舵至左满舵 35°,保持 10s。
(6) 左满舵 35°至正舵,保持 10s。

记录数据,具体如下:

(1) 试验过程中,应测定舵自左(右)满舵到右(左)满舵所需的操舵时间。
(2) 检查舵机、传动装置及液压舵机各调节元件工作的可靠性,记录最大负荷时的工作油压,电动机的电流、电压和转速。
(3) 试舵时,还应记录相应的主机功率、转速、船的航速以及风速、风向、海流方向、海面状况,水深等自然条件。在满舵时,记录船身的最大横倾角度。
(4) 倒车操舵试验。一般是在主机以半速倒车时进行,使操舵舵角逐次增加,但电动液压舵机油泵的油压应小于额定压力或电动舵机的电机工作电流小于额定电流,检验舵机及系统在船舶后退时的操舵性能,并测定最大可操舵角。

3. 船舶性能试验

船舶性能试验是航行试验的综合环节。全面鉴定船舶的航行性能虽属于船体试验项目范围,但在很大程度上有赖于动力装置的协同配合,故简述如下:

1) 速率试验

航速是船舶最重要的航行性能之一,是为了获得船舶在各种不同载荷状态和不同工况下的航速及相应的主机功率和燃料消耗率,从而确定转速、功率和航速之间的相互关系,计算船舶续航能力和营运经济技术指标。

船舶速率试验通常是以主机处于50%、75%、90%、100%负荷的情况下来测定。对于成批制造的非首制船舶,可只测100%负荷下的速率。对于多桨船舶,还需测定单桨推进时的船舶速率。

测定速率一般在规定的测速区域(试验水域)进行,测速区应设在风浪小,海流稳定的海区,且水深应大于15倍船舶吃水。

测速规定的距离标记,是借助于布置在岸上的 A_1、A_2、B_1、B_2 四个测速标杆,如图8-2所示。A_1、B_1 的距离一般规定为1n mile或整数海里。船舶的速率 V,一般需要往返三个航次(6个单程)以平均值计算,计算公式如下:

$$V = \frac{V_1 + 2V_2 + V_3}{4} \text{ (kn)}$$

式中:V_1 为第一次往的单程航速(kn);V_2 为第二次返的单程航速(kn);V_3 为第三次往的单程航速(kn)。

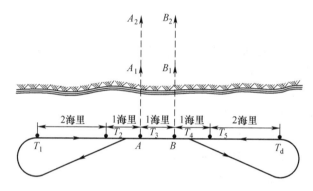

图8-2 船舶速率测速线

除上述一般的测速方法外,在现代造船业中,还可以用雷达通过导航卫星测量船速。这种新的测速方法,可在远离海岸的深水海域进行,测量误差仅为0.1%,并可测出船舶的瞬时航速。

速率试验时,螺旋桨转速应尽量保持稳定,且与规定转数相符,误差不超过±1~2r/min。试验应连续进行,如果由于某种原因引起试验中断或主机转速显著下降,则该试验工况应重新进行。

2) 回转试验

回转试验的目的是测定船舶的回转直径和回转周期,以及船舶回转时的最大横倾角。掌握船舶的回转性能,可以在港湾、狭窄江面或航道上安全地进行回转、转向和在紧急情况下正确地进行避让,防范碰撞事故的发生。

回转试验是在主机全速前进和全速倒退时进行左、右满舵各回转一周,以测定回转圆的直径。

为了获得较为准确的结果,回转试验应在天气晴朗、风力缓和、潮流平稳,并选择在船只来往稀少和有足够水深的海面上进行。

3) 惯性试验

主机停止运转后,船舶会自由滑行,滑行距离的长短表示船舶惯性的大小。船舶惯性对船舶的操纵性能有极为重要的意义。

惯性试验是在主机处于各种不同速率变化情况下,测定船舶的惯性和滑行时间。船舶的惯性距离通常以船长的倍数表示,其大小与船舶线型、尺度、吃水及海情等都有很大关系。一般民船,全速正车至停车,船舶的惯性距离约为5~7倍船长。慢速正车至停车,约为3~4倍船长;全速正车至全速倒车,约为4~5倍船长;慢速正车至全速倒车,约为1~2倍船长。

为了获得准确的结果,惯性试验应力求在平静的海面和良好的天气条件下进行。

8.4 实　　例

8.4.1 主机系泊试验

1. 主机主要技术性能参数

机型:HHM-MAN-B&W 6S50MC-C,两冲程单作用,可逆转,带有废气透平增压器的十字头式船用柴油机。

气缸直径:500mm。

活塞冲程:2000mm。

最大连续输出功率×转速($P×n$):9480kW×127r/min。

服务输出功率×转速($P×n$):7769kW×119r/min。

旋转方向:正车、顺时针(从飞轮端前视)。

发火顺序:1、5、3、4、2、6。

增压器:ABB TPL77-B12。

调速器:NABCO-MG800。

起动换向空气压力:3.0MPa。

控制空气压力:0.7MPa。

安全空气压力:0.7MPa。

燃油消耗率(MCR):171g/kW·h+5%。

系统滑油消耗量:2.75g/kW·h。

气缸油消耗量:1.1~1.65g/kW·h。

主机最低稳定转速:38r/min。

电源:三相440V、60Hz;单相220V、60Hz。

操纵系统电源:直流(24±20%)V。

调速器瞬时调速率:≤15%。

最大爆发压力:15MPa。

扫气压力:0.365MPa。

排气温度(各缸):320~390℃。

排气温度(增压器前):380~430℃。

排气温度(增压器后):220~300℃。

增压器转速:15960r/min。

增压器废气进口最大温度:520℃。

缸套水预热介质:蒸汽。
燃油:柴油;重油:700cst/50℃,进主机时黏度10~15cst。
主机进机黏度:10~15cst。
曲轴甩档:第6缸:≤0.47mm;其余各缸:≤0.23mm。

2. 辅助设备运行参数

燃油供油泵×2:4.09m³×0.4MPa,75cst。
燃油循环泵×2:7.23m³×4~10MPa,16cst。
柴油供油泵:3.73m³/h×0.4MPa,7cst。
主滑油泵×2:205m³×0.6MPa。
主机缸套水冷却泵×2:85m³×0.3MPa。
主机缸套水预热泵:8.5m³/h×0.15MPa。
低温淡水冷却泵×2:430m³×0.35MPa。
主海水冷却泵×2:450m³×0.3MPa。
主空气瓶:4.5m³×2MPa。
主空压机×2:180m³×3MPa。

3. 主要传感器参数

主要传感器参数如表8-5所列。

表8-5 主要传感器参数

项目	正常运行数值	报警数值	降速数值	停车数值
滑油进机温度	40~50℃	max55℃,min35℃	60℃	—
滑油出机温度(滑油冷却器进口)	50~60℃	65℃	—	—
活塞冷却油出口温度	50~65℃	70℃	75℃	—
凸轮轴、活塞冷却油进口压力	0.22MPa	0.14MPa	0.10MPa	0.1MPa
主轴承和推力轴承滑油进口压力	0.22MPa	0.12MPa	0.10MPa	0.08MPa
主轴承温度	50~60℃	70℃	70℃	—
推力轴承温度	60~70℃	75℃	80℃	90℃
凸轮轴滑油进口温度	40~50℃	55℃	60℃	—
凸轮轴滑油出口温度	比进口高5~6℃	70℃	—	—
凸轮轴滑油进口压力	0.25~0.3MPa	0.2MPa	0.15MPa	0.15MPa
凸轮轴滑油出口压力	0.25~0.3MPa	0.2MPa	—	0.15MPa
增压器滑油进出温度差	20~45℃	50℃	55℃	—
增压器滑油进口压力	0.15~0.22MPa	0.12MPa	—	0.08MPa
低温淡水进机压力	0.2~0.25MPa	0.35MPa	—	—
低温淡水进空冷器温度	5~36℃	<40℃	—	—
低温淡水出空冷器温度	进出温差<27℃	—	—	—
低温淡水进滑油冷却器温度	10~32℃	>10℃	—	—

续表

项目	正常运行数值	报警数值	降速数值	停车数值
缸套淡水进机压力	(0.35~0.45MPa)+ΔP(泵进口静压)	0.05MPa+ΔP	0.03MPa+ΔP	—
缸套淡水进机温度	65~70℃	<57℃	—	—
缸套淡水出机温度	80~85℃	90℃	95℃	—
增压器淡水出口温度	80~85℃	90℃	—	—
起动空气压力	3MPa	1.5MPa	—	—
控制空气压力	0.7MPa	0.55MPa	—	—
安全空气压力	0.7MPa	0.55MPa	—	—
空冷器前扫气温度	170~210℃	—	—	—
空冷器后扫气温度	<15℃	—	—	—
扫气箱扫气温度	15℃	55℃	65℃	—
排气温度(各缸)及平均温差	320~390℃	430℃/±50℃	450℃±60℃	—
排气温度(增压器前)	380~430℃	450℃	—	—
排气温度(增压器后)	220~300℃	320℃	—	—
主机超速	—	—	—	138r/min
增速齿轮箱滑油低压	—	—	—	0.03MPa
各缸活塞冷却油断流	—	√	√	—
气缸注油器断流	—	—	√	—
曲轴箱油雾浓度高	—	√	√	—
各缸扫气温度高(着火)	—	80℃	120℃	—
燃油进机压力	0.7~0.9MPa	0.65MPa	—	—
滑油自清滤器前后压差	—	0.08MPa	—	—
燃油自清滤器前后压差	—	0.08MPa	—	—
排气阀空气弹簧压力	—	0.55MPa	—	—
尾管轴承温度	—	65℃	—	—
燃油进口温度	—	高温140℃	—	—
		低温112℃	—	—
中间轴承	—	60℃	—	—
扫气压力	0.365MPa	0.039MPa	—	—

4. 码头动车应具备的条件

(1) 主机、轴系安装工作全部结报验合格,轴系各轴承应清洁干净,并按要求加入润滑油到规定位置。

(2) 船舶电站、组合锅炉及所有泵浦试验报验合格。

(3) 为主机服务的各动力管系具备试车的条件。

(4) 主机轴系去油封和清洁工作结束,主机供油管系清洗结束,报验合格。

(5) 主机机旁控制台集控室集控台和驾控台的仪表应计量合格并安装完整。

(6) 主机上各传感器安装、接线。

(7) 主机接线箱接线。

(8) 主机辅助鼓风机能可靠工作。

(9) 主机遥控系统、机舱监测报警系统可以正常工作。

(10) 系统地进行主机动车前的检查和调整完毕。

(11) 船舶系泊应牢固可靠。驾驶室应有值班观察。船舶吃水不小于5m,码头水深不小于8m。

(12) 准备好有关专用工具和备件。

(13) 辅锅炉注水到规定水位。

(14) 机舱噪声大,注意耳膜保护和可靠的通信联络。

5. 主机动车前检查和调整

(1) 全面检查主机及为主机服务的滑油、燃油、冷却水、压缩空气和排气管路等各动力管系完整性和正确性,注意主机和各动力管系、箱柜接头的正确性。将上述各系统的辅机起动并运转,检查其可靠性、畅通性、压力和温度。

(2) 所有计量仪表应经计量。

(3) 检查辅助鼓风机运转方向。

(4) 空气系统,放尽起动空气管系、控制和安全空气管系的残水;将起动空气导入缸头启动阀,检查其关闭情况及气密性。将控制空气导入排气阀气动活塞,检查排气阀关闭情况。

(5) 起动主滑油泵,检查油压、检查活塞、增压器、凸轮轴、十字头各轴承油流情况。检查增压器应急油箱油位。

(6) 起动中央冷却海、淡水泵,检查水压,检查冷却水系统的畅通性,并应流通到中间轴承、主机等设备的冷却器且均无渗漏现象。

(7) 检查调油机构工作正常性,关闭起动空气分配器截止阀以防柴油机转动,检查指示灯亮否。选择机旁操作,将调油门拉向增油方向检查各油泵拉杆上刻度应显示在供油位置,油门拉回停车位置,检查各油泵拉杆上刻度显示0位。打开起动空气分配器进气阀,检查指示灯是否熄灭。

(8) 对下列主机安全保护装置做模拟试验(主机应能停车)如下:

① 主机滑油低压 $\leqslant 0.12$ MPa;

② 推力轴承高温 $\geqslant 90$ ℃;

③ 超速停车 $\geqslant 138$ r/min。

(9) 应急车钟进行联络试验。

6. 主机首次动车

(1) 本工艺应在"主机动车前的检查和调整"工作全部结束,检查合格方能实施。

(2) 船舶系缆可靠,舵应在空位,并且固定可靠。如果转舵机构已加油,则锁舵,防止动车时跑舵。

(3) 检查主机、轴系、排气管、烟囱上均不能有异物搁靠或有人工作。

（4）螺旋桨、尾轴和船体水下部分应经检查确无外物。

（5）检查中间轴承油位正确（60~85mm），首尾密封装置和尾管轴承油箱油位正常，主机轴系手加油处加油，气缸注油器油位正常。

（6）冷却水系统加满水，放尽气，系统各阀件处于正常工作位置。

（7）燃油系统加满燃油，打开滤器和高压油泵放气旋塞放尽空气后关闭。系统各阀件处于正常工作位置。

（8）泄放扫气箱的污水、污油。

（9）空气瓶充满压缩空气，压力 2.5~3MPa，吹除瓶中的水和沉积物，空气系统各阀件处于正常工作位置。

（10）滑油系统各阀件处于正常工作位置，启动主滑油泵，再次检查各处进油回油情况，同时打开示功阀盘车 1~2 周。

（11）逐缸压入气缸油，直到各气缸气缸油孔出现连续油滴而无气泡。

（12）检查尾轴尾管轴承及密封装置供油的畅通性。

（13）接通超速保护器电源，保证系统能正常起作用。

（14）接通冷却水温度、滑油温度和压力信号电源，使各保护装置处于正常状况。

（15）起动前，如机舱内温度低于10℃应进行暖缸，淡水温度达20℃以上，方可动车。

（16）把主起动阀的锁紧板提高到工作位置，指示灯应亮。

（17）检查盘车机处于脱开并锁紧状态。再次检查各系统阀件处于工作状态，确认一切就绪发出主机动车信号。

7. 吹车

（1）起动主滑油泵。

（2）起动中央冷却淡水泵、海水泵、向主机、轴系供冷却水。

（3）检查油门应在停油位置吹车时不供油。

（4）高压空气吹车。应将各缸示功阀打开，把手柄推到微速进行吹车，曲轴转动后扳回停车位置。吹车数次，以吹净活塞顶部水油气。

（5）吹车时，曲轴应运转自如，并注意倾听增压器转子回转的响声。

8. 正式起动（机旁应急操纵台）

（1）关上各缸示功器阀。

（2）起动供油单元，起动为主机服务的所有的油泵、水泵，检查效用，逐一放气并检查压力表、温度表的示值是否达到规定数值。

（3）将操纵手柄推到起动位置，起动后将转速提到 50~60r/min。

（4）全面检查各系统的温度、压力数值，注意主机运行是否异常，是否有噪声和敲击声。用手触摸主机轴系各运转部件壳件，判断温度是否正常，打开示功器阀观察烟色，判断燃烧是否正常。如果有异常情况，应立即停车，如果正常，连续运转 5~10min 后停车。

（5）停车后，打开示功器阀，并使滑油和冷却水继续循环不少于 10min。

（6）停车 10min 后方能打开曲轴箱，观察箱内烟色，用手触摸主轴承、连杆轴承、滑块等运动部件，应无温度异常，检查完毕，一切复原。

（7）进行触摸检查时，应切断起动空气，同时将盘车机与飞轮啮合，防止起动。

（8）检查正常后，重新启动主机将主机转速提高到 70r/min，动车 30min 并按序仔细加以检查。

(9) 一切正常后可以停车并做完车工作。

(10) 进入系泊试验前的各项准备工作。

9. 主机系泊试验主要项目

1) 盘车机试验

(1) 检测控制箱和电机冷态绝缘电阻。

(2) 主机盘车机啮合时,主机不能起动,检查联锁装置的可靠性。

2) 报警装置试验

按照《机舱控制监测报警清单》及制造厂规格书,模拟验证压力、温度和其他报警的正确性功能。表 8-6 所列为设定值。

表 8-6 设 定 值

主 要 项 目	设 定 值
滑油进机过高温	60℃
缸套冷却淡水压力过低	0.03MPa+ΔP(距膨胀水箱压头)
主机各缸排气温度及平均温差高	450℃±60℃
主机各气缸冷却水出口温度高	90℃
主机各缸活塞冷却油出口温度高	75℃
增压器进出口滑油温差	55℃
推力轴承高温	80℃
主机各缸活塞冷却油断流	—
活塞冷却油进口压力低	0.10MPa
气缸注油断流	—
曲轴箱油雾浓度高	—
扫气箱温度高	120℃
滑油进主轴承和推力轴承低压	0.1MPa
轴向振动大	3.12mm

3) 安全保护装置试验

(1) 自动停车功能试验,当主机滑油压力≤0.12MPa,或推力轴承温度≥90℃,或转速≥138r/min工况下,主机应停车。

(2) 自动降速试验。主机在下列模拟工况下,报警单元应有报警信号,并输出降速信号。

4) 主机遥控起动和倒车试验

在两个主空气瓶充满压缩空气 3.0MPa,并在不进行补充空气情况下,在机舱集控室作主机冷态起动,直到不能起动为止,要求起动次数不少于 12 次,正车倒车交替起动。记录启动次数、启动时间、最低启动压力。

5) 快关阀试验

在消防控制站进行各燃油、滑油舱柜箱,防火风闸和烟囱百叶窗快关阀气动关闭,应正确可靠。机舱风管防火风闸:3 只,分油机室防火风闸:1 只,烟囱百叶窗:4 只,燃滑油快关阀:27 只。

(1) 减压阀效用,3MPa 减至到 0.7MPa。

(2) 快关阀气瓶 60L,泄放畅通和安全阀起跳正确可靠,起跳压力 3.3MPa。

(3) 通过各操纵手柄对各快关装置进行关闭,进行二次。

6) 主机运行试验

为主机服务的中央冷却海淡水泵、缸套冷却水泵、燃油供给泵、燃油循环泵、主滑油泵都设置 1 号泵服务 2 号泵备用,主机以各 1 号泵服务运转 30min 后停车,然后转换为以各 2 号泵服务运转 15min,观察主机、轴系和辅机的运行配合情况。

7) 主机遥控操纵系统

(1) 检查。

① 检查系统安装的完整性和正确性;

② 主要辅机的遥控转换试验;

③ 主机的变速试验;

④ 主机的应急停车试验。

(2) 桥楼操纵。

① 桥楼与集控,机旁的信息联络和显示试验。驾驶桥楼⇄集控室指令和应答试验;

② 操纵转换试验。

在主机停机的情况下进行该项试验:在集控室和机旁之间转换时,操纵位置按集控室⇄机旁的顺序进行转换;在集控室和驾驶室之间转换时,在指令由集控室发出及由驾驶室发出的不同情况下,操纵位置按驾驶室⇄集控室的顺序分别做一次。检查转换过程中各控制位置显示报警的正确性。

③ 进行起动联锁试验。

④ 主机转速表调整。

机旁、集控室、桥楼、两翼的转速指示是否一致,不一致应予以调整。

8) 主机负荷试验

按表 8-7 所列进行主机负荷试验。

表 8-7 主机负荷试验

主机转速/(r/min)	试验时间/(r/min)
正车 45	10
正车 62	10
正车 65	10
正车 70	60
倒车 62	10

试验时,检查主机轴系在各个工况下的运转情况,各部件是否出现异常响声、发热和振动现象,冷却润滑系统是否正常。在每一工况试验结束时,立即进行热工参数的测量和

记录。

主机负荷试验结束,立即检查主机横撑结构侧螺栓是否松动,并再次紧固,紧固力为215N·m。

8.4.2 主机航行试验

1. 要求

1)重油

试航时主机运行采用重油,工厂应向质检部门和船东提供重油质量分析报告。作为燃油耗油率计算的依据。

2)参加人员

试验应有船级社和船东代表参加。

3)压载

船舶吃水和压载达设计要求。

2. 试验项目

1)主机操纵位置转换试验

(1)正车航行时(慢速),按下列顺序进行主机操纵位置的转换:机舱集控室→机旁,机旁→机舱集控室,机舱集控室→驾驶室,驾驶室→机舱集控室。

(2)倒车航行时(慢速),按下列顺序进行主机操纵位置的转换:机舱集控室→机旁,机旁→机舱集控室,机舱集控室→驾驶室,驾驶室→机舱集控室。

试验中,检查各操纵台主机转速表的一致性,声光显示的正确性。

2)主机重油遥控起动试验

在两个主空气瓶充满压缩空气3.0MPa,并在不进行补充空气情况下,在驾驶室作主机正车倒车交替起动,直到不能起动为止。记录起动次数,每次起动前后压力,最低空气压力。主机正车倒车交替起动12次后,辅机3台各起动3次。

3)主机最低稳定转速试验

在机旁操作,慢慢地降低主机,从转速45r/min降到最低稳定转速,主机能继续工作,在此转速工作10min,并记录下列参数:主机最低稳定转速、增压器转速、喷油泵齿条刻度、操纵手柄格数。

4)备用泵效用试验

海上试航时,主机正车慢速当发生电压失电和滑油或冷却水低压时,为主机服务的下列备用泵应自动启动。检查控制开关设定值、声光显示的一致性和正确性,并且主机不停车不降速。

主滑油泵:0.16MPa;

低温淡水冷却泵:0.2MPa;

主机缸套水泵:0.18MPa;

主海水冷却泵:0.2MPa。

5)主机负荷(耐久)试验

试验时,主机用重油,辅机用柴油。主机按表8-8所列进行主机负荷(耐久)试验。

表 8-8　主机负荷(耐久)试验

序 号	工 况	主机功率		试验时间/h
1	正车	82%	7773.6kW	4
2	正车	100%	9480kW	4

检查主机、轴系运转情况是否正常,最大连续工况 MCR 试验中停车时间不得超过15min。在正车82%和100%负荷试验时,每隔1h记录打印各项热工参数,主要参数波动应控制在下列范围。

压缩压力:±2.5%;

爆发压力:±4%;

各缸排气温度:±5%。

(1) 试验中,检查轴系工作状况,记录尾管轴承的温度(应小于或等于65℃),中间轴承的温度(小于或等于60℃)检查艉尾密封装置重力油箱油位,艉轴密封是否漏油并打开泄放阀检查海水渗流情况。

(2) 在负荷试验后,打开曲轴箱,检查主轴承、连杆轴承、推力轴承和运动部件的温度,应无异常。

(3) 船舶靠岸后,应测量曲轴臂距差,作好记录。

(4) 试航结束,进行抽缸检查(由船东指定一缸),并检查主机基座螺栓、垫块的紧固性。重新装复后,系泊运行0.5h,主机转速小于或等于70r/min。

6) 测量轴功率

测量轴功率在主机负荷试验中进行,并记录主机增压器背压。

7) 主机燃油转换试验

(1) 从柴油转换成重油。

① 在集控室操纵主机、正车,使主机转速90~100r/min。

② 将柴油逐渐加热到70℃左右,注意升温速度不得超过每分钟2℃,黏度不得低于2cst,防止汽化。

③ 将燃油日用油舱的重油加热到80℃。

④ 转动三通阀将柴油转换成重油,向主机燃油系统供油,逐步提高加热器的温度,使重油以每分钟升高2℃的速度升温,升温到120~145℃,黏度控制在10~15cst。

⑤ 调节主机,使主机转速达到119r/min,运行30min,记录主机热工参数和轴系工作参数,主机轴系应运转正常。

(2) 将重油转换成柴油。

① 在集控室操纵主机、正车,使主机转速90~100r/min。

② 调节直至切断重油加热器和伴行管以及燃油日用舱的蒸汽供给,使重油油温逐步降到75℃。

③ 转动三通阀,将重油转换成柴油,向主机供油系统供油。

④ 运行15min,观察主机、轴系工作情况,记录主机热工参数和轴系工作参数。

⑤ 情况正常后,将柴油转换成重油。

8) 燃油耗油量测量

在主机进行 82% 的 MCR 负荷运转时,进行燃油耗油量记录和测量。测量时,只有主机用重油,辅机、锅炉等设备使用柴油。

9) 废气锅炉试验

在主机负荷(耐久)试验时进行 1h 蒸发量试验(蒸发量在 MCR 时为 1550kg/h),主机处在 MCR 运行。确定某一段水位蒸发量蒸发所需时间,从而计算出 1h 蒸发量。水量可以实测方法计算,临时接入流量计(管径 ϕ32、压力 1.2MPa)进行计量。试航结束检查锅炉固紧情况。

10) 造水机试验

在主机负荷(耐久)试验中进行,主机处在 MCR 运行,从淡水流量计测量造水机 1h 内蒸馏量,造水量 $20m^3/24h$。

11) 配合测速试验

在进行测速试验时,主机轴系以下列工况运行:

(1) 最大持续功率 MCR 的 82%,即 7773.6kW、15.3kn。

(2) 最大持续功率 MCR 的 100%,即 9480kW。

主机轴系配合测速时,应记录主机功率、转速,流量计耗油量,主机热工参数。

12) 配合其他试验

船体结构振动试验,主机从最低稳定转速开始到 MCR 额定转速(127r/min)分挡进行。

复 习 题

1. 系泊试验的内容是什么?
2. 航行试验的内容是什么?

参 考 文 献

[1] 陆金铭. 船舶动力装置安装工艺[M]. 南京:东南大学出版社,2017.
[2] 陈志贤. 船舶动力装置安装工艺[M]. 北京:国防工业出版社,1980.
[3] 余宪海,周继亮,沈钧如. 船舶动力装置安装工艺学[M]. 2版. 北京,人民交通出版社,1989.
[4] 嵇钧生. 光学工具技术[M]. 北京:国防工业出版社,1976.
[5] 周继良,邹鸿钧. 船舶轴系校中原理及其应用[M]. 北京,人民交通出版社,1985.
[6] 拉兹德罗金. 船舶机械设备安装手册[M]. 孙起运,译. 北京:国防工业出版社,1986.
[7] 王福根. 船舶轴舵系装置[M]. 哈尔滨:哈尔滨工程大学出版社,2003.